普通高等教育经济与管理类规划教材

资产评估学理论与实务
（第2版修订本）

王 玲 主编

林 娟　李 伟　吴水泉 副主编

清华大学出版社
北京交通大学出版社
·北京·

内 容 简 介

本书分为资产评估学基本理论和资产评估学实务两篇，共10章，内容包括：绪论、资产评估的基本方法、机器设备评估、房地产评估、无形资产评估、金融资产评估、流动资产评估、资源资产评估、企业价值评估和资产评估报告。

本书在全面系统地介绍和阐述资产评估基本原理的基础上，结合当前资产评估实践中主要评估对象的特点，较为详细地介绍了资产评估原理和技术在这些资产评估中的具体应用，并列举了大量的例题和评估实例，以便读者正确理解和掌握。

本书适用于高等院校本科生、研究生使用，也适用于资产评估中介机构、行业管理部门及企事业单位的注册资产评估师、管理人员阅读。

本书封面贴有清华大学出版社防伪标签，无标签者不得销售。

版权所有，侵权必究。侵权举报电话：010-62782989　13501256678　13801310933

图书在版编目（CIP）数据

资产评估学理论与实务/王玲主编. —2版. —北京：北京交通大学出版社；清华大学出版社，2014.11（2019.7修订）

（普通高等教育经济与管理类规划教材）

ISBN 978-7-5121-2118-8

Ⅰ.①资… Ⅱ.①王… Ⅲ.①资产评估-高等学校-教材 Ⅳ.①F20

中国版本图书馆CIP数据核字（2014）第230758号

责任编辑：黎　丹　　特邀编辑：张　明
出版发行：清　华　大　学　出　版　社　　邮编：100084　电话：010-62776969
　　　　　北京交通大学出版社　　邮编：100044　电话：010-51686414
印　刷　者：北京时代华都印刷有限公司
经　　　销：全国新华书店
开　　　本：185×260　印张：16.25　字数：437千字
版　　　次：2014年11月第2版　2019年7月第1次修订　2019年7月第6次印刷
书　　　号：ISBN 978-7-5121-2118-8/F·1434
印　　　数：12 001～14 000册　　定价：42.00元

本书如有质量问题，请向北京交通大学出版社质监组反映。对您的意见和批评，我们表示欢迎和感谢。
投诉电话：010-51686043，51686008；传真：010-62225406；E-mail：press@bjtu.edu.cn。

前　言

资产评估作为一种新兴的社会活动和行业，在我国已经发展了十几年。我国资产评估实践有了长足的进步，特别是在维护社会主义市场经济秩序、保障各类产权主体合法权益的过程中发挥了不可替代的作用。我国的资产评估工作起始于国有企业的市场化改革，然而随着我国社会主义市场经济的发展，资产评估服务的需求范围已经远不限于此。随着我国社会主义市场经济体制改革的深入，企业间的资产流动和产权重组、企业的投资和融资等都将以多样的形式和方式进行，特别是我国2006年2月颁布了新的会计审计准则，引入了公允价值概念，这不论是对会计人员、注册会计师或是注册资产评估师都面临着新的机遇和挑战。会计资产计价大量引入和运用估值技术，资产评估已经成为应用更加广泛的专业技术。市场不仅需要资产评估专业的高端人才，而且需要大量从事资产评估基础工作的人员。因此，为适应新的形势需要，尤其是新的教学需要，我们编写了本教材。

本教材坚持理论联系实际的原则，力求全面系统地介绍和阐述资产评估基本原理、基本概念、基本原则、基本技术思路和基本技术方法，并在此基础上，结合当前资产评估实践中主要评估对象的特点，较为详细地介绍了资产评估原理和技术在这些资产评估中的具体应用。

本书作者具有十几年资产评估理论研究、教学和评估实践经验和体会，在教材的编写过程中既借鉴现有的研究成果，又考虑教学规律和特点，同时又有实务经验的总结，使本教材能够体现出资产评估理论扎实系统、评估技术应用通俗易懂的特点。

本书由王玲担任主编，全书除第8章由李山梅编写、第5章由李伟编写外，其余章节由王玲编写。另外，林娟、李伟、吴水泉负责本教材的其他修订工作，高瑾瑾、米林林、孔维超、王月秋、曹娜、王宁参加了本书编写过程中资料的收集整理和文字处理工作，在此表示感谢。

本书配有教学课件和相关的教学资源，有需要的读者可以从网站 http：//www. bjtup. com. cn 下载或与 cbsld@ jg. bjtu. edu. cn 联系。

由于时间和能力所限，本书难免会存在不完善之处，恳请读者批评指正。

编　者

2014 年 8 月

目　　录

第1篇　资产评估学基本理论

第1章　绪论 (3)
1.1　资产评估的产生和发展 (3)
1.2　资产评估的概念及其特点 (7)
1.3　资产评估的主体与客体 (12)
1.4　资产评估的价值类型与评估目的 (16)
1.5　资产评估的假设与原则 (18)
1.6　资产评估的依据与程序 (21)
练习题 (24)

第2章　资产评估的基本方法 (26)
2.1　市场法 (26)
2.2　收益法 (31)
2.3　成本法 (35)
2.4　评估方法的选择 (44)
练习题 (45)

第2篇　资产评估学实务

第3章　机器设备评估 (49)
3.1　机器设备评估概述 (49)
3.2　机器设备评估的成本法 (55)
3.3　机器设备评估的市场法 (69)
3.4　机器设备评估的收益法 (73)
3.5　机器设备评估案例分析——成本法 (74)
练习题 (77)

第4章　房地产评估 (80)
4.1　房地产评估概述 (80)
4.2　房地产评估的成本法 (87)
4.3　房地产评估的市场法 (95)
4.4　房地产评估的收益法 (102)
4.5　房地产评估的假设开发法 (107)
4.6　在建工程评估 (111)
4.7　房地产评估案例分析 (113)
练习题 (115)

第5章　无形资产评估 (117)
5.1　无形资产评估概述 (117)
5.2　无形资产评估方法 (123)
5.3　专利权和非专利技术的评估 (131)
5.4　商标权和著作权的评估 (139)
5.5　商誉的评估 (143)
5.6　无形资产评估案例分析——商标权的评估 (147)
练习题 (149)

第6章　金融资产评估 (151)
6.1　金融资产评估概述 (151)
6.2　债券评估 (152)
6.3　股票评估 (155)
6.4　其他长期性资产的评估 (160)
6.5　金融资产评估案例分析——债券的评估 (161)
练习题 (161)

第7章　流动资产评估 (164)
7.1　流动资产评估概述 (164)
7.2　实物类流动资产的评估 (168)
7.3　货币类流动资产与债权类流动资产的评估 (176)
7.4　流动资产评估案例分析 (181)
练习题 (183)

第8章　资源资产评估 (185)
8.1　资源资产评估概述 (185)
8.2　森林资源资产评估 (187)
8.3　矿产资源资产评估 (200)
练习题 (206)

第9章　企业价值评估 (208)
9.1　企业价值评估概述 (208)
9.2　企业价值评估的加和法 (217)
9.3　企业价值评估的收益法 (220)
9.4　企业价值评估的市场法 (228)
9.5　企业价值评估结论的相互检验 (231)
9.6　企业价值评估的案例分析——收益法 (231)
练习题 (233)

第10章　资产评估报告 (235)
10.1　资产评估报告概述 (235)
10.2　资产评估报告的基本内容和编制 (237)
10.3　资产评估报告的作用及应用 (241)
练习题 (252)

参考文献 (254)

第1篇

资产评估学基本理论

第1章

绪　论

> **学习目标**
> - 掌握资产评估的基本概念和特点；
> - 掌握资产评估的基本要素；
> - 熟悉资产评估与会计、审计等学科的关系；
> - 了解资产评估的国内外发展状况及资产评估产生的客观必然性。
>
> **内容提要**
>   本章在介绍资产评估产生和发展过程的基础上，阐述了资产评估中的概念和特点，并围绕资产评估的要素，分别说明了资产评估的主体与客体、价值类型与评估目的、假设与原则、评估依据与程序等。
>
> **本章关键词**
>   资产　资产评估　资产评估的价值类型　资产评估的目的　资产评估的假设　资产评估的原则　资产评估的程序

1.1　资产评估的产生和发展

资产评估是市场经济发展到一定历史阶段的产物。随着市场经济的发展，要素市场和产权交易市场日益迅猛地发展起来。资产评估，作为一种促进生产要素优化配置的经济行为和现代管理技术，在现代市场经济中起着不可或缺的作用。

1.1.1　资产评估产生的客观必然性

企业或个人在发生产权交易或产权变动等经济行为时，往往要聘请专业资产评估师对其所拥有资产的价值进行评估，为确定资产的交易价格做准备，其原因就在于这些资产本身具有以下特点。

(1) 资产的专用性

有些资产具有较强的专用性，其他资产很难代替，而不同资产之间的交易价格又缺少可比性。专用性越强，资产的替代物越少，交易价格的确定就越困难。对于这样的资产，交易双方都希望在发生资产交易之前对资产价格的市场行情有一个了解，需要专业资产评估机构和评估人员对资产的市场价值提供有关咨询服务，资产评估成为一种客观需要。

(2) 交易频率低

企业拥有资产的目的，通常情况下是为创造更大的价值服务，特别是房地产、机器设备等固定资产及无形资产等资产项目，主要是作为生产手段参与生产过程。与一般商品的交易相比，交易频率较低，只有在企业发生产权变动时，才涉及这些资产。由于交易频率低，一次交易与上一次交易之间的时间间隔较长，市场因素往往发生变化，上次交易的成交价格难以作为本次交易的参考价格。由于相同或类似资产的交易价格可比性降低，所以每次发生资产交易时，都要重新进行评估，以确定资产在交易时点的市场价值。

(3) 信息不完全

资产交易双方充分占有市场信息是资产能够顺利成交的基础，由于受客观条件的限制，交易双方往往对取得资产的历史价格比较了解，而对资产现行价格的信息掌握较少。另一方面，资产的专用性和交易的低频率等特点又使其他资产以往的交易事实难以作为待交易资产价格确定的依据。因此，需要一个掌握较多市场交易信息并能站在客观立场上具有一定的权威性的中介机构，用双方可以接受的程序和方法估算一个值，为交易双方确定成交价格提供参考。这种需求的不断增多，是资产评估业产生的客观前提。

(4) 大宗交易的发生

资产交易的数额一般都比较大，对双方利益的影响也较大，双方都希望在理性的基础上进行交易，由此产生了对评估信息的需求。此外，交易额的增大使评估费用相对于资产价值的比率降低，委托方支付的评估费用远远低于在缺少评估信息情况下交易所带来的预期损失，资产评估成为一种能够支付得起的客观需求。

1.1.2 资产评估的形成

关于资产评估起源于何时，目前学术界尚有不同说法。

一种观点认为，资产评估起源于原始社会后期。这种观点认为，资产评估与人类社会资产交易行为同时产生。从原始社会后期剩余产品的出现和商品交换的开始，就产生了资产的交易行为，为了进行商品或资产的等价交换，具有直观性、偶然性、简单性、无偿性和非专业性特点的原始资产评估随之产生，并将资产评估划分为原始评估、经验评估和科学评估三个阶段。

但是，大多数人认为，真正意义上的资产评估是从经验评估开始的，并且经历了从经验评估到科学评估的发展历程。

经验评估阶段是以16世纪欧洲的安特卫普（现比利时）成立世界上第一个商品和证券交易所为标志。15世纪末16世纪初，新大陆的发现大大推进了资本主义发展的进程。世界范围内的商品贸易急剧增加，商品交易量的增加和市场的扩大，为资本主义手工工场的发展创造了市场和资本积累等条件，同时也极大地刺激了商业资本的发展。在这样的历史背景下，为适应资本主义初期商品和资本市场的发展需要，成立了世界上第一个商品和证券交易所。商品和证券交易所的成立，使得资产的交易行为越来越频繁，为那些以提供商品或资本交易估价中介服务为主要工作的评估人员的发展提供了广阔的空间。这些评估人员，由于长期从事资产交易估价服务，积累了较为丰富的评估经验，评估结果也往往容易被交易双方所接受，因此资产交易双方都愿意委托他们进行评估。这时的评估已经不再是偶然的、个别的行为，而成为一种经常性的、专业性的评估活动。资产评估成为市场上不可缺少的、独立的、有特色的中介行业。

经验评估主要有以下几方面的特点：一是评估是由具有一定评估经验和专业知识水平的人员进行的，评估业务也比较频繁；二是评估人员对资产评估业务进行有偿服务，并对评估结果承担一定的责任；三是评估结果的准确性主要取决于评估人员积累的评估经验。因此，处于经验评估阶段的资产评估，还是一种个体的、无组织约束的、凭个人经验的估价行为，是资产评估的雏形阶段。

随着社会经济的不断发展、现代科学技术的不断进步和管理水平的不断提高，同时以资产交易为主的资产业务急剧扩大，资产业务中的分工现象变得日益明显，作为中介组织的资产评估机构也逐渐产生和发展起来，资产评估行业应运而生。评估人员也不仅仅依靠自身所积累的经验来开展资产评估业务，而是把现代科学技术和管理方式引用到资产评估工作中，采用科学的方法和手段来对被评估资产进行评估。以专业评估机构和专职评估人员的出现为主要标志的科学评估逐渐形成。一般认为，1792年英国测量师学会的成立是科学评估阶段的开始。英国测量师学会是现在的英国皇家特许测量师学会（the Royal Institute of Charted Surveyors，RICS）的前身，是目前世界上影响最大的评估行业专业组织之一，该组织于1881年由英国维多利亚女王授予"特许"状，并于1921年获得"皇家"荣誉。其后，1896年，由美国的穆思·约翰（John Leonard）和杨·威廉（William Monore Young）在美国威斯康星州密尔基市（Milwaukee Wisconsin）创建了世界上最早的专业评估机构——美国评值公司（American Appraisal Company）。该公司目前仍然是国际上较有影响力的资产评估专业机构。

科学评估阶段的资产评估主要具有以下特点：资产评估成为一种有组织的社会活动，资产评估业务是由从事资产评估的专业机构进行的；科学的评估手段和方法在资产评估工作中得到广泛运用，大大提高了资产评估的准确性和科学性；资产评估的范围得到拓展，资产评估的内容也越来越丰富，不仅包括个人财产、自然资源的评估，还涉及企业整体资产、无形资产等评估领域；资产评估活动向规范化、法制化方向发展。

1.1.3 资产评估的发展

人类社会进入20世纪以后，世界经济进入了高速发展阶段，特别是第二次世界大战后，西方一些资本主义国家的商品市场和资本市场得到了飞速发展。随着企业间竞争的进一步加剧，企业间资产的交易行为也越来越频繁，这为资产评估提供了广阔的发展空间。许多国家都成立了专门的评估机构，由专业评估人员开展评估工作，设立了专业资产评估协会或学会等组织，资产评估逐渐成为社会中一个独立完整的中介行业，在社会经济生活中发挥着不可替代的重要作用。随着资产评估的不断发展，资产评估作为一个独立的中介行业也开始逐渐被国际社会和各经济组织所认可，一些国际性评估组织也相继成立，为资产评估的国际化发展奠定了基础。

世界上第一个资产评估专业组织——英国测量师学会成立以后，资产评估在英国发展较快，1834年又成立了土地测量师学会。目前，英国皇家特许测量师学会已拥有各类会员10万多人，其中有关土地专业的估价师级人员就有5.2万多人，是评估人员中的主要力量。

美国资产评估业也有约100多年的历史，是世界上发展较快的国家之一。最初的评估目的主要是财产保险、维护产权交易双方利益、资产抵押贷款、家庭财产分割等。随着资产评估行业的不断发展,评估者自发成立了若干个有较大影响的综合及专业性的民间自律性评估组织,其中规模较大的有16个评估协会,这些组织均有自己的规章制度和评估标准。从规范资产评估业务与职业道德出发,美国几个主要协会自发成立了美国资产评估者协会(Appraisal Foundation,AF),并制定了统一行业标准USPAP。目前,上述协会组织的会员有9万多人。

目前,资产评估发展较早的国家和地区有英国、美国、澳大利亚、加拿大、新西兰、日本、韩国、德国、法国等,中国、俄罗斯及东欧国家起步虽然晚,但发展速度却非常快。纵观世界各国资产评估业的发展可以看到,资产评估可以分为两大体系:一是以不动产评估为主要内容的不动产评估体系,其主要代表是英国,原英国或原英国势力范围的国家大多是这种评估体系,即资产评估业务主要为房地产等不动产评估,有关评估的法规也以规范不动产评估为主要内容;二是以企业各项资产评估为主要内容的综合评估体系,其主要代表是美国,一些北美、南美及东欧国家的资产评估都倾向于综合评估。在综合评估体系国家中,资产评估业务不仅包括房地产等不动产评估,而且还涉及大量的企业价值评估、无形资产评估等领域,资产评估的范围较广,相关的法规制度也具有综合性。

1.1.4 我国资产评估发展概况

资产评估在国外已有多年的历史,在我国,资产评估行业是在改革开放以后逐渐发展起来的,还是一个较为年轻的行业。

20世纪80年代末,随着我国社会主义市场经济的逐步形成,企业逐渐成为相对独立的经济实体。在这种情况下,企业的生产要素不再通过国家计划进行调拨,而是通过市场在企业间进行交换、流动,企业通过联营、兼并、股份制改组、资产转让、交易等多种行为,来提高企业资产的运营效益。为了保障交易双方权益不受损害,保护国有资产不流失,资产评估行业应运而生。

1989年,原国家国有资产管理局颁发了《关于国有资产产权变动时必须进行资产评估的若干暂行规定》,这标志着在我国资产评估被正式确认为合法的社会中介服务活动。1990年,国家国有资产管理局批准组建了资产评估中心,负责全国的国有资产评估工作。1991年11月,国务院颁布了91号令《国有资产评估管理办法》。该项法规是我国国有资产评估制度基本形成的重要标志。1993年12月,中国资产评估协会正式成立,它表明中国资产评估行业已成为一个独立的、被社会承认的社会中介行业,并且逐步从政府直接管理向行业自律管理过渡。通过一段时期的发展,资产评估的评估对象由主要是国有资产的评估逐步向对各类所有制性质的资产进行评估,包括集体资产的评估和私人财产的评估等。1995年3月,中国资产评估协会加入了国际评估准则委员会,标志着中国资产评估活动融入了国际资产评估活动之中,中国的资产评估活动与行业组织管理逐渐与国际评估活动和组织管理相协调。1995年5月,我国建立了注册资产评估师制度。1999年10月,在北京国际评估准则委员会年会上,中国成为国际评估准则委员会常务理事国。2001年,财政部颁发了《资产评估准则——无形资产》,这是我国资产评估行业的第一个执业具体准则。它的颁布与实施,标志着我国资产评估又向规范化和法制化迈出了重要的一步。2004年2月25日,财政部发布了《资产评估准则——基本准则》和《资产评估职业道德准则——基本准则》。

2007年11月28日,中国资产评估协会发布了《资产评估准则——评估报告》、《资产评估准则——评估程序》、《资产评估准则——业务约定书》、《资产评估准则——工作底稿》、《资产评估准则——机器设备》、《资产评估准则——不动产》和《资产评估价值类型指导意见》七项资产评估准则。这七项资产评估准则的发布，连同以前发布的有关评估准则及评估行业规范，形成了中国资产评估准则体系。

1.2 资产评估的概念及其特点

1.2.1 资产评估的概念

资产评估的概念可以从资产评估的定义、基本要素和种类等几方面去认识。

1. 资产评估的定义

财政部颁布的《资产评估准则——基本准则》(2004)中对资产评估所下的定义是：本准则所称资产评估，是指注册资产评估师依据相关法律、法规和资产评估准则，对评估对象在评估基准日特定目的下的价值进行分析、估算并发表专业意见的行为和过程。

2. 资产评估的基本要素

一般认为，资产评估应当包括以下基本要素。

(1) 评估主体

资产评估工作是由专门从事资产评估的机构和人员进行的。资产评估机构和人员是资产评估的主体，是开展资产评估工作的主导者，必须是符合国家有关规定、具有从事资产评估资格的机构和人员。资产评估人员只有取得相应的评估执业资格，才能开展资产评估业务。

(2) 评估客体

资产评估是对拟发生产权交易或变动的资产进行的评估。客户委托评估的资产是资产评估的客体，它是资产评估的具体对象，也称为评估对象。

(3) 评估依据

资产评估是评估人员依据有关的法律、法规和对被评估资产有关信息全面了解的基础上作出的价值判断。资产评估是由专业人员对被评估资产在某一时点的价值量大小所作的判断，但这种判断不是随意的估算，必须具有科学的依据。

(4) 评估目的

资产评估具有明确的目的。资产评估的目的是指资产业务引发的经济行为，如企业进行股份制改造、上市、资产抵押贷款等。资产评估目的反映了资产评估结果的具体用途，它直接决定和制约资产评估价值类型和方法的选择。

(5) 评估原则

资产评估应当遵循一定的原则。资产评估的原则是资产评估的行为规范，是调节评估当事人各方关系、处理评估业务的行为准则，评估人员只有在一定的评估原则指导下作出评估结果，才具有可信性。

(6) 评估程序

资产评估必须按照一定的程序进行。评估程序是资产评估工作从开始准备到最后结束的工作顺序。为了保证资产评估结果的科学性，任何一项资产评估业务，无论是规模较大的企业整体资产，还是单独的一台设备，在进行资产评估工作时，必须按照国家有关规定，进行财产清查、市场调研、评定估算、验证结果等工作程序，否则将影响资产评估的质量。

（7）资产评估价值类型

即对评估价的质的规定，它对资产评估参数的选择具有约束性。

（8）资产评估方法

即资产评估所运用的特定技术，是分析和判断资产评估价值的手段和途径。

以上要素构成了资产评估活动的有机整体，如图 1-1 所示。

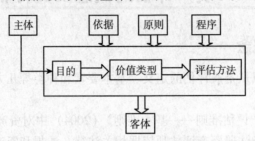

图 1-1 资产评估的构成要素

3. 资产评估的种类

由于资产种类的多样化和资产业务的多样性，资产评估也相应具有多种类型。通常，按照不同分类标准，可将资产评估分为下列几种形式。

① 按资产评估工作的内容不同，资产评估可具体分为一般评估、评估复核和评估咨询。

一般评估是指正常情况下的资产评估，通常以资产发生产权变动、产权交易及资产保险、纳税或其他经济行为为前提，包括市场价值评估和市场价值以外的价值评估。例如，企业上市资产评估、组建合资企业资产评估、企业股份制改造资产评估、企业资产抵押贷款资产评估等。

评估复核是指在对被评估的资产已经出具评估报告的基础上，由其他评估机构和评估人员对同一被评估资产独立地进行评定和估算并出具报告的行为和过程。

评估咨询是一个较为宽泛的术语。确切地讲，评估咨询主要不是对评估标的物价值的估计和判断，它更侧重于评估标的物的利用价值、利用方式、利用效果的分析和研究，以及与此相关的市场分析、可行性研究等。

② 按资产评估与评估准则的关系不同，资产评估可具体分为完全评估和限制评估。

完全评估一般是指完全按照评估准则的要求进行资产评估，未适用准则中的背离条款。完全评估中的被评估资产通常不受某些方面的限制，评估人员可以按照评估准则和有关规定收集评估资料并对被评估资产的价值作出判断。

限制评估一般是指根据背离条款，或在允许的前提下未完全按照评估准则或规定进行的资产评估，评估结果受到某些特殊因素的影响。

③ 按资产评估对象及适用的原则不同，资产评估可分为单项资产评估和整体资产评估。

单项资产评估是指评估对象为单项可确指资产的评估。通常，机器设备评估、土地使用权评估、房屋建筑物评估、商标权评估、专利权评估等均为单项资产评估。由于单项资产评估的对象为某一类资产，不考虑其他资产的影响，通常由某一方面的专业评估人员参加即可完成资产评估任务。

整体资产评估是指以若干单项资产组成的资产综合体所具有的整体生产能力或获利能力

为评估对象的资产评估。例如，以企业全部资产作为评估对象的企业整体价值评估（或称企业价值评估）、以企业某一部分或某一车间为评估对象的整体资产评估、以企业全部无形资产为评估对象的无形资产整体评估等。企业价值评估是整体资产评估最常见的形式。整体资产评估不同于单项资产评估的关键之处就在于，在整体资产评估工作中要以贡献原则为中心，考虑不同资产的相互作用及它们对企业整体生产能力或总体获利能力的影响。

1.2.2 资产评估的特点

资产评估是资产交易等资产业务的中介环节，它是市场经济条件下资产交易和相关资产业务顺利进行的基础。这种以提供资产价值判断为主要内容的经济活动与其他经济活动相比，具有以下鲜明的特点。

(1) 市场性

资产评估是市场经济发展到一定阶段的产物，没有资产产权变动和资产交易的普遍进行，就不会有资产评估的存在。资产评估一般要估算的是资产的市场价值，因而资产评估专业人员必须凭借自己对资产性质、功能等的认识及市场经验，模拟市场对特定条件下的资产价值进行估计和判断，评估结果是否客观需要接受市场价格的检验。资产评估结论能否经得起市场检验是判断资产评估活动是否合理、规范，以及评估人员是否合格的根本标准。

(2) 公正性

资产评估的公正性主要体现在资产评估是由交易双方以外的独立的第三者，站在客观公正的立场上对被评估资产所作的价值判断，评估结果具有公正性。资产评估的结果密切关系着资产业务有关各方的经济利益，如果背离客观公正的基本要求，就会使得资产业务的一方或几方蒙受不必要的损失，资产评估就失去了其存在的前提。

资产评估的公正性要求评估人员必须站在公正的立场，采取独立、公正、客观、中立的态度，不屈服于任何外来的压力和任何一方的片面要求，客观、公正地作出价值判断。对于资产评估机构而言，资产评估的公正性也是十分重要的，只有以客观公正的评估结果，为客户提供优质的服务，才能赢得客户的信任，逐步树立自己的品牌，评估机构才能不断得到发展，否则必将逐步丧失信誉，丧失市场，最终走向破产。

(3) 专业性

资产评估人员在对被评估资产价值作出专业判断的过程中，需要依据大量的数据资料，经过复杂细致的技术性处理和必要的计算，不具备相应的专业知识就难以完成评估工作。例如在对厂房或有关建筑物进行评估时，需要对其进行测量，了解建筑构造、工程造价、使用磨损程度等情况，缺乏建筑专业基础知识则难以进行；对机器设备进行评估时，需要对被评估设备的有关技术性能、磨损程度、预计经济寿命等情况作出判断，这些都具有较强的专业技术性，不具备相关专业知识难以得出客观的评估结果。

资产评估的技术性要求评估人员应当由具备一定专业知识的专业技术人员构成，如建筑、土地、机电设备、经济、财务等。

(4) 咨询性

资产评估结论是评估人员在评估时根据所收集到的数据资料，模拟市场对资产价值所作出的主观推论和判断。不论评估人员的评估依据有多么充分，评估结论仍然是评估人员的一种主观判断，而不是客观事实。因此，资产评估不是一种给资产定价的社会经济活动，它只是一种经济咨询或专家咨询活动。评估结果本身并没有强制执行的效力，评估人员只对评估结论的客观性负责，而不对资产交易价格的确定负责。评估结果只是为资产业务提供一个参考价值，最终的成交价格取决于交易双方在交易过程中的讨价还价能力。

1.2.3 资产评估与会计和审计的关系

1. 资产评估与会计的关系

由于资产评估产生于对资产价值进行估算的客观需要，资产评估所需要的数据资料有相当一部分是来源于企业的财务会计数据，而会计也涉及对资产价值进行计量的问题，因此有人认为，资产评估是现代会计发展到一定阶段后分离出来的一种社会经济活动，资产评估与会计计价有一种密不可分的关系。从会计与资产评估自身的发展来看，二者确实存在着许多相互联系，但它们之间也存在着根本的区别，只有科学地认识它们之间的不同点，才能充分发挥资产评估和会计在社会经济中的不同作用。

1）资产评估与会计的联系

（1）资产评估的结论为会计计价提供依据

《公司法》及相关法律法规规定，当投资方以非货币资产投资时，应当对非货币资产进行资产评估，以资产评估结果为依据，确定投资数额，并以此作为公司会计入账的重要依据。当企业进行联合、兼并、重组等产权变动经济行为时，也需要对拟发生产权变动的资产进行评估，评估结果可以作为产权变动后企业重新建账、调账的重要依据。此外，为了消除通货膨胀等因素的影响，使财务报表使用者正确理解和使用财务报表数据，《国际会计准则》及许多国家的会计制度中也提倡或允许同时使用历史成本和现行公允价值对有关资产进行记账和披露，而公允价值一般可通过资产评估得到。例如，1991/1992 版的《国际会计准则16——固定资产会计》第 21 条指出："有时财务报表不是在历史成本的基础上编报，而是将一部分或全部固定资产以代替历史成本的重估价值编报，折旧也相应地重算……"第 22 条指出："重定固定资产价值的公认方法，是由合格的专业估价员进行估价，有时也使用其他方法，如按指数或参照现行价格进行调整。"另外，英国、丹麦、法国也颁布过类似的规定。

可见，特定条件下，资产会计计价和财务报告需要利用资产评估结论。鉴于此，国际资产评估准则中对资产评估与会计之间的联系给予了充分的考虑，对"以会计报表为目的的资产评估"方面的内容作出了规定。

（2）资产评估结论的形成依赖于会计提供有关数据资料

资产评估结论的形成需要大量的数据支持，评估中所依据的许多数据资料都来源于企业的会计资料和财务数据，特别是续用前提下的资产评估。例如，企业会计账簿中记录的取得资产的原始凭证是资产评估工作中确定资产产权和原始价值构成的重要证明资料；对固定资产修理和损耗情况的记录，是资产评估工作中判断其实际贬值、确定成新率指标的重要参考；资产评估工作中对资产的预期收益、预期风险的测算都离不开企业的财务会计数据。从另一方面来看，由于资产评估结论的形成依赖于会计提供的有关数据资料，这些企业会计数据资料的准确程度在一定程度上也会对资产评估结果的质量产生影响。

不管是特定条件下会计计价利用资产评估的结果，还是资产评估需要参考会计数据资料，都说明资产评估与会计有着一定的联系，而且这种联系会随着投资者对企业披露资产现值要求的不断提高而更加广泛。

2) 资产评估与会计的区别

尽管资产评估与会计计价之间存在着某种密切的联系，但从本质上来说，二者属于不同的经济活动领域，有着明显的区别。

(1) 性质和基本职能不同

会计是一项以记账、算账和报账为基本手段，连续地、系统地反映和监督企业生产经营、财务收支及其成果的一种社会活动，是企业组织管理中的一个重要组成部分，其基本职能是对会计主体经济活动的反映和监督。而资产评估则是一种以提供资产价值判断为主要内容的咨询活动，是一种社会中介服务活动，评值和评价是其基本职能。

(2) 确定资产价值的依据不同

会计账簿中为了能够清楚地反映资产的取得成本，主要是以历史成本为依据记录资产的价值，对于没有发生实际耗费的资产，通常情况下不予确认。而在资产评估中，判断一项资产是否有价值及价值的大小，则不能简单地以是否发生历史成本为标准，而必须以资产的效用和市场价值为依据。对于那些虽有历史成本的发生，但在评估基准日及其以后不能再给企业创造收益的资产或没有市场需求的资产，从资产评估的角度来看，则没有价值；而对于那些虽没有发生实际支出，但能给企业带来预期收益的项目，仍然可以对其价值进行评估。

(3) 计价方法不同

现代会计理论为了解决通货膨胀的问题，使会计资料更好地反映资产的现时价值，对于资产计价方法在历史成本计价的基础上又提出了重置成本、变现价值、收入现值和清算价值等多种新的会计计量标准。但到目前为止，世界各国普遍采用的资产计价方法仍然以历史成本为主。而资产评估中的资产价值评估除了可以利用核算方法外，还广泛应用收益法、市场法等多种技术方法。

(4) 计价目的不同

会计与资产评估虽都要对资产的价值进行确认和计量，但二者的计价目的却不同。会计计价的总体目标是全面反映企业的历史和现实资产状况，为企业管理服务；而资产评估的总体目标则是为资产交易提供估值服务。

2. 资产评估与审计的关系

1) 资产评估与审计的联系

资产评估与审计都是通过专业机构和人员为社会提供中介服务，二者在业务上有一定的联系。从我国的实际情况来看，资产评估与审计的联系主要表现在以下几个方面。

(1) 使用的方法有相同之处

审计的主要工作之一是对反映企事业单位经济活动的财务资料及其相关资料的真实性、公允性、合理性等方面作出判断，属于"事实判断"的范畴，因此审计中主要运用的方法是分析和证实法。资产评估虽然是对被评估资产的价值作出判断，具有"价值判断"的性质，但在资产评估工作中也会广泛运用分析和证实方法。例如，在资产评估中的资产清查阶段，需要对委托方申报的评估对象进行核实和界定，就要用到证实的方法，对应收账款价值的判断通常会运用向债务人发询证函、对存货的数量和价值判断必须依赖于评估人员对存货的检测和盘点等。可以说，资产评估中很多方法是借鉴了审计的方法，特别是对流动资产的评估。

（2）资产评估与审计相互配合开展工作

在实际工作中，资产评估与审计通常情况下是相互配合的。企业经过审计后，剔除了财务资料中的虚假成分，使其公允性得到证实，在此基础上开展资产评估工作，可以大大减少资产评估的工作量，如评估前期的财产清查、企业整体资产评估中的流动资产评估等，审计结果为评估提供了基础数据。企业经过资产评估后，对资产的现存数量及其产权进行了核实，对资产的现实价值进行了估算，这些资料都为审计财务报表提供了重要参考。

2）资产评估与审计的区别

资产评估与审计虽同为专业服务性质的活动，它们的联系是客观存在的，但二者有着本质的区别，主要表现如下。

（1）产生的社会条件和活动的本质不同

审计是在现代企业两权分离的背景下产生的，旨在对企业财务报表所反映的企业财务状况和经营成果的真实性和公允性作出事实判断，具有明显的公证性特征。资产评估是在市场经济充分发展的情况下，适应资产交易、产权变动的需要，旨在为委托人与有关当事人对被评估资产作出价值判断，具有明显的咨询性特征。

（2）执业过程中遵循的原则不同

审计人员在执业过程中，要自始至终地贯彻公证、防护和建设三大专业原则，而资产评估人员在执业过程中则必须遵循供求、替代、贡献、预期等基本经济原则。

（3）专业基础不同

审计的主要工作是围绕着会计及相关法规进行的，开展审计工作所需的专业知识主要是会计学、税法及其他经济法规等知识基础。因此，审计人员主要由具有财务方面知识的人员构成；而开展资产评估工作所需的专业知识，除了经济学、法律、会计学等社会科学知识外，工程、技术等方面的自然科学知识也是其重要的组成部分，资产评估体现了专业知识的综合性，因此从总体上来看，资产评估人员不但要由具有财务方面知识的人员构成，而且还应当由具有建筑、设备、土地等方面的专业技术人员构成。

（4）与会计原则的关系不同

尽管现代审计的业务范围不断扩大，但对会计报告的审计仍然是审计的基本业务，审计会计报表及其相关业务的标准与会计是一致的，如对资产价值的计量都是以历史成本原则为主，凡是违背了这一会计原则的，审计都将给予查处；而资产评估虽然与会计有着密切的联系，但在资产价值计量标准上却有很大区别，会计强调资产的历史成本，而资产评估则强调资产的现时价值，注重资产的重置成本、市场价值和未来收益的价值。

1.3 资产评估的主体与客体

1.3.1 资产评估的主体

资产评估主体是指具体从事资产评估工作的评估人员及其由评估人员组成的评估机构。按现行的资产评估管理体制，资产评估主体具体是指获得国务院或省、自治区、直辖市人民政府相关行政主管部门颁发的执业资格证书，具有承担国有资产和非国有资产评估资格的资产评估操作机构。

从目前及发展的趋势来看，我国的资产评估主体大致可以从以下两个方面分类。

① 从评估主体的执业范围的角度划分，包括专营资产评估机构、专项资产评估机构和兼营性资产评估机构3种类型。

专营资产评估机构大都是专门从事资产评估，而不从事其他中介业务的资产评估事务所或资产评估公司。一般情况下，专营资产评估机构的评估业务范围比较广泛，评估人员比较固定，评估人员的素质相对较高。

专项资产评估机构大都是专门从事某一类或某一种资产的评估机构。例如，土地估价事务所、房地产估价事务所等。专项资产评估机构由于评估范围较窄，评估对象的性质、功能比较统一，专业性比较强，因而专项资产评估机构的专业化程度和专业技术水平比较高，具有比较明显的专业优势。

兼营性资产评估机构是指那些开展多种中介服务活动的会计师事务所、审计师事务所、财务咨询公司等。这些中介机构把资产评估作为机构咨询执业的一项业务内容，同时开展财务审计、查账验资等业务活动。

② 从资产评估主体的企业组织形式的角度划分，大致可包括合伙制资产评估机构和有限责任制资产评估机构。

合伙制的资产评估机构，由发起人共同出资设立，共同经营，对合伙债务承担无限连带责任。

有限责任制的资产评估机构，由发起人共同出资设立，评估机构以其全部财产对其债务承担责任。

从目前来看，我国的资产评估机构基本上是合伙制的资产评估机构和有限责任制的资产评估机构，在组织形式和管理体制上基本完成了与市场经济相适应、与国际惯例相衔接的资产评估新体制。

1.3.2 资产评估的客体——资产

1. 资产的定义及特征

1）会计学中资产的定义及特征

美国财务会计准则委员会（FASB）在SFAC NO.6中对资产的定义是："资产是可能的未来经济利益，它是特定个体从已经发生的交易或事项所取得或加以控制的。"

我国2006年颁布的《企业会计准则——基本准则》中对资产的定义为："资产是指企业过去的交易或者事项形成的、由企业拥有或者控制的、预期会给企业带来经济利益的资源。"并且进一步规定：符合资产定义和资产确认条件的项目，应当列入资产负债表；符合资产定义、但不符合资产确认条件的项目，不应当列入资产负债表。

从会计学的角度来看，尽管国际上不同国家和组织对资产定义的表述略有不同，但对资产的基本解释是趋于一致的。也就是说，对于一项资源，只有其具备以下基本特征时，才能被认为是会计上的资产。

① 资产是由于过去的交易或事项所形成的。也就是说，资产必须是现实的资产，而不能是预期的资产，是企业在过去的一个时期里，通过交易或事项所形成的结果。对于未来交易或事项及未发生的交易或事项可能产生的结果，则不属于现在的资产，不得作为企业的资产。

② 资产是企业所拥有或者控制的。通常情况下，企业应当对其资产拥有所有权，企业可以按照自己的意愿使用或处置该项资产，其他企业或个人未经同意，不能擅自使用。但在某些情况下，对于一些特殊方式形成的资产，如融资租入固定资产，企业虽然对其不拥有所有权，但实际上能够对其实施控制，按照实质重于形式的原则，也应当视为企业的资产。

③ 资产预期会给企业带来经济利益。这也是资产的最重要的特征。所谓给企业带来未来经济利益，是指直接或间接地增加流入企业的现金或现金等价物的潜力，这种潜力可以单独或与其他资产结合起来产生净现金流入。预期不能带来经济利益的，就不能作为企业的资产。同样，对于企业已经取得的某项资产，如果其内含的未来经济利益已经不复存在，就应该将其剔除。例如，库存已失效或已毁损的存货，它们已经不能给企业带来未来经济利益，就不应该再作为企业的资产，否则将会虚增企业的资产。

2）经济学中资产的定义及特征

资产在经济学中比会计学中具有更广泛的含义。经济学中的资产是泛指一切财产，即一定时点的财富总量，由一定数量的物质资料和权利构成。

从经济学的角度来看，资产应当具有以下特征。

（1）效用性

经济资源能够给当事人带来某种程度的满足，这是资产的自然属性。效用是一个相对的或存在比较意义的概念，而不是一个绝对性的概念。具有效用的经济资源，无论是有形的，还是无形的，也无论是单项的，还是整体的，都具备作为资产的必备条件。效用是经济资源成为资产在自然属性上的必要条件。

（2）稀缺性

稀缺性是资产的社会属性。稀缺性意味着获得经济资源要付出代价，它与该项经济资源最初形成和控制是否具有代价没有本质的联系。如在国家无偿授予土地使用权，且法人间土地转让实行无偿划转时，土地使用权并不能成为法人的资产，而当国家对土地使用实行收费制度时，土地使用权随之成为法人的资产。可见，稀缺性是经济资源成为资产在社会属性上的充分条件。

3）法学中资产的定义及特征

资产在法学中主要是强调财产主体的财产权利，即对财产享有的所有权、使用权、收益权和处置权等一组权利。这组权利的核心是所有权和收益权，即依所有权而产生的收益或利益剩余索取权。

从资产评估活动自身的特点来看，作为资产评估对象的资产与会计学及法学中资产的概念是有区别的。

会计学中资产被认为是各种被占用或运用的资金存在形态，强调的是资金的实际投入和运用，没有资金的投入和运用就没有资产。对于那些在实际经济生活中确实存在的，但没有占用或耗费资金或者资金耗费无法估计的资产则排除在核算内容之外，如自创商誉、人力资源等。而资产评估强调的是资产的现实存在性，只要是现实存在的、能给企业带来未来经济利益的资源均应纳入评估对象范围，资产评估中的资产范围比会计学中资产的范围要宽。此外，会计学对资产的计价强调历史成本原则，通常反映资产的取得成本，对一些资产的现实价值则不能完全有效地反映出来，而资产评估强调的是资产在模拟市场条件下的现实价值。因此，会计学中资产的范围并不能完全包含资产评估的对象。

法学中的资产强调资产的产权,即资产所有权和所有权相关的财产权。资产所有权是资产产权的主体,其他形式产权是由所有权派生出来的。资产评估中的资产不应仅以所有权作为界定资产的依据,对于企业中那些只有控制权而无所有权的资产,如开采权、经营特许权等,由于能够直接影响企业的产出和收益水平,也应成为企业的资产。因此,对于一切财产物资、债权和各种权利,只要归企业控制并能为企业带来持续的影响就是企业的资产,而不论企业是否对其拥有所有权。可见,资产评估中的资产边界应以经济资源的控制权为依据,而不应以所有权划定资产边界。

资产评估中的资产或作为评估对象的资产其内涵更接近于经济学中的资产,即特定权利主体拥有或控制的,并能给特定权利主体带来经济利益的经济资源。

2. 资产的种类

通常情况下,按照不同的标准,可将资产分为不同的种类。

(1) 按会计报表项目可将资产分为流动资产、长期投资、固定资产、无形资产及其他资产

目前我国资产评估实务工作中,企业资产评估项目通常情况下是与企业会计报表相联系的,了解这些不同类型的资产,有利于合理地组织和顺利地完成企业整体资产评估项目;同时,也便于被评估单位在评估对象发生产权变动后根据评估结果进行会计账务处理。

(2) 按资产的存在形态不同可将资产分为有形资产和无形资产

有形资产是指那些具有实体形态的资产,如机器设备、房屋建筑物、库存商品、材料等。由于这类资产具有不同的功能和特性,通常具有较强的专业性,在评估时应根据资产的不同特点分别进行。无形资产是指那些没有实物形态,但在很大程度上制约着企业物质产品生产能力和生产质量,直接影响企业经济效益的资产,主要包括专利权、商标权、非专利技术、土地使用权、特许权、商誉等。无形资产通常具有较强的综合性,影响因素较为复杂,评估难度也较大。

(3) 按资产是否具有综合获利能力可将资产分为单项资产和整体资产

单项资产是指单台、单件的资产,如一台设备、一栋房屋等。整体资产是指由一组单项资产组成的具有整体获利能力的资产综合体,如一个具有正常经营活动能力的企业的所有资产、一个独立的部门或车间等。在一些情况下,企业各单项资产之和并不一定等于企业的整体资产,也就是说,在企业整体资产中,有一部分资产无法以单项资产的形式存在。在资产评估工作中,区分单项资产和整体资产便于合理安排评估人员,顺利完成资产评估任务。

(4) 按资产能否独立存在可将资产分为可确指的资产和不可确指的资产

可确指的资产是指能独立存在的资产,前面所列示的有形资产和无形资产,除商誉以外都是可确指的资产。不可确指的资产是指不能脱离企业有形资产而单独存在的资产,如商誉。商誉是指企业基于地理位置优越、信誉卓著、生产经营出色、劳动效率高、历史悠久、经验丰富、技术先进等原因,所获得的投资收益率高于一般正常投资收益率所形成的超额收益资本化的结果。商誉是一种特殊的无形资产,它不能以独立的形式存在,通常表现为企业整体资产与各单项资产之和的差额。

(5) 按资产与生产经营过程的关系不同,可将资产分为经营性资产和非经营性资产

经营性资产是指处于生产经营过程中的资产,如企业的机器设备、厂房、交通工具等。经营性资产又可按是否对盈利产生贡献分为有效资产和无效资产。区分有效资产和无效资产

是开展资产评估工作的一项重要内容。非经营性资产是指处于生产经营过程以外的资产，如政府机关用房、办公设备等。

（6）按资产的法律意义不同，可将资产分为不动产、动产和合法权利

不动产是指不能离开原有固定位置而存在的资产，如自然资源、房地产等。动产是指能脱离原有位置而存在的资产，如各种流动资产、长期资产。合法权利是指受国家法律保护并能取得预期收益的特权，如专利权、商标权、特许经营权等无形资产。

1.4 资产评估的价值类型与评估目的

1.4.1 资产评估的价值类型

资产评估中的价值类型是指资产评估结果的价值属性及其表现形式。不同的价值类型从不同的角度反映资产评估价值的属性和特征。不同属性的价值类型所代表的资产评估价值不仅在性质上是不同的，在数量上往往也存在着较大差异。

一般以资产评估时所依据的市场条件及被评估资产的使用状态来划分资产评估结果的价值类型，具体包括市场价值和市场价值以外的价值。

1. 市场价值

《国际评估准则》（International Valuation Standards）中，市场价值定义如下：自愿买方与自愿卖方在评估基准日进行正常的市场营销之后，所达成的公平交易中某项资产应当进行交易的价值的估计数额，当事人双方应当各自精明、谨慎行事，不受任何强迫压制。

我国的一般解释：资产评估中的市场价值是指资产在评估基准日公开市场上最佳使用状态下最有可能实现的交换价值的估计值。

当注册资产评估师所执行的资产评估业务对市场条件和评估对象的使用等并无特别限制和要求时，注册资产评估师通常应当选择市场价值作为评估结论的价值类型。

2. 市场价值以外的价值

市场价值以外的价值也称非市场价值、其他价值，凡不符合市场价值定义条件的资产价值类型都属于市场价值以外的价值。市场价值以外的价值不是一种具体的资产评估价值存在形式，它是一系列不符合资产市场价值定义条件的价值形式的总称或组合，如在用价值、投资价值、持续经营价值、保险价值等。

（1）在用价值

在用价值是指作为企业组成部分的特定资产对其所属企业能够带来的价值，而并不考虑该资产的最佳用途或资产变现的情况。注册资产评估师执行资产评估业务，评估对象是企业或者整体资产中的要素资产，并在评估业务执行过程中只考虑了该要素资产正在使用的方式和贡献程度，没有考虑该资产作为独立资产所具有的效用及在公开市场上交易等对评估结论的影响，注册资产评估师通常应当选择在用价值作为评估结论的价值类型。

（2）投资价值

投资价值是指资产对于具有明确投资目标的特定投资者或某一类投资者所具有的价值。资产的投资价值与投资性资产价值是两个不同的概念，投资性资产价值是指特定主体以投资获利为目的而持有的资产在公开市场上按其最佳用途实现的市场价值。注册资产评估师执行

资产评估业务，当评估业务针对的是特定投资者或者某一类投资者，并在评估业务执行过程中充分考虑并使用了仅适用于特定投资者或者某一类投资者的特定评估资料和经济技术参数时，注册资产评估师通常应当选择投资价值作为评估结论的价值类型。

（3）持续经营价值

持续经营价值是指企业作为一个整体的价值。由于企业的各个组成部分对该企业整体价值都有相应的贡献，可以将企业总的持续经营价值分配给企业的各个组成部分，即构成企业持续经营性的各局部资产的在用价值。

（4）清算价值

清算价值是指在评估对象处于被迫出售、快速变现等非正常市场条件下的价值估计数额。注册资产评估师执行资产评估业务，当评估对象面临被迫出售、快速变现或者评估对象具有潜在被迫出售、快速变现等情况时，注册资产评估师通常应当选择清算价值作为评估结论的价值类型。

（5）残余价值

残余价值是指机器设备、房屋建筑物或者其他有形资产等的拆零变现价值估计数额。注册资产评估师执行资产评估业务，当评估对象无法或者不宜整体使用时，注册资产评估师通常应当考虑评估对象的拆零变现，并选择残余价值作为评估结论的价值类型。

（6）保险价值

保险价值是指根据保险合同或协议中规定的价值定义所确定的价值。注册资产评估师执行以保险为目的的资产评估业务，应当根据保险法等相关法律、法规和契约的规定选择评估结论的价值类型。

1.4.2 资产评估目的

1. 资产评估的一般目的

资产评估的一般目的或资产评估的基本目标是由资产评估的性质及其基本功能决定的。资产评估作为一种专业人士对特定时点及特定条件约束下资产价值的估计和判断的社会中介活动，所要实现的一般目的只能是资产在评估时点的公允价值。公允价值是一种相对合理的评估价值，它是一种相对于当事人各方的地位、资产的状况及资产面临的市场条件的合理的评估价值，是评估人员根据被评估资产自身的条件及其所面临的市场条件，对被评估资产客观交换价值的合理估计值。公允价值的一个显著特点是，它与相关当事人的地位、资产的状况及资产所面临的市场条件相吻合，且并没有损害各当事人的合法权益，亦没有损害他人的利益。

2. 资产评估的特定目的

通常把资产业务对评估结果用途的具体要求称为资产评估的特定目的。我国资产评估实践表明，资产业务主要有：资产转让；企业兼并；企业出售；企业联营；股份经营；中外合资、合作；企业清算；抵押担保；企业租赁；债务重组等。

① 资产转让。资产转让是指资产拥有单位有偿转让其拥有的资产，通常是指转让非整体性资产的经济行为。

② 企业兼并。企业兼并是指一个企业以承担债务、购买、股份化和控股等形式有偿接收其他企业的产权，使被兼并方丧失法人资格或改变法人实体的经济行为。

③ 企业出售。企业出售是指独立核算的企业或企业内部的分厂、车间及其他整体资产产权出售行为。

④ 企业联营。企业联营是指国内企业、单位之间以固定资产、流动资产、无形资产及其他资产投入组成各种形式的联合经营实体的行为。

⑤ 股份经营。股份经营是指资产占有单位实行股份制经营方式的行为，包括法人持股、内部职工持股、向社会发行不上市股票和上市股票。

⑥ 中外合资、合作。中外合资、合作是指我国的企业和其他经济组织、外国企业和其他经济组织或个人在我国境内举办合资或合作经营企业的行为。

⑦ 企业清算。包括破产清算、终止清算和结业清算。

⑧ 抵押。抵押是指资产占有单位，以本单位的资产作为物质保证进行抵押而获得贷款的经济行为。

⑨ 担保。担保是指资产占有单位，以本企业的资产为其他单位的经济行为担保，并承担连带责任的行为。

⑩ 企业租赁。企业租赁是指资产占有单位在一定期限内，以收取租金的形式，将企业全部或部分资产的经营使用权转让给其他经营使用者的行为。

⑪ 债务重组。债务重组是指债权人按照其与债务人达成的协议或法院的裁决同意债务人修改债务条件的事项。

3. 资产评估特定目的在资产评估中的地位

① 资产评估特定目的对评估结果的性质、价值类型等有重要影响。

② 资产评估特定目的是界定评估对象的基础。

③ 资产评估特定目的对于资产评估的价值类型选择具有约束作用。

1.5 资产评估的假设与原则

1.5.1 资产评估假设

由于认识客体的无限变化和认识主体有限能力的矛盾，人们不得不依据已掌握的数据资料对某一事物的某些特征或全部事实作出合乎逻辑的推断。这种依据有限事实，通过一系列推理，对于所研究的事物作出合乎逻辑的假定说明就称为假设。假设必须依据充分的事实，运用已有的科学知识，通过推理（包括演绎、归纳和类比）而形成。当然，无论如何严密的假设都带有推测，甚至是主观猜想的成分。但是，只要假设是合乎逻辑、合乎情理的，它对科学研究都是有重大意义的。资产评估与其他学科一样，其理论体系和方法体系的确立也是建立在一系列假设基础之上的，其中交易假设、公开市场假设、持续使用假设和清算假设是资产评估中的基本前提假设。

（1）交易假设

交易假设是资产评估得以进行的一个最基本的前提假设。交易假设是假定所有被估资产已经处在交易过程中，评估师根据待评估资产的交易条件等模拟市场进行估价。众所周知，资产评估其实是在资产实施交易之前进行的一项专业服务活动，而资产评估的最终结果又属于资产的交换价值范畴。为了发挥资产评估在资产实际交易之前为委托人提供资产交易底价的专家判断的作用，同时又能够使资产评估得以进行，利用交易假设将被评估资产置于"交易"当中，模拟市场进行评估就是十分必要的。

交易假设一方面为资产评估得以进行"创造"了条件，另一方面它明确限定了资产评估外部环境，即资产是被置于市场交易之中，资产评估不能脱离市场条件而孤立地进行。

(2) 公开市场假设

公开市场假设是对资产拟进入的市场的条件，以及资产在这样的市场条件下接受何种影响的一种假定说明或限定。公开市场假设的关键在于认识和把握公开市场的实质和内涵。就资产评估而言，公开市场是指充分发达与完善的市场条件，指一个有自愿的买者和卖者的竞争性市场，在这个市场上，买者和卖者的地位是平等的，彼此都有获取足够市场信息的机会和时间，买卖双方的交易行为都是在自愿的、理智的，而非强制或不受限制的条件下进行的。事实上，现实中的市场条件未必真能达到上述公开市场的完善程度。公开市场假设就是假定那种较为完善的公开市场存在，被评估资产将要在这样一种公开市场中进行交易。当然公开市场假设也是基于市场客观存在的现实，即以资产在市场上可以公开买卖这样一种客观事实为基础的。

由于公开市场假设假定市场是一个充分竞争的市场，资产在公开市场上实现的交换价值隐含着市场对该资产在当时条件下有效使用的社会认同。当然，在资产评估中，市场是有范围的，它可以是地区性市场，也可以是国内市场，还可以是国际市场。关于资产在公开市场上实现的交换价值所隐含的对资产效用有效发挥的社会认同也是有范围的，它可以是区域性的、全国性的或国际性的。

公开市场假设旨在说明一种充分竞争的市场条件，在这种条件下，资产的交换价值受市场机制的制约并由市场行情决定，而不是由个别交易决定。

公开市场假设是资产评估中的一个重要假设，其他假设都是以公开市场假设为基本参照。公开市场假设也是资产评估中使用频率较高的一种假设，凡是能在公开市场上交易、用途较为广泛或通用性较强的资产，都可以考虑按公开市场假设前提进行评估。

(3) 持续使用假设

持续使用假设也是对资产拟进入的市场条件，以及在这样的市场条件下的资产状态的一种假定性描述或说明。该假设首先设定被评估资产正处于使用状态，包括正在使用中的资产和备用的资产；其次根据有关数据和信息，推断这些处于使用状态的资产还将继续使用下去。持续使用假设既说明了被评估资产面临的市场条件或市场环境，同时着重说明了资产的存续状态。按照通行的说法，持续使用假设又细分为3种具体情况：一是在用续用；二是转用续用；三是移地续用。在用续用指的是处于使用中的被评估资产在产权发生变动或资产业务发生后，将按其现行正在使用的用途及方式继续使用下去。转用续用则是指被评估资产将在产权发生变动后或资产业务发生后，改变资产现时的使用用途，调换新的用途继续使用下去。移地续用则是指被评估资产将在产权变动发生后或资产业务发生后，改变资产现在的空间位置，转移到其他空间位置上继续使用。

持续使用假设是在一定市场条件下对被评估资产使用状态的一种假定说明，在持续使用假设前提下的资产评估及其结果的适用范围常常是有限制的。在许多场合下评估结果并没有充分考虑资产用途替换，它只对特定的买者和卖者是公平合理的。

持续使用假设也是资产评估中一个非常重要的假设。尤其在我国，经济体制处于转轨时期，市场发育尚未完善，资产评估活动大多与老企业的存量资产产权变动有关。因此，被评估对象经常处于或被限定在持续使用的假设前提之下。充分认识和掌握持续使用假设的内涵和实质，对于我国的资产评估来说有着重要意义。

（4）清算假设

清算假设是对资产拟进入的市场条件的一种假定说明或限定。具体而言，是对资产在非公开市场条件下被迫出售或快速变现条件的假定说明。清算假设首先是基于被评估资产面临清算或具有潜在的被清算的事实或可能性，再根据相应数据资料推定被估资产处于被迫出售或快速变现的状态。由于清算假设假定被估资产处于被迫出售或快速变现条件之下，被评估资产的评估值通常要低于在公开市场假设前提下或持续使用假设前提下同样资产的评估值。因此，在清算假设前提下的资产评估结果的适用范围是非常有限的。当然，清算假设本身的使用也是较为特殊的。

1.5.2 资产评估的原则

1. 资产评估工作原则

（1）真实性原则

真实性原则要求资产评估工作实事求是，尊重科学。一方面，资产评估机构在评估工作中必须以实际材料为基础，以确凿的事实为依据，以科学的态度为指针，实事求是地得出评估结果；另一方面，被评估单位必须实事求是地把被评估资产的情况提供给评估人员和评估机构，保证评估工作始终在占有真实资料的基础上进行。

（2）科学性原则

科学性原则要求资产评估机构和评估人员必须遵循科学的评估标准，以科学的态度制定评估方案，并采用科学的评估方法进行资产评估。在整个评估工作中必须把主观评价与客观测算、静态分析与动态分析、定性分析与定量分析有机结合起来，使评估工作做到科学合理，真实可信。

（3）公平性原则

公平性原则要求资产评估机构和评估人员必须坚持公平、公正的立场，不偏向任何一方，以中立的第三者身份客观地进行评估。

（4）可行性原则

可行性原则要求评估机构和评估人员根据评估对象的特点和性质及当时所具备的条件，制定切实可行的评估方案，并采用合适的评估方法进行评估。所谓切实可行，是指在现实条件下能够办得到的。例如，某企业在进行资产评估时，为得到某项并不重要的设备的评估值而花费巨额资金进行仪器检测，显然这是不必要的，这样做违反了可行性原则。

（5）简易性原则

简易性原则要求资产评估工作在达到相应准确度要求的前提下，尽量使评估工作简便易行，以节约人力、物力和财力，提高资产评估的效率。

2. 资产评估的经济技术原则

资产评估的经济技术原则是指在资产评估执业过程中的一些技术规范和业务准则，它们为评估人员在执业过程中的专业判断提供技术依据和保证。

（1）预期收益原则

预期收益原则是以技术原则的形式概括出资产及其资产价值的最基本的决定因素。资产之所以有价值是因为它能为其拥有者或控制者带来未来经济利益，资产价值的高低主要取决于它能为其所有者或控制者带来的预期收益量的多少。预期收益原则是评估人员判断资产价值的一个最基本的依据。

（2）供求原则

供求原则是经济学中关于供求关系影响商品价格原理的概括。假定在其他条件不变的前提下，商品的价格随着需求的增长而上升，随着供给的增加而下降。尽管商品价格随供求并不成固定比例变化，但变化的方向都带有规律性。供求规律对商品价格形成的作用力同样适用于资产价值的评估，评估人员在判断资产价值时也应充分考虑和依据供求原则。

（3）贡献原则

从一定意义上讲，贡献原则是预期收益原则的一种具体化原则。它也要求资产价值的高低要由该资产的贡献来决定。贡献原则主要适用于构成某整体资产的各组成要素资产的贡献，或者是当整体资产缺少该项要素资产将蒙受的损失。

（4）替代原则

作为一种市场规律，在同一市场上，具有相同使用价值和质量的商品，应有大致相同的交换价值。如果具有相同使用价值和质量的商品，具有不同的交换价值或价格，买者会选择价格较低者。当然，作为卖者，如果可以将商品卖到更高的价格水平，他会在较高的价位上出售商品。在资产评估中确实存在着评估数据、评估方法等的合理替代问题，正确运用替代原则是公正进行资产评估的重要保证。

（5）估价日期原则

市场是变化的，资产的价值会随着市场条件的变化而不断改变。为了使资产评估得以操作，同时又能保证资产评估结果可以被市场检验，在资产评估时必须假定市场条件固定在某一时点，这一时点就是评估基准日或称估价日期，它为资产评估提供了一个时间基准。资产评估的估价日期原则要求资产评估必须有评估基准日，而且评估值就是评估基准日的资产价值。

1.6 资产评估的依据与程序

1.6.1 资产评估的依据

评估事项不同，所需的评估依据也不相同。多年的评估实践表明，资产评估依据虽然多种多样，但大致可以划分为四大类：行为依据、法规依据、产权依据和取价依据。

（1）行为依据

行为依据是指评估委托人和评估人员据以从事资产评估活动的依据，如公司董事会关于进行资产评估的决议、评估委托人与评估机构签订的《资产评估业务约定书》、有关部门（如法院）对评估机构的资产评估委托书等。资产评估机构或评估人员只有在取得资产评估行为依据后，才能正式开展资产评估工作。

(2) 法规依据

法规依据是指从事资产评估工作应遵循的有关法律、法规依据（如《公司法》、国务院颁发的《国有资产评估管理办法》等），以及财政部与中国资产评估协会颁发的评估准则、评估指南、评估指导意见等。

(3) 产权依据

产权依据是指能证明被评估资产权属的依据，如《国有土地使用证》、《房屋所有权证》等。在资产评估中，被评估的资产必须是资产占用方拥有或控制的资产，这就要求评估委托人必须提供、评估人员必须收集被评估资产的产权依据。

(4) 取价依据

取价依据是指评估人员确定被评估资产价值的依据。这类依据包括两部分：一部分是由评估委托人提供的相关资料（如会计核算资料、工程结算资料等）；另一部分是由评估人员收集的市场价格资料、统计资料、技术标准资料及其他参数资料等。

以上是从事一般资产评估工作的依据。如从事特殊类型的资产评估，还可能涉及评估项目中采用的特殊依据，这要视具体情况而定，评估人员应在评估报告中加以披露。

1.6.2 资产评估的程序

(1) 明确基本事项，签订业务约定书

资产评估机构首先要与资产评估的委托方就具体的评估业务范围及其内容、评估任务的完成期限、评估收费等进行接洽。在洽谈过程中，资产评估机构需要对委托方的有关情况、委托评估的合法性、委托方的具体要求、委托评估资产的权属状况、评估业务预期的复杂程度、评估机构胜任该评估业务的能力等进行深入细致的了解和分析评价。洽谈后双方若决定合作，则需要进一步明确评估的基本事项。需要明确的评估基本事项包括：委托方所提出的评估目的、评估对象的物质实体状况及权益状况、评估基准日、委托人要求的估价任务完成期限等。

在明确资产评估业务的基本事项后，资产评估机构与委托方要签订资产评估业务约定书（即合同）。资产评估业务约定书的内容包括签约各方的名称、委托资产评估的目的、评估范围、评估基准日、提交评估报告时间、评估收费、各方的权利与义务及违约责任等有关内容。

(2) 组建项目小组，编制评估计划

在签订资产评估业务约定书后，评估机构就应着手组建以项目经理为首的资产评估项目小组。对于企业价值评估及较大的评估项目，除了选派项目经理外，还要按照资产分类分别设立专业组及其负责人，以便在分工负责的基础上进行总体协调工作。

资产评估的工作方案是指评估工作的总体思路和详细实施方案，主要包括评估的技术路线和方法、需要收集的资料及其收集渠道、预计所需要的时间和费用、工作步骤和人力资源及进度安排等。为保证评估工作在有限的时间及人力和财力条件下顺利完成委托人的要求，这一工作应按照科学的项目管理方法进行。

(3) 收集评估资料

收集与资产评估有关资料，这些资料具体包括待评估资产的产权证明文件、技术资料、与待评估资产相同或类似参照物的市场交易信息、有关参照物的成交时间及其当时的功能结构和新旧程度等特性、影响待评估资产市场供求状况的因素信息等。如果涉及无形资产和企业价值的评估，还应收集相关行业的资料。

产权证明文件包括：有关房地产的土地使用权证、房屋产权证；有关在建工程的土地使用权证、建设规划许可证、开工许可证；有关设备的购买合同、原始发票；有关无形资产的专利证书及专利许可证、专有技术许可证、商标注册证、版权许可证、特许权许可证；有关长短期投资合同、借款合同等。

技术资料包括：有关房地产的建成时间、设计图纸、预决算资料；在建工程的种类、开工时间、预计完成时间、承建单位、筹资单位、筹资方式、成本构成、工程基本说明或计划；有关设备的技术标准、生产能力、生产厂家、规模型号、使用时间、运行状况、修理记录、设备与工艺的配套情况；有关存货的数量、计价方式、存放地点、近期市场价格；有关长期投资的明细表；原始会计和财务报表等。

(4) 清查核实待估资产，进行实地查勘

资产评估机构在与委托人签订约定书后，一般应当向委托方提供资产清查评估登记表，该表由委托人在资产清查后填写，载明了评估对象及其基本状况。评估机构在委托方自查的基础上，以委托方提供的清查评估登记表或评估申报明细表为准，对委托评估的资产进行核实和查勘。核查的目的在于确定委托评估的资产的存在性、合法性和完整性，以及委托评估的资产与账簿、报表的一致性。核实的内容主要是各类资产是否存在，以及它们的产权状况和技术状况。对建筑物、机器设备、库存等有形资产尚需要进行实地查勘，以确定其新旧程度、运行状况、质量等技术参数。不同的评估对象进行资产勘察或现场调查的方式各不相同，资产评估机构和评估人员应根据评估对象的具体情况，确定相适应的资产勘察或现场调查方式，确保该项工作顺利进行。

(5) 选择评估方法，进行估算

根据资产评估的目的，分析确定适用于该项资产评估业务的假设条件，以及待评估资产的价值类型和价值标准。

选择哪一种估价方法，需要综合考虑该项资产评估业务的评估目的、评估对象的特点、所能收集到的资料情况。一般应尽可能同时采用多种方法，以便消除因为方法的局限性和所收集的数据的不确切性而产生的不良影响，确保评估结果的客观准确性。对运用两种以上的方法估算出的结果，要进行比较分析，综合分析评估方法的相关性及相关参数选取的合理性，确定出一个符合评估目的及估价标准的评估结果。

(6) 编制和提交评估报告

资产评估机构在完成资产评估业务后，要向委托方出具包括评估过程、方法、结论、说明及各类备查文件内容的资产评估报告。资产评估报告的基本内容和格式应当遵循中国资产评估师协会的有关专业规定。资产评估报告的主要内容包括：委托方和资产评估机构情况、资产评估目的、资产评估价值类型、资产评估基准日、评估方法、资产评估假设和限制条件等内容。

资产评估机构和评估人员应以恰当的方式将资产评估报告提交给委托方并与委托方办理评估费用清算等手续。

(7) 整理工作档案，归档工作底稿

资产评估机构与委托方办理提交报告和评估费用清算等手续后，资产评估机构和人员应将资产评估工作中形成的与资产评估工作有关的有价值的各种文字、图表、声像等资料进行归档，以便为以后从事其他资产评估业务提供参考依据。

练习题

一、单项选择题

1. （　　）是资产评估业务的基础，决定了资产价值类型的选择，并在一定程度上制约着评估途径的选择。
   A. 评估目的　　　B. 评估方法　　　C. 评估规程　　　D. 评估对象
2. 按存在形态可以将资产分为（　　）。
   A. 可确指资产和不可确指资产　　　B. 固定资产和流动资产
   C. 有形资产和无形资产　　　　　　D. 单项资产和整体资产
3. 资产评估的工作原则是（　　）
   A. 贡献原则　　　B. 真实性原则　　　C. 替代原则　　　D. 激励原则
4. 不可确指的资产是指（　　）。
   A. 那些没有物质实体的某些特权
   B. 具有获利能力的资产综合体
   C. 不能独立于有形资产之外而独立存在的资产
   D. 除有形资产以外的所有资产
5. 资产评估的主体是指（　　）。
   A. 被评估资产占有人　　　　　B. 被评估资产
   C. 资产评估委托人　　　　　　D. 从事资产评估的机构和人员
6. 资产评估的（　　），是指资产评估的行为服务于资产业务的需要，而不是服务于资产业务当事人的任何一方的需要。
   A. 公平性　　　B. 市场性　　　C. 咨询性　　　D. 专业性

二、多项选择题

1. 资产评估的特点主要有（　　）。
   A. 市场性　　　B. 强制性　　　C. 公正性　　　D. 咨询性
   E. 行政性
2. 根据被评估资产能否独立存在分类，资产可分为（　　）。
   A. 整体资产　　　B. 可确指资产　　　C. 单项资产
   D. 不可确指资产　　E. 有形资产
3. 下列原则中，属于资产评估工作原则的是（　　）。
   A. 科学性原则　　　B. 真实性原则　　　C. 可行性原则
   D. 贡献性原则　　　E. 替代原则
4. 资产评估的技术经济原则包括（　　）。
   A. 贡献原则　　　B. 预期（收益）原则　　　C. 替代原则
   D. 供求原则　　　E. 独立性原则

5. 持续使用假设又可以细分为（　　）。
   A. 在用续用假设　　　　　　　B. 中断后持续使用假设
   C. 转用续用假设　　　　　　　D. 移地续用假设

三、简答题

1. 什么是资产评估，它由哪些基本要素组成？
2. 怎样理解资产评估的市场性特点？
3. 怎样理解资产评估的公正性特点？
4. 什么是资产评估的目的？

第 2 章 资产评估的基本方法

> **学习目标**
> - 掌握资产评估三种基本方法的基本原理、内容和各项参数指标的确定方法；
> - 熟悉资产评估方法选择的基本依据；
> - 了解各种评估方法间的关系；
> - 能够运用三种基本方法对常见的资产进行评估。
>
> **内容提要**
> 　　本章主要介绍了资产评估的三大方法，即市场法、收益法和成本法，阐述了三种基本评估方法中各项参数指标的基本含义和取得方法，并强调了三大方法的关系及其方法选择需要考虑的因素。
>
> **本章关键词**
> 　　市场法　收益法　成本法

2.1 市 场 法

2.1.1 基本概念和理论依据

　　市场法是指通过比较被评估资产与最近售出类似资产的异同，并将类似资产的市场价格进行调整，从而确定被评估资产价值的一种资产评估方法。市场法以类似资产的近期交易价格为基础来判断资产的评估价值。任何一个正常的投资者在购置某项资产时，他所愿意支付的价格不会高于市场上有相同用途的替代品的现行市价。

　　采用市场法对资产进行评估的理论依据是：在市场经济条件下，商品（资产）的价格受供求规律的影响。具体来说，当宏观经济中总需求大于总供给时，资产的市场价格会上升；反之，资产的市场价格会下降。同样的道理，任何时点的商品（资产）的价格反映了当时市场的供求状况。所以，按照同类资产的市场价格判断被评估资产的价值，能够充分考虑市场供求规律对资产价格的影响，易于被资产交易双方接受。

2.1.2 应用的前提条件

　　应用市场法进行资产评估，必须具备以下前提条件。

(1) 需要有一个充分活跃的资产市场

在市场经济条件下，市场交易的商品种类很多，资产作为商品，是市场发育的重要方面。资产市场上，资产交易越频繁，与被评估资产相类似资产的价格越容易获得。

(2) 参照物及其与被评估资产可比较的指标、技术参数等资料是可收集到的

运用市场途径进行资产评估，重要的是能够找到与被评估资产相同或相类似的参照物。但与被评估资产完全相同的资产是很难找到的，这就要求对类似资产参照物进行调整。有关调整的指标、技术参数能否获取，是决定市场途径运用与否的关键。

2.1.3 操作程序

运用市场法评估资产时，一般按以下程序进行。

(1) 选择参照物

选择参照物是运用市场途径进行评估的重要环节。对参照物的要求关键是一个可比性问题，包括功能、市场条件及成交时间等。另外，就是参照物的数量问题。不论参照物与评估对象怎样相似，通常参照物应选择3个以上。因为运用市场途径评估资产价值，被评估资产的评估值高低取决于参照物成交价格水平，而参照物成交价又不仅仅是参照物功能自身的市场体现，同时还受买卖双方交易地位、交易动机、交易时限等因素的影响。为了避免某个参照物个别交易中的特殊因素和偶然因素对成交价及评估值的影响，运用市场途径评估资产时应尽量选择多个参照物。

(2) 在评估对象与参照物之间选择比较因素

不论何种资产，影响其价值的因素基本相同，如资产的性质、市场条件等。但具体到每一种资产时，影响资产价值的因素又各有侧重。例如，房地产主要受地理位置因素的影响，而机器设备则受技术水平的影响。根据不同种类资产价值形成的特点，选择对资产价值影响较大的因素作为对比指标，在参照物与评估对象之间进行比较。

(3) 指标对比、量化差异

根据所选定的对比指标，在参照物及评估对象之间进行比较，并将两者的差异进行量化。例如，资产功能指标，参照物与评估对象尽管用途功能相同或相近，但是在生产能力上、在生产产品的质量方面，以及在资产运营过程中的能耗、物耗和人工消耗等方面都会有不同程度的差异。将参照物与评估对象对比指标之间的差异数量化、货币化是运用市场途径的重要环节。

(4) 调整已经量化的对比指标差异

市场途径是以参照物的成交价格作为估算评估对象价值的基础。在此基础上将已经量化的参照物与评估对象对比指标差异进行调增或调减，就能得到以每个参照物为基础的评估对象的初评结果。初评结果的数量取决于所选择的参照物个数。

(5) 综合分析确定评估结果

运用市场途径通常应选择3个以上参照物，也就是说在通常情况下，运用市场途径评估的初评结果也在3个以上。按照资产评估一般惯例的要求，正式的评估结果只能是一个，评估师可以对若干个初评结果进行分析，剔除异常值，对其他较为接近的初评结果可以采用加权平均法、简单平均法等计算出平均值作为最终的评估结果；评估师也可以根据经验判断确定评估值的区间。

2.1.4 市场法常用评估方法

1. 基本参数的确定

通常,参照物的主要差异因素有以下几个方面。

(1) 时间因素

时间因素是指参照物交易时间与被评估资产评估基准日时间上的不一致所导致的差异。由于大多数资产的交易价格总是处于波动之中,不同时间条件下,资产的价格会有所不同,在评估时必须考虑时间差异。一般情况下,应当根据参照物价格变动指数将参照物实际成交价格调整为评估基准日交易价格。

如果评估对象与参照物之间只有时间因素的影响,被评估资产的价值可表示为

$$评估值 = 参照物价格 \times 交易时间差异修正系数$$

(2) 区域因素

区域因素是指资产所在地区或地段条件对资产价格的影响差异。区域因素对房地产价格的影响尤为突出。当评估对象与参照物之间只有区域因素的影响时,被评估资产的价值可表示为

$$评估值 = 参照物价格 \times 区域因素修正系数$$

(3) 功能因素

功能因素是指资产实体功能过剩和不足对价格的影响。如一栋房屋、一台机器、一条生产线,就其特定资产实体来说效能很高、用途广泛,但购买者未来使用中不需要这样高的效能和广泛的用途,形成的剩余不能在交易中得到买方认可,因而只能按低于其功能价值的价格来交易。通常情况下功能高,卖价就高,但买方未来若不能充分使用特定资产的效能,就不愿意多花钱去购买这项资产;功能低,卖价也就低,因为买方在购买后其功能不能满足要求,将要追加投资进行必要的技术改造,这时买主就要考虑花较少的钱购买才是经济合理的。

当评估对象与参照物之间只有功能因素的差异时,被评估资产的价值可表示为

$$评估值 = 参照物价格 \times 功能差异修正系数$$

(4) 交易情况

交易情况主要包括交易的市场条件和交易条件。市场条件主要是指参照物成交时的市场条件与评估时的市场条件是属于公开市场或非公开市场及市场供求状况。在通常情况下,供不应求时,价格偏高;供过于求时,价格偏低。市场条件上的差异对资产价值的影响很大。交易条件主要包括交易批量、动机、时间等。交易批量不同,交易对象的价格就可能会不同;交易动机也对资产交易价格有影响;在不同时间交易,资产的交易价格也会有所不同。

当评估对象与参照物之间只有交易情况的差异时,被评估资产的价值可表示为

$$评估值 = 参照物价格 \times 交易情况修正系数$$

(5) 个别因素

个别因素主要包括资产的实体特征和质量。资产的实体特征主要是指资产的外观、结

构、规格型号等。资产的质量主要是指资产本身的建造或制造的工艺水平。

当评估对象与参照物之间只有个别因素的差异时，被评估资产的价值可表示为

$$评估值 = 参照物价格 \times 个别因素修正系数$$

2. 具体方法

按照参照物与评估对象的差异程度，以及需要调整的范围，市场法可以划分为直接比较法和类比调整法。

1）直接比较法

直接比较法是指直接利用参照物价格或利用参照物的某一基本特征与评估对象的同一特征进行比较而判断评估对象价值的各种具体的评估技术方法。具体公式为

$$评估值 = 参照物成交价格 \times 单一因素修正系数$$

（1）现行市价法

当评估对象本身具有现行市场价格或与评估对象基本相同的参照物具有现行市场价格时，可以直接利用评估对象或参照物在评估基准日的现行市场价格作为评估对象的评估价值。例如，可上市流通的股票和债券可按其在评估基准日的收盘价作为评估价值；批量生产的设备、汽车等可按同品牌、同型号、同规格、同厂家、同批量的现行市场价格作为评估价值。其计算公式为

$$评估值 = 参照物成交价格$$

（2）价格指数调整法

价格指数调整法（时间因素调整）是以参照物成交价格为基础，考虑参照物的成交时间与评估对象的评估基准日之间的时间间隔对资产价值的影响，利用与资产有关的价格变动指数，调整估算被估资产价值的方法。其计算公式为

$$评估值 = 参照物价格 \times 交易时间差异修正系数 = 参照物价格 \times (1 + 物价变动指数)$$

【例 2-1】 与评估对象完全相同的参照资产 3 个月前的成交价为 20 万元，3 个月间该类资产的价格上涨了 3%，则

$$评估值 = 20 \times (1 + 3\%) = 20.6(万元)$$

（3）功能价值类比法

功能价值类比法（功能因素调整）是以参照物的成交价格为基础，对参照物与评估对象之间的功能差异进行调整，来估算评估对象价值的方法。根据资产的功能与其价值之间的线性关系和指数关系的区别，功能价值类比法又可分为以下两种类型。

① 资产价值与其功能呈线性关系的情况，通常被称生产能力比例法。其计算公式为

$$评估值 = 参照物价格 \times 功能差异修正系数$$
$$= 参照物价格 \times (评估对象生产能力 / 参照物生产能力)$$

当然，功能价值类比法不仅仅表现为资产的生产能力这一项指标上，它还可以通过对参照

物与评估对象的其他功能指标的对比,利用参照物成交价格推算出评估对象价值。

【例2-2】 被评估资产年生产能力为250吨,参照资产的年生产能力为350吨,评估时点参照资产的市场价格为70万元,由此确定被评估资产价值接近于50万元。

$$评估值 = 70 \times (250/350) = 50(万元)$$

② 资产价值与其功能呈指数关系的情况,通常被称作规模经济效益指数法。其计算公式为

$$评估值 = 参照物价格 \times 功能差异修正系数$$
$$= 参照物价格 \times (评估对象生产能力/参照物生产能力)^x$$

式中,x 为规模经济效益指数。

【例2-3】 被评估资产年生产能力为250吨,参照资产的年生产能力为350吨,评估时点参照资产的市场价格为70万元,该类资产的功能价值指数为0.7,由此确定被评估资产价值接近于55.31万元。

$$评估值 = 70 \times (250/350)^{0.7} = 55.31(万元)$$

(4) 市价折扣法

市价折扣法(交易情况因素调整)是以参照物成交价为基础,考虑到评估对象在销售条件、销售时限等方面的不利因素,凭评估人员的经验或有关部门的规定,设定一个价格折扣率来估算评估对象价值的方法,其计算公式为

$$评估值 = 参照物价格 \times 交易情况修正系数$$
$$= 参照物价格 \times (1 - 价格折扣率)$$

【例2-4】 待估资产为一快速变现的设备,评估时与其完全相同的设备的正常价格为30万元,评估师经分析认为该类设备快速变现的折扣率为30%,则

$$评估值 = 30 \times (1 - 30\%) = 21(万元)$$

(5) 成新率价格调整法

成新率价格调整法(个别因素调整)是以参照物的成交价格为基础,考虑参照物与评估对象新旧程度上的差异,通过成新率调整估算出评估对象的价值。其计算公式为

$$评估值 = 参照物价格 \times 个别因素修正系数$$
$$= 参照物价格 \times (评估对象成新率/参照物成新率)$$

$$资产的成新率 = 资产的尚可使用年限/(资产的已使用年限 + 资产的尚可使用年限)$$

由于直接比较法对参照物与评估对象的可比性要求较高,在具体评估过程中寻找参照物

可能会受到局限，因而直接比较法的使用也相对受到制约。

2) **类比调整法**

类比调整法是指在公开市场上无法找到与被评估资产完全相同的参照物时，可以选择若干个类似资产的交易案例作为参照物，通过分析比较评估对象与各个参照物成交案例的因素差异，并对参照物的价格进行差异调整，来确定被评估资产价值的方法。这种方法在资产交易频繁、市场发育较好的地区得到广泛应用。因为在资产评估过程中，完全相同的参照物几乎是不存在的，即使是一个工厂出产的相同规格、型号的设备，在不同企业中使用，由于维护保养条件、操作使用水平及利用率高低等多种因素的作用，其实体损耗也不可能是同步的，更多的情况下获得的是相类似的参照物价格，只能通过类比调整来确定被评估资产的价值。运用类比调整法的关键是通过严格筛选，找到最适合的参照物，并进行差异调整。类比调整法的基本计算公式为

$$被评估资产评估值 = 参照物价格 \times (1 + 调整率)$$

如果评估对象与参照物之间存在上述各种差异，评估值计算公式可用下式表示为

$$评估值 = 参照物价格 \times 交易时间差异修正系数 \times 区域因素修正系数 \times \\ 功能差异修正系数 \times 交易情况修正系数 \times 个别因素修正系数$$

2.2 收 益 法

2.2.1 基本概念与理论依据

收益法是指通过估测被评估资产未来预期收益并折算成现值，借以确定被评估资产价值的一种评估方法。收益法是基于"现值"规律，即任何资产的价值等于其预期未来收益的现值之和。一个理智的投资者在购置或投资于某一资产时，他所愿意支付或投资的货币数额不会高于他所购置或投资的资产在未来能给他带来的回报。

采用收益法对资产进行评估的理论依据是效用价值论：收益决定资产的价值，收益越高，资产的价值越大。资产的收益通常表现为一定时期内的收益流，而收益有时间价值，因此为了估算资产的现时价值，需要把未来一定时期内的收益折算为现值，这就是资产的评估值。

2.2.2 应用的前提条件

运用收益法需要具备以下前提条件。

① 被评估资产能够继续使用。资产只有在继续使用中才能带来预期收益。

② 资产的未来收益可以测算。在正常情况下，投入使用中的资产总是会给所有者或控制者带来收益的。但是，有的资产可以单独产生收益，收益易于测算，如一辆单独运营中的汽车；而有的资产却必须与其他资产结合使用才能产生收益，收益不易于测算，如一台普通机床。因此，采用收益法时，要考虑被评估资产的未来收益是否可以单独进行测算。

③ 资产的预期获利年限是可以预测的产生收益的年限。资产的预期获利年限是指资产在使用中可以产生收益的年限。

④ 资产拥有者获得预期收益所承担的风险是可以预测的。所谓风险，通俗地讲，就是遭受损失的可能性。许多因素都可能对资产的获利能力产生负面影响，这种负面影响就是风险。风险的大小会直接影响到资产的预期收益。

2.2.3 操作程序

运用收益法评估资产时，一般按以下程序进行。

① 收益预测。收益预测是指对被评估资产未来预期收益进行预测。未来预期收益可以是有限期的收益，也可以是无限期的收益，在预测时要做一定的假设。

② 确定折现率或本金化率。折现率或本金化率是将未来预期收益折算成现值所采用的比率，是运用收益法时不可缺少的一个指标。在资产评估中，折现率与本金化率有相同之处，即它们的实质是一种预期投资报酬率；也有不同之处，折现率是指将未来有限期预期收益折算成现值的比率，本金化率则是指将未来无限期预期收益折算成现值的比率。

③ 将被评估资产的未来收益通过折现率或本金化率折算成现值，该现值即为被评估资产的评估值。

2.2.4 收益法常用评估方法

1. 基本参数的确定

运用收益途径进行评估涉及许多经济技术参数，其中最主要的参数有 3 个，它们是收益额、折现率（资本化率）和收益期限。

（1）收益额

收益额是适用收益法评估资产价值的基本参数之一。

在资产评估中，资产的收益额是指根据投资回报的原理，资产在正常情况下所能得到的归其产权主体的所得额。资产评估中的收益额有两个比较明确的特点：其一，收益额是资产未来预期收益额，而不是资产的历史收益额或现实收益额；其二，在一般情况下，用于资产评估的收益额是资产的客观收益或正常收益，而并不一定是资产的实际收益。因为在一般的情况下，资产评估要求评估资产的市场价值，资产的收益额应该是资产的正常收益额或客观收益额。如果收益额使用的是资产的实际收益额或其他非正常收益额，则评估结果的价值类型可能就不是市场价值，而是非市场价值中的某一种具体价值表现形式了，评估人员就必须在评估报告中做出明确的说明。收益额的上述两个特点是非常重要的，评估人员在执业过程中应切实注意收益额的特点，以便合理运用收益途径来估测资产的价值。因资产种类较多，不同种类资产的收益额表现形式亦不完全相同，如企业的收益额通常表现为净利润或净现金流量，而房地产则通常表现为纯收益等。关于收益额预测将在以后各章结合各类资产的具体情况分别介绍。

（2）折现率

从本质上讲，折现率是一种期望投资报酬率，是投资者在投资风险一定的情况下，对投资所期望的回报率。折现率就其构成而言，它是由无风险报酬率和风险报酬率组成的。无风险报酬率一般是采用同期国库券利率或银行利率。风险报酬率是指超过无风险报酬率以上部分的投资回报率。在资产评估中，因资产的行业分布、种类、市场条件等的不同，其折现率亦不相同。资本化率与折现率在本质上是相同的。习惯上，人们把将未来有限期预期收益折算成现值的比率称为折现率，而把将未来永续性预期收益折算成现值的比率称为资本化率。

至于资本化率与折现率在量上是否恒等，主要取决于同一资产在未来长短不同时期所面临的风险是否相同。确定折现率，首先应该明确折现的内涵。折现作为一个时间优先的概念，认为将来的收益或利益低于现在的同样收益或利益，并且，随着收益时间向将来推迟的程度而有序地降低价值。同时，折现作为一个算术过程，是把一个特定比率应用于一个预期的收益流，从而得出当前的价值。

（3）收益期限

收益期限是指资产具有获利能力持续的时间，通常以年为时间单位。它由评估人员根据被评估资产自身效能及相关条件，以及有关法律、法规、契约、合同等加以测定。

2. 具体方法

收益法实际上是在预期收益还原思路下若干具体方法的集合。从大的方面来看，收益法中的具体方法可以分为若干类：其一是针对评估对象未来预期收益有无限期的情况划分，分为有限期和无限期的评估方法；其二是针对评估对象预期收益额的情况划分，又可分为等额收益评估方法、非等额收益方法等。在实际中，收益额与未来期限存在以下4种情况：

① 每年收益相同，未来年期无限；
② 每年收益相同，未来年期有限；
③ 每年收益不同，未来年期无限；
④ 每年收益不同，未来年期有限。

为了便于学习收益途径中的具体方法，先对这些具体方法中所用的字符含义作统一的定义，如下所示：

P——评估值；

t——年序号；

P_n——未来第 n 年的评估值；

A——年金；

R_t——未来第 t 年的预期收益；

r——折现率或资本化率；

n——有确定收益的预期年限；

N——收益总年限。

1）每年收益相同，未来年期无限

在这种假设情况下，基本计算公式为

$$资产评估值 = \frac{每年收益额}{资本化率}$$

或

$$P = \frac{A}{r}$$

【例2-5】 假设某企业将持续经营下去，现拟转让，聘请评估师估算其价值。经预测，该企业每年的预期收益为 1 200 万元，资本化率为 4%。请估算该企业的价值。

$$评估值 = A/r = 1\,200/4\% = 30\,000(万元)$$

2) 每年收益相同，未来年期有限

在这种假设情况下，基本计算公式为

$$资产评估值 = 每年收益额 \times 年金现值系数$$

或

$$P = A \times (P/A, r, n)$$

【例 2-6】 某企业尚能继续经营 6 年，营业终止后用于抵冲债务，现拟转让。经预测得出 6 年预期收益均为 900 万元，折现率为 8%，请估算该企业的评估值。

$$P = A \times (P/A, r, n) = 900 \times (P/A, 8\%, 6) = 900 \times 4.6229 = 4160.61(万元)$$

3) 每年收益不同，未来年期无限

在假设未来年期无限的情况下，测算每年不同的收益额，实际上是做不到的。因此，通常采用一种变通的方法——分段法，来对未来收益进行预测。所谓分段，是指先对未来若干有限年内的各年收益额进行预测，然后假设从该有限年期的最后一年起，以后各年的预期收益额均相同，对这两部分收益额分别进行折现。基本计算公式为

$$资产评估值 = \sum(前期各年收益额 \times 各年复利现值系数) + (后期每年收益额 / 资本化率) \times 前期最后一年的复利现值系数$$

或

$$P = \sum_{t=1}^{n} \frac{R_t}{(1+r)^t} + \frac{A}{r(1+r)^n}$$

【例 2-7】 某收益性资产预计未来 5 年收益额分别是 12 万元、15 万元、13 万元、11 万元和 14 万元。假定从第 6 年开始，以后各年收益均为 14 万元，确定的折现率和本金化率为 10%。确定该收益性资产在永续经营条件下的评估值。

首先，确定未来 5 年收益额的现值。

$$\sum_{t=1}^{n} \frac{R_t}{(1+r)^t} = \frac{12}{(1+10\%)^1} + \frac{15}{(1+10\%)^2} + \frac{13}{(1+10\%)^3} + \frac{11}{(1+10\%)^4} + \frac{14}{(1+10\%)^5}$$
$$= 49.2777$$

计算中的现值系数，可从复利现值表中查得。

其次，确定第 6 年以后的收益额现值。

$$\frac{A}{r(1+r)^n} = \frac{14}{10\%(1+10\%)^5} = 86.926$$

最后，确定该资产评估值。

$$P = \sum_{t=1}^{n} \frac{R_t}{(1+r)^t} + \frac{A}{r(1+r)^n} = 49.2777 + 86.926 = 136.2037(万元)$$

4）每年收益不同，未来年期有限

基本计算公式为

$$资产评估值 = \sum(每年收益额 \times 复利现值系数)$$

$$P = \sum_{t=1}^{n} \frac{R_t}{(1+r)^n}$$

【例2-8】 设某收益性资产预期收益期为5年，每年预期收益额分别为160万元、150万元、130万元、125万元和145万元，确定折现率为5%。要求：试确定该企业的评估值。

$$评估值 = \sum_{t=1}^{n} \frac{R_t}{(1+r)^n} = \frac{160}{(1+5\%)^1} + \frac{150}{(1+5\%)^2} + \frac{130}{(1+5\%)^3} + \frac{125}{(1+5\%)^4} + \frac{145}{(1+5\%)^5}$$
$$= 617.173(万元)$$

若有限年较长，也可采用分段法，基本计算公式为

$$资产评估值 = \sum(前期各年收益额 \times 各年复利现值系数) + (后期每年收益额 \times$$
$$后期若干年的年金现值系数) \times 前期最后一年的复利现值系数$$

$$P = \sum_{t=1}^{n} \frac{R_t}{(1+r)^t} + \frac{A \times (P/A, r, N-n)}{(1+r)^n}$$

接例2-8，若该收益性资产预计未来期为50年，假定从第六年开始，以后每年收益均为145万元，其他条件不变，则其评估值为

$$P = \sum_{t=1}^{n} \frac{R_t}{(1+r)^t} + \frac{A \times (P/A, r, N-n)}{(1+r)^n} = 617.173 + \frac{45 \times (P/A, 5\%, 45)}{(1+5\%)^5}$$
$$= 617.173 + 2019.271 = 2636.444(万元)$$

2.3 成 本 法

2.3.1 基本概念与理论依据

成本法是指通过估算被评估资产的重置成本，扣除从资产的形成并开始投入使用至评估基准日这段时间内的损耗，从而得到资产的评估价值的一种评估方法。它是从成本取得和成本构成的角度对被评估资产的价值进行的分析和判断，即在条件允许的情况下，任何一个潜在的投资者在决定投资某项资产时，他所愿意支付的价格不会超过购建该项资产的现行购建成本。

采用成本法对资产进行评估的理论依据如下。

1. 资产的价值取决于资产的成本

资产的原始成本越高，资产的原始价值越大；反之则小。二者在质和量的内涵上是一致的。根据这一原理，采用成本法时必须首先确定资产的重置成本。重置成本是按在现行市场条件下重新购建一项全新资产所支付的全部货币总额，它与原始成本的内容构成是相同的，但二者反映的物价水平是不相同的，前者反映的是资产评估日的市场物价水平，后者反映的是当初购建资产时的物价水平。在其他条件既定时，资产的重置成本越高，其重置价值越大。

2. 资产的价值是一个变量

资产的价值随资产本身的运动和其他因素的变化而相应变化。资产的价值损耗主要来自以下3个方面。

① 资产投入使用后，由于使用磨损和自然力的作用，其物理性能会不断下降，价值会逐渐减少。这种损耗一般称为资产的物理损耗或有形损耗，也称实体性贬值。由于被评估对象大多都不是全新状态的资产，通常情况下都会存在着实体性贬值因素。

② 新技术的推广和运用，使得企业原有资产与社会上普遍推广和运用的资产相比较，在技术上明显落后、性能降低，从而使得企业投入的费用相对增加、效益相对下降，其价值也就相应减少，这就是原有的资产相对于更新的资产所发生的功能性损耗，也称功能性贬值。

③ 由于资产以外的外部环境因素（包括政治因素、宏观经济政策因素等）变化，引致资产价值降低、收益额减少，这种损耗一般称为资产的经济性损耗，也称经济性贬值。

2.3.2 应用的前提条件

1. 被评估资产能够继续使用

被评估资产能够继续使用，说明能为其所有者或控制者带来预期收益，这样，用资产的重置成本估算被评估资产的价值，才具有意义，也易为他人理解和接受。

2. 某些情况下需要借助于历史成本资料

由于成本法主要是采用重置成本来估算资产的价值，因此，一般来讲，成本法与历史成本无关。但某些情况下如采用物价指数法评估资产价值时，则需要借助于历史成本资料。

2.3.3 操作程序

运用成本法评估资产一般按下列步骤进行。

① 确定被评估资产，收集与被评估资产有关的重置成本资料和历史成本资料。
② 根据收集的有关资料确定被评估资产的重置成本。
③ 确定被评估资产的使用年限（包括资产的实际已使用年限、尚可使用年限及总使用年限）。
④ 估算被评估资产的损耗或贬值，包括实体性贬值、功能性贬值和经济性贬值。
⑤ 确定被评估资产的成新率。
⑥ 计算确定被评估资产的价值。

2.3.4 成本法常用评估方法

1. 基本参数的确定

就一般意义上讲，成本法运用涉及4个基本参数，即资产的重置成本、资产的有形损耗、资产的功能性贬值和资产的经济性贬值。

1) 资产的重置成本

简单地说，资产的重置成本就是资产的现行再取得成本。具体来说，重置成本又分为复原重置成本和更新重置成本两种。

复原重置成本是指采用与评估对象相同的材料、建筑或制造标准、设计、规格及技术等，以现时价格水平重新购建与评估对象相同的全新资产所发生的费用。

更新重置成本是指采用与评估对象不完全相同，通常是更为新式的材料、建筑或制造标准、设计、规格和技术等，以现行价格水平购建与评估对象具有同等功能的全新资产所需的费用。

更新重置成本和复原重置成本的相同方面在于采用的都是资产的现时价格，不同方面在于技术、设计、标准方面的差异。对于某些资产，其设计、耗费、格式常年不变，更新重置成本与复原重置成本是一样的。应该注意的是，无论更新重置成本还是复原重置成本，最关键的是资产本身的功能不变。

选择重置成本时，在同时可获得复原重置成本和更新重置成本的情况下，应选择更新重置成本。在无更新重置成本时可采用复原重置成本。一般来说，复原重置成本大于更新重置成本，原因是复原重置成本大于更新重置成本的这种差别反映了由于技术和材料方面的进步导致替代资产购建成本的减少，也就是反映了被评估资产要求投入较多的购置成本造成的自身陈旧性贬值。之所以要选择更新重置成本，主要是由于一方面随着科学技术的进步，劳动生产率的提高，新工艺、新设计被社会所普遍接受，与购建资产相关的材料及技术标准也会不断更新；另一方面，新型设计、工艺制造的资产无论从其使用性能，还是成本耗用方面都会优于旧的资产。

2) 实体性贬值

资产的实体性贬值亦称有形损耗，是指资产由于使用及自然力的作用导致的资产的物理性能的损耗或下降而引起的资产的价值损失。资产的有形损耗通常采用相对数计量，即

$$资产实体性贬值率 = 资产实体性贬值额/资产重置成本 \times 100\%$$

一般说来，有形损耗的决定因素有4个。

① 使用时间。资产的已使用时间越长，其有形损耗就越大，剩余价值也就越小。

② 使用率。使用率越高，资产的有形损耗就越大。不过也有例外，有些资产闲置的时间越长，反而损耗越大。

③ 资产本身的质量。资产本身的质量越好，在相同的使用时间和使用强度之下，有形损耗也越小。

④ 维修保养程度。资产在使用过程中保养得越好，其有形损耗越小，但是，要注意把日常维修保养与技术改造区分开来。技术改造属于再投资，应采用投资年限法进行估算。

3) 功能性贬值

资产的功能性贬值是指由于技术进步引起的资产功能相对落后而造成的资产价值损失，

包括新工艺、新材料和新技术的采用等而使原有资产的建造成本超过现行建造成本的超支额,以及原有资产的运营成本的超支额。估算功能性贬值,主要根据资产的效用,生产能力、工耗、物耗、能耗水平等功能方面的差异造成的成本增加和效益降低,相应确定功能性贬值额。同时还要重视技术进步因素,注意替代设备、替代技术、替代产品的影响,以及行业技术装备水平现状和资产更新换代的速度。

4) 经济性贬值

经济性贬值是指由于被评估资产外部经济环境(包括宏观经济政策、市场供求、市场竞争、通货膨胀、环境保护)引起的达不到原设计获利能力的资产贬值,而且这种贬值往往会影响整个企业的评估结果,并非只对某一项或某一组资产的评估结果产生影响。计算经济性贬值时,主要是根据由于产品销售困难而开工不足或停止生产,形成资产的闲置得不到实现等因素,确定其贬值额。

资产评估中所涉及的经济性贬值也是无形损耗的一种,是由资产以外的各种因素所造成的贬值,影响经济性贬值的因素很多,通常只能从经济性贬值所造成的结果来考察。经济性贬值造成的结果有两个:一是使运营成本上升或收益减少;二是导致开工率不足使生产能力下降。

2. 具体方法

通过成本法评估资产的价值不可避免地要涉及被评估资产的重置成本、实体性贬值、功能性贬值和经济性贬值四大参数。成本法中的各种技术方法实际上都是在成本法总的评估思路基础上,围绕着四大参数采用不同的方式方法测算形成的。

1) 重置成本的估算方法

重置成本的估算一般可以采用下列方法。

(1) 重置核算法

重置核算法又称为细节分析法,它是利用成本核算的原理,根据重新购建资产所应发生的成本项目逐项计算并加以汇总,从而估算出资产的重置成本的一种评估方法。

重置核算法一般适用于对建筑物、大中型机器设备等的评估。建筑物的特点是市场上参照物较少,大中型机器设备的特点是有较多的附属及配套设施,基于此,采用成本法对这些资产进行评估较为适宜。

对于采用购买方式重置的资产,其重置成本包括买价、运杂费、安装调试费以及其他必要的费用等。将这些因素按现行市价测算,便可估算出资产的重置成本。

对于采用自行建造方式重置的资产,其重置成本包括重新建造资产所应消耗的料、工、费等的全部支出。将这些支出逐项加总,便可估算出资产的重置成本。

【例 2-9】 某台设备于 5 年前购入,已知现行市价每台为 60 万元,运杂费为 3 万元,直接安装成本(费)为 6 万元,其中原材料费为 3 万元,人工成本 3 万元,经测算间接成本占直接成本的 6%,计算该设备的重置成本。

根据已知可得:

$$直接成本 = 60 + 3 + 6 = 69(万元)$$

$$间接成本 = 69 \times 6\% = 4.14(万元)$$

$$重置成本合计 = 69 + 4.14 = 73.14(万元)$$

(2) 物价指数法

物价指数是反映各个时期商品价格水准变动情况的指数。根据物价指数估算资产重置成本的具体评估方法称为物价指数法。物价指数法的一般计算式为

$$重置成本 = 被评估资产的账面原值 \times 适用的物价变动指数$$

物价变动指数包括定基物价指数和环比物价指数。

① 定基物价指数是以某一年份的物价为基数确定的物价指数。定基物价指数下的物价指数法计算公式为

$$被估资产重置成本 = 被估资产账面原值 \times 定基物价指数$$

② 环比物价指数是指逐年与前一年相比的物价指数。环比物价指数下的物价指数法计算公式为

$$被估资产重置成本 = 被估资产账面原值 \times 环比物价指数$$

$$环比物价指数 = (1+a_1) \times (1+a_2) \times (1+a_3) \times \cdots \times (1+a_n) \times 100\%$$

式中:a_n 为第 n 年环比物价变动指数,$n = 1, 2, 3, \cdots$

【例 2-10】 机器设备一台,购置于 2014 年,账面原值 20 万元。该类资产适用的物价指数:2014 年为 100%,评估基准日时为 130%。则

$$被估资产重置成本 = 20 \times \frac{130\%}{100\%} = 26(万元)$$

【例 2-11】 机器设备一台,账面原值 100 万元,购置于 2009 年,2015 年进行评估。该资产适用的环比物价指数分别为:2010 年为 2.9%,2011 年为 3.1%,2012 年为 4.3%,2013 年为 3.7%,2014 年为 5.8%,2015 年为 4.7%。则

$$\begin{aligned}被估资产重置成本 &= 100 \times (1+2.9\%) \times (1+3.1\%) \times (1+4.3\%) \times (1+3.7\%) \times \\ &\quad (1+5.8\%) \times (1+4.7\%) \\ &= 127.107(万元)\end{aligned}$$

物价指数法与重置核算法是重置成本估算较常用的方法。但二者具有明显的区别。

① 物价指数法估算的重置成本仅考虑了价格变动因素,因而确定的是复原重置成本,而重置核算法既考虑了价格因素,也考虑了生产技术进步和劳动生产率的变化因素,因而可以估算复原重置成本和更新重置成本。

② 物价指数法建立在不同时期的某一种或某类甚至全部资产的物价变动水平上;而重置核算法建立在现行价格水平与购建成本费用核算的基础上。

明确物价指数法和重置核算法的区别,有助于对重置成本估算中方法的判断和选择。一项科学技术进步较快的资产,采用物价指数法估算的重置成本往往会偏高。物价指数法一般适用于数量多、价值低的大宗资产的评估。

(3) 功能价值类比法

这种方法是通过选择同类功能的资产作参照物,根据资产功能与成本之间的内在关系,并据以估算被评估资产的重置成本的一种方法。当资产的功能变化与其价格或成本的变化呈线性关系时,功能价值类比法可以称为生产能力比例法;当资产的功能变化与其价格或成本的变化呈指数关系时,功能价值类比法则可以称为规模经济效益指数法。

① 生产能力比例法。这种方法运用的前提条件和假设是资产的成本与其生产能力呈线性关系,生产能力越大,成本越高,而且是成正比例变化。应用这种方法估算重置成本时,首先应分析资产成本与生产能力之间是否存在这种线性关系,只有两者之间存在线性关系时,才能采用这种方法估算资产的重置成本。在这种情况下其计算公式为

$$被估资产重置成本 = 参照物重置成本 \times \frac{被估资产年产量}{参照物年产量}$$

【例 2-12】 某被评估生产设备的年产量为 8 万件。现查知,市场上全新参照物的价格为 120 万元,年产量为 10 万件,则被估设备的重置成本为

$$被估设备重置成本 = 120 \times \frac{8}{10} = 96(万元)$$

② 规模经济效益指数法。一项资产的生产能力的大小与其制造成本并不是一种线形,而是一种指数关系,也就是规模经济效益的作用。在这种情况下其计算公式为

$$被估资产重置成本 = 参照物重置成本 \times \left(\frac{被估资产年产量}{参照物年产量}\right)^x$$

式中的 x 通常被称为规模经济效益指数,是一个经验数据。在美国,这个经验数据一般在 0.4~1,如加工工业一般为 0.7,房地产行业一般为 0.9。我国到目前为止尚未有统一的规模经济效益指数数据,因此评估过程中要谨慎使用这种方法。公式中参照物,一般可选同类资产中的标准资产。

【例 2-13】 参照物资产重置成本为 5 万元,生产能力为年产 3 000 件;被评估资产生产能力为年产 6 000 件,该类设备规模经济效益指数为 0.7,则被评估资产的重置成本为

$$被估设备重置成本 = 5 \times \left(\frac{0.6}{0.3}\right)^{0.7} = 8.122\ 5(万元)$$

(4) 统计分析法

在对企业整体资产及某一相同类型资产进行评估时,为了简化评估业务,节省评估时间,还可以采用统计分析法确定某类资产重置成本,这种方法运用的步骤如下。

① 在核实资产数量的基础上,把全部资产按照适当标准划分为若干类别,如房屋建筑物按结构划分为:钢结构、钢筋混凝土结构等;机器设备按有关规定划分为专用设备、通用设备、运输设备、仪器、仪表等。

② 在各类资产中抽样选择适量具有代表性资产,应用上述重置核算法、物价指数法、

生产能力比例法或规模经济效益指数等方法估算其重置成本。

③ 依据分类抽样估算资产的重置成本额与账面历史成本，计算出分类资产的调整系数，其计算公式为

$$K = \frac{R'}{R}$$

式中，K 为资产重置成本与账面历史成本的调整系数；R' 为某类抽样资产的重置成本；R 为某类抽样资产的账面历史成本。

④ 根据调整系数 K 估算被评估资产的重置成本，计算公式为

$$被估资产重置成本 = \sum 某类资产账面历史成本 \times K$$

【例 2-14】 评估某企业 150 台同类型设备。经过抽样选择具有代表性的 30 台设备作为样本并进行估算，其重置成本之和为 900 万元，而该 30 台具有代表性设备历史成本之和为 750 万元，该 150 台机床账面历史成本之和为 9 000 万元，则全部设备的重置成本为

$$K = \frac{900}{750} = 1.2$$

$$被估设备重置成本 = 9\,000 \times 1.2 = 10\,800(万元)$$

2) 实体性贬值的估算方法

实体性贬值的估算，一般可以采取以下几种方法。

（1）观察法

观察法是指具有专业知识和丰富经验的工程技术人员，通过对资产实体各主要部位的观察以及用仪器测量等方式进行技术鉴定，再与同类或相似的全新资产进行比较，判断被评估资产的成新率来估算其有形损耗的方法。其计算公式为

$$实体性贬值额 = 重置成本 \times (1 - 成新率)$$

【例 2-15】 现有一台机器设备要出售，该设备购置于 2015 年，按照技术人员的鉴定，确定该机器的成新率为 90%，重置成本为 800 万元，计算该机器设备的实体性贬值。

$$设备的实体性贬值额 = 800 \times (1 - 90\%) = 80(万元)$$

（2）使用年限法

使用年限法是指通过确定被评估资产的已使用年限与总使用年限来估算其实体性贬值程度的一种具体评估方法。其计算公式为

$$实体性贬值额 = 重置成本 \times \frac{已使用年限}{总使用年限}$$

公式中，总使用年限指的是实际已使用年限与尚可使用年限之和。计算公式为

$$总使用年限 = 已使用年限 + 尚可使用年限$$

尚可使用年限是根据资产的有形损耗因素预计资产的继续使用年限。

公式中，已使用年限又分为名义已使用年限和实际已使用年限。名义已使用年限是指从被评估资产投入使用之日起到评估基准日所经历的年限。实际已使用年限是考虑了资产利用率后的使用年限。即

$$实际已使用年限 = 名义已使用年限 \times 资产利用率$$

公式中资产利用率的计算公式为

$$资产利用率 = \frac{截止评估基准日资产累计实际利用时间}{截止评估基准日资产累计标准工作时间}$$

当资产利用率>1时，表示资产超负荷运转，资产实际已使用年限比名义已使用年限要长。

当资产利用率=1时，表示资产满负荷运转，资产实际已使用年限等于名义已使用年限。

当资产利用率<1时，表示开工不足，资产实际已使用年限小于名义已使用年限。

【例2-16】 某项设备于2010年3月1日投入使用，评估基准日为2018年3月1日。按照该项资产的技术指标规定，该项资产每天正常工作时间为8小时。但据了解，该项资产实际每天工作时间为12小时。试计算其实际已使用年限（每年按360天计算）。

$$实际已使用年限 = 8 \times \frac{12 \times 360}{8 \times 360} = 8 \times 150\% = 12(年)$$

（3）修复费用估算法

修复费用估算法是通过确定被评估资产恢复原有的精度和功能所需要的费用来直接确定该项资产的实体性贬值。修复费用包括资产主要零部件的更换或者修复、改造、停工损失等费用支出。当资产通过修复恢复到其全新状态，则该资产的实体性贬值等于其修复费用。

使用这种方法的时候，特别要注意区分有形损耗的可修复部分与不可修复部分。可修复部分的有形损耗是技术上可以修复而且经济上合算；不可修复部分的有形损耗则是技术上不能修复，或者技术上可以修复，但经济上不合算。对于可修复部分的有形损耗可依据直接支出的金额来估算；对于不可修复的有形损耗，则可运用前述的观察法或使用年限法来确定。可修复部分与不可修复部分的有形损耗之和构成被评估资产的全部有形损耗。

3）功能性贬值的估算方法

资产的功能性贬值通常体现在以下两个方面：第一，超额运营成本形成的功能性贬值，在产量相等的情况下，由于被评估资产的运营成本高于同类型技术先进的资产而导致的功能性贬值；第二，超额投资成本形成的功能性贬值，由于新工艺、新材料和新技术的采用，使得生产相同的资产所需要的社会必要劳动时间减少，技术先进资产的现行建造成本降低而导致的功能性贬值。

（1）超额运营成本形成的功能性贬值的估算

超额运营成本是指新型资产的运营成本低于原有资产的运营成本之间的差额。

资产的运营成本包括人工耗费、物料耗费和能源耗费等。新型资产的投入使用，将使各

种耗费降低，从而导致原有资产的相对价值贬值。这种贬值实际上是原有资产的运营成本超过新型资产的运营成本的差额部分，这个差额被称为超额运营成本。

被评估资产由于超额运营成本而形成的贬值额的计算公式为

$$功能性贬值额 = \sum（被估资产年净超额运营成本 \times 折现系数）$$

【例2-17】 某种机器设备，技术先进的设备比原有的技术陈旧设备生产效率高，节约工资费用，有关资料及计算结果见表2-1。

表2-1 某设备的相关资料

项 目	技术先进设备	技术陈旧设备
月产量	10 000 件	10 000 件
单件工资	1.6 元	2.1 元
月工资成本	16 000 元	21 000 元
月差异额		5 000 元
年工资成本超支额		60 000 元
减：所得税（税率25%）		15 000 元
扣除所得税后年超额工资		45 000 元
资产剩余使用年限		5 年
折现率为10%，年限为5年的年金现值系数		3.790 8
功能性贬值额		170 586 元

（2）超额投资成本形成的功能性贬值的估算

超额投资成本是指由于技术进步和采用新型材料等原因，具有同等功能的新资产的制造成本低于原有资产的制造成本而形成的原有资产的价值贬值额。

由此可见，超额投资成本实质上是复原重置成本与更新重置成本之间的差额。

当使资产充分体现其功能性贬值，使被评估资产更趋于理想状态，则在选择被评估资产的重置成本时，尽量采用技术最先进的且更新重置成本最低的那种资产的重置成本。

4）经济性贬值的估算方法

评估人员首先要判断分析被评估资产是否存在经济性贬值，如认为确实存在经济性贬值，则可以估算被评估资产的经济性贬值。经济性贬值可以用相对数即经济性贬值率和绝对数即经济性贬值额两种方式加以表示。

（1）经济性贬值率

其计算公式为

$$经济性贬值率 = \left[1 - \left(\frac{资产在评估基准日的生产能力}{资产的设计生产能力}\right)^x\right] \times 100\%$$

式中 x 为生产规模经济效益指数。当存在经济性贬值时，其指数应小于1，具体取值应视情况而定。

(2) 经济性贬值额

其计算公式为

$$经济性贬值额 = \sum (被估资产年收益净损失额 \times 折现系数)$$

【例 2-18】 某企业一条被评估生产线,设计年生产能力为 20 万件 A 产品。因市场需求变化,评估基准日时的年产量为 14 万件 A 产品。生产规模效益指数取 0.6。试计算该生产线的经济性贬值率。

$$经济性贬值率 = \left[1 - \left(\frac{14}{20}\right)^{0.6}\right] \times 100\% = 19.27\%$$

承上例。设该生产线尚可使用 5 年,每年减少 6 万件,产品的单位利润为 100 元,所得税率为 25%,折现率为 8%。试计算该资产的经济性贬值额。

$$\begin{aligned}经济性贬值额 &= 6 \times 100 \times (1 - 25\%) \times (P/A, 8\%, 5) \\ &= 600 \times 75\% \times 3.9927 = 1796.72(万元)\end{aligned}$$

2.4 评估方法的选择

2.4.1 资产评估方法之间的关系

资产评估方法之间的关系是指资产评估方法之间的替代性问题,也就是说,对某项评估对象,能否采用两种以上的方法同时进行评估。

由于资产评估方法受到评估目的、评估假设和评估对象等的制约。因此,当评估目的、评估假设、评估对象一经确定后,选择评估方法的思路也就基本确定了。即使有多种评估方法可供选择,但只有一种是相对最合理的评估方法。通过这种评估方法评估出来的结果,理论上是最为合理的评估结果。但由于每种评估方法都有其局限性,评估人员可以应用其他的评估方法进行评估,当出现两个或两个以上的结果时,评估人员通过对这些结果进行分析,根据评估价值类型及评估结果对市场的适用性判断选择最终评估结论。

2.4.2 资产评估方法的选择

在选择资产评估方法时应考虑以下因素。

① 资产评估方法作为获得特定价值尺度的技术规程必须与资产评估价值类型相适应。资产评估价值类型与评估方法是两个不同层次的概念。前者说明评什么,是评估价值质的规定,具有排他性和对评估方法的约束性;后者说明如何评,是确定评估价值量的规定,具有多样性和替代性,且服务于评估价值类型。要明确资产评估价值类型与评估方法这两个概念的相互关系,否则就会影响资产的权益和资产评估有关当事人的利益。价值类型的准确性、评估方法的科学性及两者是否匹配是资产评估价值科学有效的保证。

② 资产评估方法必须与评估对象相适应,即单项资产、整体资产、有形资产、无形资

产等不同的评估对象要采用不同的评估方法，评估人员总是寻求最简单、最能客观地反映资产价值的方法对资产进行估价。

资产评估对象的状态不同，所采用的评估方法也不同。从评估对象看，如果评估对象能满足评估方法的诸要素，则成本法、收益法和市场法均可使用。当资产评估的价值类型为市场价值时，可以按照市场法、收益法和成本法的顺序进行评估。

③ 评估方法的选择受数据和信息资料是否可以收集到的因素的制约。各种方法的运用都要根据一系列数据、资料进行分析、处理和转换，资产评估过程实际上就是收集资料的过程。从评估对象来分析资产评估方法的适用问题，事实上就是在评估中要根据已有的资料和经过努力可获得相关数据资料的能力寻求相应的评估方法，有哪种参数比较容易获得，就可采用相适应的评估方法评估资产的价值。在评估方法中西方国家评估机构更多地采用市场法，但在我国受市场发育不完善的限制，市场法的应用远远落后于成熟市场经济国家的水平。

总之，各种评估方法作为实现评估目的的手段，在本质上是没有区别的，资产评估存在的客观经济条件既然决定了资产评估经济活动的存在，自然也就为各种评估方法的运用提供了各种必备条件。与此同时，根据上述的分析我们也应当看到，资产评估方法都具有各自使用的条件和一定的局限性，为了弥补某一种方法在评估实践中的局限性，可以在保证实现评估目的、遵循评估的前提假设和确保各种有关评估参数可取性的基础上，考虑将资产评估的各种方法配合使用，以便获得更加充分和准确的评估结论。

练习题

一、单项选择题

1. 采用市场法评估资产价值时，可以作为参照物的资产应该是（　　）。
   A. 全新资产 B. 旧资产
   C. 与被评资产相同或者类似的资产 D. 全新资产，也可以是旧资产
2. 采用收益法评估资产时，各指标存在的关系是（　　）。
   A. 资本化率越高，收益现值越低 B. 资本化率越高，收益现值越高
   C. 资本未来收益期对收益现值无影响 D. 资本化率和收益现值无关
3. 某项专用技术预计可用 5 年，预测未来 5 年的收益分别为 40 万元、42 万元、44 万元、45 万元、46 万元，假定折现率为 10%，则该技术的评估价值为（　　）。（保留两位小数）
   A. 217 万元 B. 155.22 万元 C. 150.22 万元 D. 163.43 万元
4. 对被评估的机器设备进行模拟重置，按现行技术条件下的设计、工艺、材料、标准、价格和费用水平进行核算，这样求得的成本称为（　　）。
   A. 更新重置成本 B. 复原重置成本
   C. 完全重置成本 D. 实际重置成本
5. 已知某类设备的价值与功能之间存在线性关系，重置类似全新机器设备一台，其价值为 4 万元，年产量为 4 000 件，现知被评估资产年产量为 3 000 件，则其重置成本为（　　）。

A. 3万元　　　　B. 4万元　　　　C. 3～4万元　　　　D. 无法确定

二、多项选择题

1. 应用市场法进行资产评估必须具备的前提条件是（　　）。
   A. 需要一个充分发育活跃的资产市场
   B. 必须具备参照物
   C. 可以收集到被评资产与参照物可以比较的指标和技术参数
   D. 必须有与被评估资产相同或者类似的全新资产
   E. 参照物与被评资产的功能相同

2. 运用市场法评估任何单项资产都应当考虑的可比因素有（　　）。
   A. 资产的功能　　　　B. 市场条件　　　　C. 交易条件
   D. 资产的实体特征和质量　　　　E. 资产所处的地理位置

3. 构成折现率的因素包括（　　）。
   A. 超额收益率　　　　B. 无风险报酬率　　　　C. 风险报酬率
   D. 价格变动率　　　　E. 平均收益率

4. 收益法涉及的基本要素包括（　　）。
   A. 被评估资产的实际收益　　　　B. 被评估资产的预期收益
   C. 折现率或者资本化率　　　　D. 被评估资产的总使用年限
   E. 被评估资产的预期获利年限

5. 运用收益法评估资产价值时，要求资产的收益额应该是资产的（　　）。
   A. 历史收益额　　　　B. 未来预期收益额
   C. 现实收益额　　　　D. 实际收益额
   E. 客观收益额

6. 成本法涉及的基本要素包括（　　）。
   A. 资产的重置成本　　　　B. 资产的有形损耗
   C. 资产的功能性贬值　　　　D. 资产的经济性贬值
   E. 资产的获利年限

三、评估题

1. 已知资产的价值与功能之间存在线性关系，参照物与评估对象仅在功能方面存在差异，参照物的年生产能力为1 200件产品，成交价格为1 500元，评估对象的年生产能力为1 000件，问评估对象的价值为多少？

2. 评估对象在未来5年内的预期收益分别为20万元、22万元、24万元、25万元、26万元，资产从第6年到第10年每年的收益均保持在27万元，第10年末资产拟转让，变现价约为120万元，假设折现率为10%，用收益法估测资产的价值。

3. 评估对象为某企业2010年购进的一条生产线，账面原值为150万元，2013年进行评估。经调查分析确定，该生产线的价格每年比上一年增长10%，据估计，该资产还可使用6年，又知道目前市场上已经出现功能更先进的资产，并被普遍应用，新设备与评估对象相比，可节省3人，每人的月工资为650元。此外，由于市场竞争加剧，致使该设备开工不足，由此造成收益损失额每年为20万元（该企业所得税税率为25%，假定折现率为10%）。要求根据上述资料，采用成本法对该资产进行评估。

第2篇

资产评估学实务

第2篇

資產申出學定義

第 3 章 机器设备评估

学习目标
- 了解机器设备的特点、类型及其对评估的影响;
- 掌握机器设备评估的程序;
- 重点掌握成本法在机器设备评估中的应用,掌握机器设备的重置成本、实体性贬值、功能性贬值、经济性贬值的估算方法;
- 掌握机器设备市场比较法评估中有关比较指标的修正系数的确定;
- 掌握收益法在租赁设备中的应用。

内容提要

本章分别对机器设备、机器设备评估进行了概述,然后着重介绍了机器设备评估方法中的成本法、市场法和收益法。由于大多数机器设备不具备综合获利能力,其收益计量有困难,因此采用收益法评估机器设备受到一定的限制,所以机器设备评估实践中主要的评估方法是成本法和市场法。

本章关键词

机器设备　复原重置成本　更新重置成本　实体性贬值　功能性贬值　经济性贬值　成新率

3.1 机器设备评估概述

3.1.1 机器设备的概念

《国际评估准则》对机器设备有如下描述:设备、机器和装备是用来为所有者提供收益的、不动产以外的有形资产。设备是包括特殊的非永久性建筑物、机器和仪器在内的组合资产。机器包括单独的机器和机器的组合,是指使用或应用机器动力的器械装置,由具有特定功能的结构组成,用以完成一定的工作。装备是用以支持企业功能的附属性资产。

机器设备的概念可以从技术、会计、资产评估三个方面去加以认识。

从技术的角度看,机器设备是指利用机械原理及其他科学原理制造的,并由零件、部件组成的独立或成套装置。这些装置能够完成生产、加工、化学反应、运行和改善环境等功能和效用。

从会计的角度看,机器设备是指符合固定资产条件(即"使用年限超过一年,单位价值在规定标准以上,并且在使用过程中保持原有物质形态")的机器、设备、装置、仪器、工具或器皿等。

从资产评估的角度看,作为评估对象的机器设备是广义的概念,除了机器设备还包括人们根据声、光、电技术制造的电气设备、电子设备、仪器仪表和装备等。除了单台设备外,还包括为了实现特定的功能,由若干独立单台设备组成的设备组合,如生产线、车间等。

3.1.2 机器设备的分类

在评估中对机器设备进行分类,其目的有如下几个方面:一是考虑到机器设备的技术特点,为评估中的专业技术检测创造条件;二是有利于收集市场和其他方面的相关资料,有效地选择参照物;三是适应评估委托方的要求,与财务会计处理的惯例相适应;四是便于评估人员合理分工、专业化协作,提高评估工作的质量和效益。

机器设备种类繁多,出于设计、制造、使用、管理等不同需要,可选择不同标准对机器设备进行分类。

（1）按国家固定资产分类标准分类

中华人民共和国国家质量监督检验检疫总局、国家标准化管理委员会在 2011 年 1 月 10 日颁布了《固定资产分类标准与代码》（GB/T 14885—2010），规定了我国现行的机器设备分类国家标准,分为:土地、房屋及构筑物;通用设备;专用设备;文物和陈列品;图书、档案;家具、用具、装具及动植物。该标准中对上述 6 类设备都列出了详细目录。

（2）按经济用途和使用情况综合分类

我国会计实务中按固定资产的经济用途和使用情况将其分为 6 种类型,对机器设备而言有以下几种。

① 生产经营用机器设备。指直接参与生产过程的机器设备,如动力设备、起重运输设备、测试仪器和其他生产用具等。

② 非生产经营用机器设备。主要包括在教育和科研等部门所使用的设备。

③ 租出机器设备。指按照合同约定出租给外单位使用的机器设备。

④ 未使用机器设备。指尚未投入使用的新设备和正在改造、尚未验收投产的设备等。

⑤ 不需用机器设备。指不适合本单位使用,并已报请上级部门等待处理的机器设备。

⑥ 融资租入机器设备。指企业以融资租赁的方式租入的机器设备。

（3）按机器设备的组合程度分类

机器设备在使用中通常将不同功用的设备进行分配组合,以完成某种生产工艺活动。按其组合方式和程度划分,可分为:单台设备（独立设备）；机组,如组合机床、柴油发电机组等；成套设备（包括生产线），由若干不同设备按生产工艺过程,依次排序联结,形成一个完成全部或主要生产过程的机器体系,如合成氨成套设备、胶合板生产线等。

（4）按机器设备的来源分类

机器设备按来源划分,通常可分为自制设备和外购设备两种。外购设备中又有国内购置设备和国外引进设备之分。

（5）按机器设备价值大小分类

机器设备价值大小是一个相对的概念,在不同的企业标准是不一样的,这里仅是一个参考值。

① A类设备。一般每台价值大于 50 000 元的机器设备。
② B类设备。一般每台价值在 5 000～50 000 元的机器设备。
③ C类设备。一般每台价值在 5 000 元以下的机器设备。

值得注意的是，机器设备的上述分类并不是独立的，各种分类之间可以有不同程度的关联。例如，成套设备中，可能部分是外购的，部分是自制的。在资产评估中，评估人员应该根据评估的目的、评估的要求和评估对象的特点，选择不同的分类方法，灵活进行分类处理。例如，按机器设备在生产中的作用或工程技术特点分类，有利于组织有关专业人员进行分工，选择相应的评估方法，采用适当的技术检测手段，选择适当的评估比较参照物。不论在资产评估中采用什么分类标准进行分类，最后都要按评估结果汇总的要求进行统计。在评估时既可按生产车间进行清查评估，也可按通用设备、专用设备等分类清查评估，还可按自制设备、外购设备、国内设备和进口设备分类清查评估等，完成这些工作后再进行分类汇总。

3.1.3 机器设备评估的特点

机器设备本身所具有的技术和价值特点形成和影响了它的评估特点，这些特点主要如下。

（1）以单台、单件为评估对象

由于机器设备单位价值大、规格型号多、情况差异大，为了保证评估的准确性，如实反映被评估机器设备的现实价格，客观上要求把机器设备作为单项独立评估对象进行评估，一般来说，应该逐台、逐件进行评估。

（2）以技术检测为评估基础

机器设备本身就是一类技术含量很高的资产，机器设备自身的技术含量多少本身就直接决定了机器设备评估价值的高低，技术检测是确定机器设备技术含量的重要手段。另一方面，由于机器设备使用时间长，工程技术性强，且又处于不断磨损过程中，其磨损程度的大小，又因机器设备使用、维修、保养等状况的不同而造成一定的差异。因此，在评定机器设备的实物和价值状况时，往往需要通过技术检测来判断机器设备的磨损状况以评定机器设备的技术水平、实物状况和评估价值。

（3）针对不同设备特性采用不同的评估方法

由于作为固定资产的机器设备多次反复地进入生产过程，实物状态与功能都在发生变化，从而影响评估的因素十分复杂。物价、费用、尚可使用年限、成新率、国家经济政策、市场供需情况等都会对评估价值产生一定的影响。企业机器设备的种类多，各类设备的单项价值、经济寿命、性能等差别较大，因此在评估实践中不可能采用单一的计价方法，而应该针对不同的机器设备，选用不同的方法进行评估。即使是对同一设备，必要时也可选用几种不同的方法进行评估，以验证评估结果的准确程度。

（4）机器设备在评估时的存在形式和使用方式将影响机器设备的评估价值

被评估机器设备在评估时是以单台、单件作为评估对象还是以整体资产中的要素资产作为评估对象，是按机器设备在评估基准日正在使用的方式继续使用下去，还是改变目前的使用方式换作其他方式继续使用下去，或是将机器设备移到异地继续使用，将直接影响机器设备的评估价值。

（5）机器设备所包含的技术性无形资产应酌情考虑统一评估或分别评估

比较复杂或先进的机器设备，特别是成套设备、机组、检测设备等，其功能的正常发挥还需要有专利、专有技术或计算机软件等技术类无形资产的支持。一般来说，在单台设备及无法将该设备中包含的无形资产严格区分的情况下，可以将这些无形资产含在设备价值中一起评估。而成套设备、机组和复杂的检测设备中含有的可分离的专用无形资产，也可考虑将设备与无形资产分开评估。

（6）与土地及建筑物不可分离的机器设备的评估

与土地及建筑物不可分离的机器设备，即分离机器设备会严重影响土地及建筑物使用价值和价值的，可将机器设备放到土地、建筑物中一并进行评估，如建筑物中的电梯、水、电、气、通信等机器设备。

（7）要正确估算机器设备的贬值

机器设备的贬值因素比较复杂，包括实体性贬值、功能性贬值和经济性贬值。这些贬值因素在评估中要考虑，准确地予以计量。技术的更新换代，国家有关的能源、环保政策，市场经济的状况等都可能影响机器设备的评估值。

机器设备评估的上述特点，给评估工作提出了较高的要求，即要在机器设备存在的实物状态和参考账面原值的基础上，充分考虑机器设备的技术特点、价值特点及影响因素，合理地评估机器设备的价值。

3.1.4 机器设备评估的基本程序

机器设备评估的程序是指机器设备评估的过程或步骤。在对机器设备的价值评定估算之前，应该做好评估准备、明确评估基本事项、现场勘察等基础工作。

1. 评估准备

评估师应该做好机器设备评估的各项准备工作，评估准备工作主要有以下几个方面。

（1）要求委托方提供资产评估的基础资料

评估师首先要求委托方对委托评估的机器设备进行自查，查实机器设备的数量，做到账实相符。在此基础上，填写机器设备评估申报表，提供租出及融资租赁机器设备的合同、证明，提供新购设备、重点设备的购货合同、发票及运输、安装调试费用的收据，以及提供其他必要的经济技术资料。

（2）制定具体的评估工作计划

根据委托方提供的有关资料，明确评估范围和评估重点后，应制定合理的评估作业计划，包括设计主要机器设备的评估思路、落实评估人员、聘请有关专家、安排评估进度、规定评估作业完成时间等，以此保证评估工作的顺利进行。

（3）收集评估中所需数据资料

机器设备评估除委托方提供的资料外，在评估准备阶段应广泛地收集与评估工作有关的数据资料，包括机器设备的成本资料、市场价格资料、技术资料，对机器设备价格产生影响的利率、税率、汇率等资料，这对于提高评估工作的效率是非常重要的。有的资料通过市场调查获得，有的资料通过评估人员现场勘察获得。

2. 明确评估基本事项

(1) 明确评估目的

机器设备评估大体可分为两种形式：一种是机器设备作为独立的评估对象评估；另一种是机器设备与企业的其他资产一起评估。机器设备单独评估的评估目的有：机器设备转让（包括出售、继承、赠与、抵债等）、机器设备抵押、机器设备保险、机器设备投资、处理机器设备纠纷和有关法律诉讼等；机器设备与企业的其他资产一起评估的目的有：企业合资、合作，企业兼并、分立，企业出售，企业租赁经营，企业承包经营，企业改制，企业上市，企业破产清算等。因此，在受理机器设备评估业务时，必须明确评估目的，并明确地写在资产评估委托协议中和资产评估报告中。

(2) 明确评估基准日

机器设备评估基准日通常由委托方提出，评估机构与委托方协商确定。机器设备评估基准日的确定应根据评估的特定目的、遵循与评估目的实现日期相接近的原则。

(3) 明确评估对象

主要是明确机器设备的类别和范围。由于机器设备涉及的专业比较广、工程技术性强、种类繁多，评估时必须明确评估对象的类别，以便有效地收集评估资料和合理地安排评估人员。在资产评估中不仅需要根据机器设备的分类标准明确评估对象的类别，还需要根据评估的特定目的，明确评估对象的具体范围，如评估对象中是否包含租出和融资租入机器设备、是否包含房地产中的有关机器设备等，以避免重复评估或者遗漏评估。

(4) 明确评估价值类型

机器设备评估的价值类型一般分为市场价值和非市场价值（或称市场外价值）两类。机器设备价值的评估要考虑机器设备评估的目的、评估时的市场条件、评估对象自身的性质和状况，选择相适应的评估价值类型。

3. 现场勘察

现场勘察工作的主要任务是清查核实评估对象，对待评估机器设备进行技术鉴定，以测定机器设备的各种技术参数。

(1) 清查核实评估对象

清查核实评估对象应根据委托方提供的机器设备评估申报表，通过核对企业的账面记录和盘点实物两个方面对评估对象进行核对，要尽可能对所有申报评估的机器设备逐台核实。对数量较多的成批同型号设备可采用抽查的办法，以落实评估对象。要特别注意对未进账的机器设备、已摊销完设备、租入和租出设备、建筑附属设备的清查核实，避免重复评估或者漏评。

(2) 对机器设备进行勘察和技术鉴定

对机器设备进行勘察和技术鉴定是机器设备评估现场工作的核心。勘察和技术鉴定的内容如下：

① 对机器设备所在整个生产系统、生产环境、生产强度及生产系统的产品结构、产品市场需求状况进行总体鉴定和评价，以此为单台、单件机器设备的技术鉴定提供背景资料。

② 对机器设备的使用状况，包括机器设备的购建时间、已使用年限、利用率及运行负荷的大小、完好率、技术改造、大修理情况进行勘察和技术鉴定。

③ 对机器设备的技术状况，包括设备的类别、规格型号、制造厂家、生产能力、加工

精度、设备实际所处状况等进行分析和鉴定。对机器设备进行勘察和技术鉴定时，应注意向操作工人、技术人员、维修管理人员调查了解设备的使用、维护、修理情况，向财务人员了解资金发生和使用情况。对于大型、复杂、高精尖设备，应由多名专业技术人员组成专家组进行勘察和技术鉴定。

4. 确定单台设备的估价数据与参数

确定单台设备的估价数据与参数是评估结果是否科学、合理的关键。一方面，评估人员应对收集到的数据进行筛选、分析和整理，确定本次评估的估价数据，如同类设备现行市场购买价格、价格指数、现行有关费用标准、关税税率、利率、汇率等；另一方面，根据现场勘察和技术鉴定所掌握的资料，测定各种技术参数，如设备磨损系数、完好率、尚可使用年限、有形损耗率、成新率等。如果经分析，判定机器设备存在功能性贬值或经济性贬值，还应测定超额运营成本、设备收益损失额、规模效益指数、折现率或资本化率等有关数据和参数。如果评估机器设备的变现价格，还应分析、确定设备的变现时间、变现风险和变现费用等。

5. 评定估算与撰写评估报告

在完成上述工作后，评估人员就可以本着客观、公正的原则对机器设备进行评定估算，估测每台设备的重置价值，并对单台设备的评估值进行汇总，得出总的评估结果，具体的估算过程可通过填写机器设备评估作业分析表、机器设备评估明细表、机器设备评估汇总表来完成。评估机构在机器设备评定估算工作基本完成后，还要进行自查工作，对设备的估价依据和参数再进行一次全面的核对。在重新核对无误的基础上，编写评估说明或机器设备评估部分报告。

3.1.5 影响机器设备评估价值的基本因素

（1）原始成本

原始成本也称预算价值，简称原价，是机器设备购建时的全部费用，包括购置价款、运杂费、安装调试费等。

（2）重置成本

重置成本也称重置全价，分为复原重置成本和更新重置成本两种。它们是按现行价格计算的，购置与被评估机器设备完全相同或者以新型材料、先进技术标准购置类似机器设备的全部费用。

（3）成新率

成新率就是机器设备的新旧程度，一般用机器设备剩余使用年限与计划使用年限的比率来表示，或者以机器设备折余价值（即净值与全价的比率）来表示。成新率是在计算出机器设备完全价值后，计算机器设备评估净值的决定性因素。

（4）折旧

折旧是指在生产过程中逐渐地、部分地转移到新产品上去的以货币额表示的机器设备损耗。折旧费按期计入产品成本，是产品成本的一项重要内容。

（5）折余价值

折余价值也称净值，是指机器设备原值减去折旧后的余额。

（6）价格指数

价格指数是指表示市场价格水平变化的百分数。资产评估是要按现实价格评定出资产的实际价值,因而若在评估基准日物价指数与机器设备购建时不同,就需按照价格指数将机器设备原价调整成现实价值,然后再作进一步评估。价格指数是评估中的一个重要调整参数,在采用成本法评估机器设备的重置成本时主要依据的价格指数是定基价格指数和环比价格指数。

(7) 机器设备残值(废料价值)

机器设备残值是指机器设备报废后按其所含的可利用材料进行衡量,在评估基准日估算的以货币额表示的价值。机器设备报废清理时,回收的材料、零件、废料等价值,称为残值,它体现机器设备丧失生产能力后残体的价值。

3.2 机器设备评估的成本法

成本法是机器设备评估的最基本和最常用的方法。机器设备评估的成本法是根据被评估机器设备全新状态下的重置成本,扣减实体性贬值、功能性贬值和经济性贬值,将所得差额作为机器设备评估值的一种方法。

成本法的计算公式为

$$P = C_R - D_p - D_f - D_e$$

式中:P——评估值;

C_R——重置成本;

D_p——实体性贬值;

D_f——功能性贬值;

D_e——经济性贬值。

3.2.1 重置成本的计算

机器设备的重置成本通常是指按现行价格购建与被评估机器设备相同或相似的全新设备所需的成本。机器设备的重置成本可分为复原重置成本和更新重置成本两种。复原重置成本是指按现行的价格购建一台实际上完全相同的设备所需的成本。更新重置成本是指按现行的价格购建一台不论何种类型,但能提供同样服务和功能的新设备替代现有设备所需的成本。

机器设备的重置成本包括购置或购建设备所发生的必要的、合理的直接成本费用、间接成本费用和因资金占用所发生的资金成本。设备的直接成本一般包括:设备净价,即购买或建造费用,以及设备的运杂费、安装费、基础费及其他合理成本;间接成本一般包括:管理费、设计费、工程监理费、保险费等。直接成本与每一台设备直接对应,间接成本与资金成本有时不能对应到每一台设备上,它们是为整个项目发生的,在计算每一台设备的重置成本时一般按比例摊入。设备重置成本的构成要素根据评估对象的具体情况决定,与设备的类型、安装方式等有关。

1. 设备净价

设备净价是指设备本身的价格,不包括运输、安装等费用。对于通用设备一般按现行市场销售价格确定;对于自制设备一般按当前的价格标准计算的建造成本,包括直接材料费、燃料动力费、直接人工费、制造费用、期间费用分摊、利润、税金及非标准设备的设计费等。

1）直接法

直接法是根据市场交易数据直接确定设备净价的方法。使用这种方法的关键是获得市场价格资料，对于大部分通用设备，市场价格资料的取得是比较容易的；而非标准、专用设备的价格资料往往很难从市场直接取得。获得市场价格的渠道包括以下几种。

（1）市场询价

有公开市场价格的机器设备，大多数可以通过市场询价来确定设备的现行价格，即评估师直接从市场了解相同产品的现行市场销售价格。机器设备的市场价格，制造商与销售商或者不同销售商之间的售价可能是不同的。根据替代性原则，在同等条件下，评估人员应该选择可能获得的最低售价。一些专用设备和特殊设备，由于只有少数厂家生产，市场交易也很少，一般没有公开的市场价格。确定这些设备的现行市场价格，需要向生产厂家直接询价。由于市场透明度较差，生产厂家的报价和实际成交价往往存在较大的差异。评估人员应谨慎使用报价，一般应该向近期购买该厂同类产品的其他客户了解实际成交价。

（2）使用价格资料

价格资料是获得机器设备市场价格的重要渠道，包括生产厂家提供的产品目录或价格表、经销商提供的价格目录、报纸杂志上的广告、出版的机电产品价格目录、机电产品价格数据库等。在使用上述价格资料时，数据的时效性和可靠性是至关重要的。

2）物价指数法

物价指数法是指以被评估设备的原始购买价格为基础，根据同类设备的价格变动指数，按现行价格水平来确定机器设备的净价。对于二手设备，历史成本是最初使用者的账面原值，而非当前设备使用者的购置成本。物价指数可分为定基物价指数和环比物价指数。

（1）定基物价指数

定基物价指数是以固定时期为基期的指数，通常用百分比来表示。以100%为基础，当物价指数大于100%，表明物价上涨；物价指数在100%以下，表明物价下跌。表3-1为某类设备的定基物价指数。

表3-1　某类设备的定基物价指数

年　　份	2012	2013	2014	2015	2016	2017	2018
物价指数/%	100	104	106	108	111	113	115

采用定基物价指数计算设备当前重置成本的公式为

$$重置成本 = 历史成本 \times \frac{当前年份指数}{基年指数}$$

【例3-1】　2014年购置某设备，原始成本为30 000元，定基物价指数如表3-1所示，计算2018年该设备的重置成本。

解　　2018年该设备的重置成本 $= 30\,000 \times \dfrac{115}{106} = 32\,547(元)$

（2）环比物价指数

环比物价指数是以上期为基期的指数。如果环比期以年为单位，则环比物价指数表示该类产品当年较上年的价格变动幅度。该指数通常也用百分比表示。表3-1的定基物价指数用环比物价指数可表示为表3-2。

表3-2 环比物价指数

年 份	2012	2013	2014	2015	2016	2017	2018
物价指数/%	—	104	101.9	101.9	102.8	101.8	101.8

用环比物价指数计算设备重置成本的公式为

$$设备重置成本 = 历史成本 \times (P_1 \times P_2 \times \cdots \times P_n)$$

式中，P_n 为 n 年对 $n-1$ 年的环比物价指数。

【例3-2】 2014年购置某设备，原始成本为30 000元，环比物价指数如表3-2所示，计算2018年该设备的重置成本。

解 2018年该设备的重置成本 = 30 000 × (101.9% × 102.8% × 101.8% × 101.8%) = 32 567(元)

3）重置核算法

重置核算法是通过分别测算机器设备的各项成本费用来确定设备净价的方法。该方法常用于确定非标准、自制设备的重置成本。

机器设备的重置成本由生产成本、销售费用、利润、税金组成。在常见的估价方法中，根据设备的性质特点，有依据设备材料费来确定设备重置成本的方法，也有依据设备人工费用来确定设备重置成本的估价方法。

【例3-3】 某设备的现行市价为150 000元，运杂费为20 000元，安装调试费中原材料费为13 000元，人工费为17 000元。按照同类设备安装调试的间接费用分配，间接费为人工费的60%，计算该设备的重置成本。

解 设备的重置成本 = 重置直接成本 + 重置间接成本

直接成本 = 150 000 + 20 000 + 13 000 + 17 000 = 200 000(元)

间接成本 = 17 000 × 60% = 10 200(元)

该设备的重置成本 = 200 000 + 10 200 = 210 200(元)

4）综合估价法

综合估价法是根据设备的主材费用和主要外购件费用与设备成本费用有一定的比例关系，通过确定设备的主材费用和主要外购件费用，计算出设备的完全制造成本，并考虑企业利润、税金和设计费用，确定设备的重置成本。其计算公式为

$$C_R = (M_{rm}/K_m + M_{pm}) \times (1 + K_p) \times (1 + K_d/n) \times (1 + R_t)$$

式中：C_R——设备重置成本；

M_{rm}——主材费；

K_m——成本主材费率;

M_{pm}——主要外购件费;

K_p——成本利润率;

K_d——非标准设备的设计费率;

n——非标准设备的生产数量;

R_t——综合税率。

(1) 主材费 M_{rm}

主要材料是指在设备中所占的重量和价值比例较大的一种或几种材料。主材费 M_{rm} 可按图纸分别计算出各种主材的净消耗量,然后根据各种主材的利用率求出它们的总消耗量,并按材料的市场价格计算每一种主材的材料费用。其计算公式为

$$M_{rm} = \sum \left(\frac{\text{某主材净消耗量}}{\text{某主材利用率}} \times \frac{\text{含税市场价}}{1+\text{增值税税率}} \right)$$

(2) 主要外购件费 M_{pm}

主要外购件如果价值比重很小,可以综合在成本主材费率 K_m 中考虑,而不再单列为主要外购件。外购件的价格按不含税市场价格计算,其计算公式为

$$M_{pm} = \sum \left(\text{某主要外购件的数量} \times \frac{\text{含税市场价}}{1+\text{增值税税率}} \right)$$

(3) 综合税率 R_t

综合税率包括增值税税率(R_{t1})、城市维护建设税税率(R_{t2})和教育附加费率(R_{t3})等。其计算公式为

$$R_t = R_{t1} \times (1 + R_{t2} + R_{t3})$$

该方法只需依据设备的总图,计算出主要材料消耗量,并根据成本主材费率即可估算设备的售价,是机械工业概算中估算通用非标准设备时经常使用的方法。

【例3-4】 某悬链式水幕喷漆室为非标准设备,构建日为2010年12月,评估基准日为2018年9月30日。计算该悬链式水幕喷漆室的重置成本。

解 根据设计图纸,该设备主材为钢材,主材的净消耗量为25.5吨,评估基准日钢材不含税市场价为3 500元/吨。另外,所需主要外购件不含税费用为55 680元。主材费用率为90%,成本主材费率为55%,成本利润率为15%,设计费率为16%,产量为1台。

首先确定设备的主材费用,该设备的主材利用率为90%,则主材费用为

$$25.5 \div 90\% \times 3\,500 = 99\,167(元)$$

若增值税税率为17%,城市维护建设税税率为7%,教育附加费率为3%,则综合税率为

$$17\% \times (1+7\%+3\%) = 18.7\%$$

则该设备的重置成本为

$$(99\,167 \div 55\% + 55\,680) \times (1+15\%) \times (1+16\%/1) \times (1+18.7\%) \approx 373\,670.18(元)$$

5）重量估价法

重量估价法是用设备的重量乘以综合费率，并考虑利润和税金，确定设备的重置成本。并根据设备的复杂系数进行适当调整。综合费率根据相似设备的统计资料确定，其计算公式为

$$C_R = W \cdot R_w \cdot K + P + T$$

或

$$C_R = W \times R_w \times K(1+R_p) \times (1+R_t)$$

式中：C_R——设备重置成本；
　　　W——设备的净重；
　　　R_w——综合费率；
　　　K——调整系数；
　　　P——合理利润；
　　　T——税金；
　　　R_p——利润率；
　　　R_t——综合税率。

该方法简单，估价速度快，适用于材料单一、制造简单、技术含量低的设备重置成本估算，如结构件和比较简单的大型冲压模具等。

6）类比估价法——指数估价法

对于某些特殊的设备，如化工设备、石油设备等，同一系列不同生产能力设备的重置成本变化与生产能力变化呈某种指数关系。即

$$C_R = (A_1/A_2)^x \times S_2$$

式中：C_R——设备重置成本；
　　　A_1——被评估设备的生产能力；
　　　A_2——参照物设备的生产能力；
　　　S_2——参照物设备的价格；
　　　x——规模经济效益指数。

2. 运杂费

（1）国产设备运杂费

国产设备的运杂费是从生产厂家到安装使用地点所发生的装卸、运输、采购、保管、保险及其他有关费用。设备运杂费的计算方法之一是根据设备的生产地点、使用地点及重量、体积、运输方式，根据铁路、公路、航运、航空等部门的运输计费标准计算。另一种方法是按设备的原价的一定比率作为设备的运杂费率，以此来计算设备的运杂费。计算公式为

$$国产设备运杂费 = 国产设备原价 \times 国产设备运杂费率$$

（2）进口设备的国内运杂费

进口设备的国内运杂费是指进口设备从出口国运抵我国后，从所到达的港口、车站、机场等地，将设备运至使用的目的地现场所发生的港口费用、装卸费用、运输费用、保管费用、国内运输保险费用等各项运杂费，不包括在运输超限设备时发生的特殊措施费。即

$$\text{进口设备国内运杂费} = \text{进口设备到岸价} \times \text{进口设备国内运杂费率}$$

其中，运杂费率分为海运方式和陆运方式两种。

3. 设备安装费

设备的安装工程范围包括以下几部分。

① 所有机器设备、电子设备、电器设备的装配、安装工程。
② 锅炉及其他各种工业锅窑的砌筑工程。
③ 设备附属设施的安装工程。
④ 设备附属管线的铺设。
⑤ 设备及附属设施、管线的绝缘、防腐、油漆、保温等工程。
⑥ 为测定安装工作质量进行的单机试运转和系统联动无负荷试运转。

设备的安装费包括上述工程所发生的所有人工费、材料费、机械费及全部取费。设备安装费可以用设备的安装费率计算。

（1）国产设备安装费

国产设备的安装费计算公式为

$$\text{国产设备安装费} = \text{设备原价} \times \text{设备安装费率}$$

（2）进口设备安装费

进口设备的安装费计算公式为

$$\text{进口设备安装费} = \text{相似国产设备原价} \times \text{国产设备安装费率}$$

或

$$\text{进口设备安装费} = \text{进口设备到岸价} \times \text{进口设备安装费率}$$

由于进口设备原价较高，进口设备的安装费率一般低于国产设备的安装费率。机械行业建设项目概算指标中规定：进口设备的安装费率可按相同类型国产设备的 30%～70% 选取，进口设备的机械化、自动化程度越高，取值越低；反之越高。特殊情况，如设备的价格很高，而安装很简单，应低于该指标；设备的价格很低，而安装较复杂时，应高于该指标。

4. 基础费

设备基础费是指建造设备基础所发生的人工费、材料费、机械费及全部取费。有些特殊设备的基础列入构筑物范围，不按设备基础计算。国产设备基础费计算公式为

$$\text{国产设备基础费} = \text{国产设备原价} \times \text{国产设备基础费率}$$

式中，设备的基础费率按所在行业颁布的概算指标中规定的标准取值。行业标准中没有包括的特殊设备的基础费率，应自行测算。

进口设备基础费的计算公式为

$$\text{进口设备基础费} = \text{相似国产设备原价} \times \text{国产设备基础费率}$$

或

$$\text{进口设备基础费} = \text{进口设备到岸价} \times \text{进口设备基础费率}$$

进口设备基础费率一般低于国产设备的基础费率。机械行业建设项目概算指标中规定：

进口设备的基础费率可按国产设备基础费率的30%～70%选取,进口设备机械化、自动化程度越高,取值越低;反之越高。特殊情况,如进口设备的价格高而基础简单的,应低于标准;设备价格低而基础复杂的,应高于标准。

5. 进口设备从属费用

进口设备的从属费用包括国外运费、国外运输保险费、关税、消费税、增值税、银行财务费、外贸手续费,对车辆还包括车辆购置税等。

① 国外运费可按设备的重量、体积及海运公司的收费标准计算,也可按一定比例计取,计税基数为设备离岸价,计算公式为

$$海运费 = 设备离岸价 \times 海运费率$$

费率:远洋一般取5%～8%,近洋一般取3%～4%。

② 国外运输保险费的计费基数为设备离岸价+海运费,计算公式为

$$国外运输保险费 = \frac{(设备离岸价 + 海运费) \times 保险费率}{1 - 保险费率}$$

保险费率可根据保险公司费率表确定,一般在0.4%左右。

③ 关税的计税基数为设备到岸价(CIF),计算公式为

$$关税 = 到岸价 \times 关税税率$$

关税的税率按国家发布的进口关税税率表计算。

④ 消费税的计税基数为关税完税价+关税,计算公式为

$$消费税 = \frac{(关税完税价 + 关税) \times 消费税税率}{1 - 消费税税率}$$

消费税的税率按国家发布的消费税税率表计算。

⑤ 增值税的计税基数为关税完税价+关税+消费税,计算公式为

$$增值税 = (关税完税价 + 关税 + 消费税) \times 增值税率$$

注:减免关税,同时减免增值税。

⑥ 银行财务费的计费基数为货价人民币数,计算公式为

$$银行财务费 = 设备离岸价 \times 费率$$

我国现行银行财务费率一般为4‰～5‰。

⑦ 外贸手续费也称为公司手续费,计费基数为到岸价人民币数,计算公式为

$$外贸手续费 = 到岸价 \times 外贸手续费率$$

目前,我国进出口公司的进口费率一般为1%～1.5%。

⑧ 车辆购置税的计税基数为到岸价人民币数+关税+消费税,计算公式为

$$车辆购置税 = (到岸价人民币数 + 关税 + 消费税) \times 费率$$

3.2.2 实体性贬值

机器设备的实体性贬值是由于生产经营中的磨损和暴露于自然环境造成的侵蚀而引起的资

产价值的损失。设备实体性贬值的程度可以用设备的价值损失与重置成本之比来反映，称为实体性贬值率。全新设备的实体性贬值率为零，完全报废设备的实体性贬值率为100%。

成新率是反映机器设备新旧程度的指标，或理解为机器设备现实状态与设备全新状态的比率。成新率与实体性贬值率的关系为

$$成新率 = 1 - 实体性贬值率$$

$$实体性贬值 = 设备重置成本 \times 实体性贬值率 = 设备重置成本 \times (1 - 成新率)$$

估测实体性贬值率的基本准则是以被评估对象的有关事实和环境条件为依据，通常采用观察法、使用年限法和修复费用法进行。

1. 观察法

观察法是评估人员根据对机器设备的现场观察和技术检测，在综合分析机器设备的已使用时间、使用状况、技术状态、维修保养状况、大修情况、工作环境和条件等因素的基础上，测定设备的成新率。

观察法的重点是在全面了解被评估设备基本情况的基础上，对机器设备进行技术检测和鉴定。在进行技术检测和鉴定时应根据设备的不同类型，确定检测的项目和重点。

运用观察法估测机器设备的成新率，在具体操作中可采用以下两种做法。

（1）直接观测法

直接观测法是指首先确定和划分不同档次的成新率标准，如表3-3所示（该表仅供参考），然后根据被评估对象的实际情况，经观测、分析、判断，直接确定被评估机器设备的成新率。这种方法的特点是相对简便、省时、易行，但主观性较强、精确度较差，一般适用于单位价值小、数量多、技术性不是很强的机器设备成新率的确定。

表3-3 机器设备成新率评估参考表

类别	新旧情况	有形损耗率/%	技术参数标准参考说明	成新率/%
1	新设备及使用不久设备	0～10	全新或使用不久的设备，在用状态良好，能按设计要求正常使用，无异常现象	90～100
2	较新设备	11～35	已使用一年以上或经过第一次大修恢复原设计性能使用不久的设备，在用状态良好，能满足设计要求，未出现过较大故障	65～89
3	半新设备	36～60	已使用两年以上或大修后已使用一段时间的设备，在用状态较好，基本上能达到设备设计要求，满足工艺要求，需经常维修以保证正常使用	40～64
4	旧设备	61～85	已使用较长时间或几经大修，目前仍能维持使用的设备，在用状态一般，性能明显下降，使用中故障较多，经维护仍能满足工艺要求，可以安全使用	15～39
5	报废待处理设备	86～100	已超过规定使用年限或性能严重劣化，目前已不能正常使用或停用，即将报废待更新	15以下

（2）打分法

打分法又称为部分鉴定法，是按机器设备的构成部分分项，按各项的价值比重或贡献度定分（满分100分），然后根据对设备各部分实际状况的技术鉴定，通过打分来确定被评估机器设备的成新率。这种方法的特点是使单项设备的成新率的确定定量化，在一定程度上克服了主观随意性，使成新率的确定更加科学、合理。下面以普通机床为例对这种方法加以具

体说明。

采用打分法估测机床的成新率，首先把机床划分为机床精度、操作系统、运动系统、润滑系统、电气系统、外观及其他等几个部分，并给定每个部分的标准分（满分100分），然后对各部分进行观测或技术鉴定，在此基础上对各部分实际状况打分，最后把各部分实得分数相加，即可得到被评估机床的成新率。具体情况如表3-4所示。

用此方法鉴定机床成新率的难点是机床精度的测定，因为机床精度可分为几何精度和工作精度（加工精度），具体又通过很多指标来反映，这些指标的测定通常用仪器来完成。事实上，由于受技术装备条件及评估作业时间的限制，评估机构很难做到这一点。在实际评估中，评估人员可通过向机器设备技术管理人员、机器设备操作人员调查了解机床的实际加工精度情况，再通过与机床的标准加工精度或设计加工精度对比，来给机床的精度打分。

表3-4 机器设备（机床）成新率鉴定表

单位名称： 评估基准日：

设备名称		规格型号		制造厂家	
购置时间		已使用年限		近期大修理日期/金额	
序号	项目	标准分	鉴定内容及实际情况		实际打分
1	机床精度	55	① 几何精度，如溜板移动在垂直平面内的直线度、主轴锥孔中心线的径向跳动等指标是否达到设计有关要求 ② 工作精度，如精车轴类零件外圆的圆度和圆柱度、精车端面的平面度等指标是否达到有关要求		
2	操作系统	6	变速及溜板操作手轮或手柄是否灵活轻便，丝杠与螺母之间的间隙是否过大		
3	运动系统	8	包括主轴箱、进给箱的齿轮传动系统，各部位轴承有无振动及发热，各滑动面有无拉伤		
4	润滑系统	10	润滑油泵出口压力是否达到额定值，油管是否泄漏，油路是否畅通		
5	电气系统	15	电控箱中电流开断装置，如磁力起动器、交流接触器、空气断路器及各种继电器触点有无烧损或接触不良，工作是否正常。电动机在运转中是否有发热升温超过正常值		
6	外观及其他	6	机床附件是否齐全，安全保护装置是否完好，外观有无锈蚀、碰伤及油漆剥落等		
合 计		100	成新率		

2. 使用年限法

使用年限法是假设机器设备在整个使用寿命期间内，实体性贬值与寿命缩短是成正比的，于是就可用设备的已使用年限与总的寿命年限的比值来确定设备的实体性贬值率。其计算公式为

$$实体性贬值率 = \frac{机器设备已使用年限}{机器设备已使用年限 + 机器设备尚可使用年限} \times 100\%$$

上述表达式是计算成新率的典型公式，因为不是所有的机器设备都是以"年"为单位反映寿命，如汽车的寿命用行驶里程反映更为准确，有些大型设备以工作小时反映寿命，大型建筑施工机械可按工作台班反映寿命。尽管反映寿命的单位不同，但评估贬值率的原理与

按"年"计量的评估方法并无不同,因此统称为使用年限法。

运用使用年限法估测机器设备的成新率取决于两个基本因素:已使用年限和尚可使用年限。但由于机器设备的具体情况不尽相同,如有的机器设备的投资是一次完成的,有的投资可能是分次完成的,有的可能是进行过更新改造和追加投资的,因此应采取不同的方法来测算其已使用年限和尚可使用年限。

1) 简单年限法

简单年限法是假定机器设备的投资是一次完成的,没有更新改造和追加投资等情况的发生。

(1) 已使用年限的确定

机器设备已使用年限是指机器设备从开始使用到评估基准日所经历的时间。由于资产在使用中负荷程度及日常维修保养差别的影响,已使用年限可分为名义使用年限和实际使用年限。名义使用年限是指会计记录记载的资产的已提折旧的年限;实际已使用年限是指资产在使用中实际磨损的年限。计算公式为

$$实际已使用年限 = 名义已使用年限 \times 设备利用率$$

$$设备利用率 = \frac{截至评估基准日设备累计实际利用时间}{截至评估基准日设备累计法定利用时间}$$

设备利用率计算结果小于1,表明开工不足,设备实际已使用年限小于名义已使用年限;计算结果大于1,表明资产超负荷运转,实际已使用年限大于名义已使用年限。

在机器设备评估中,应根据机器设备的名义已使用年限(折旧年限),考虑机器设备的使用班次、使用强度和维修保养水平据实估测其实际已使用年限。

(2) 尚可使用年限的确定

机器设备尚可使用年限是指从评估基准日开始到机器设备停止使用所经历的时间,即机器设备的剩余寿命。机器设备的已使用年限加上尚可使用年限就是机器设备的总寿命年限。如果机器设备总寿命年限已确定,尚可使用年限就是总寿命年限扣除已使用年限的余额。机器设备的尚可使用年限受到已使用年限、使用状况、维修保养状况及设备运行环境的影响。

【例3-5】 被评估设备已投入使用5年,在正常情况下该设备每天工作8小时,该设备在5年中平均每天工作6小时,该设备尚可使用年限为7年,计算该设备的实体性贬值。

解 设备利用率 = 6/8 × 100% = 75%

设备实际使用年限 = 5 × 75% = 3.75(年)

设备的实体性贬值率 = 3.75/(3.75 + 7) × 100% = 34.88%

---

2) 综合年限法

综合年限法是根据机器设备投资是分次完成、机器设备进行过更新改造和追加投资,以及机器设备的不同构成部分的剩余寿命不同等一些情况,经综合分析、判断,并采用加权平均法计算,确定被评估机器设备的成新率。

(1) 综合已使用年限的确定

一台机器设备由于分次投资、更新改造、追加投资等情况,使不同部件的已使用年限不

同,确定整个设备的已使用年限,应以各部件重置成本的构成为权重,对各部件参差不齐的已使用年限进行加权平均,确定已使用年限。计算公式为

$$综合已使用年限 = 加权投资年限 = \frac{\sum(加权复原或更新重置成本)}{\sum(复原或更新重置成本)}$$

$$= \frac{\sum(复原或更新重置成本 \times 投资年限)}{\sum(复原或更新重置成本)}$$

$$加权更新成本 = 已使用年限 \times 更新成本(现行成本)$$

(2)综合尚可使用年限的确定

在评估时,可按重置成本对各部件的尚可使用年限进行加权平均,求得整个设备的尚可使用年限。各部件尚可使用年限可用简单年限法进行评估。即

$$实体性贬值率 = \frac{加权投资年限}{加权投资年限 + 尚可使用年限} \times 100\%$$

【例3-6】 被评估设备购于2008年,原始价值为50 000元,2011年和2013年进行过两次更新改造,主要是添置一些自动化控制装置,当年投资分别为3 000元和2 500元。假设从2008年至2018年,每年的价格上升率为10%,该设备仍可使用5年,计算该设备2018年时的成新率。

解 ① 用价格指数法计算被评估设备的现行成本,如表3-5所示。

表3-5 该设备现行成本表

投资日期	原始投资额/元	价格变动系数	现行成本/元
2008年	50 000	2.6	130 000
2011年	3 000	1.95	5 850
2013年	2 500	1.61	4 025
合　计	55 500		139 875

② 计算加权投资成本,如表3-6所示。

表3-6 该设备加权投资成本表

投资日期	现行成本/元	投资年限/年	加权投资成本
2008年	130 000	10	1 300 000
2011年	5 850	7	40 950
2013年	4 025	5	20 125
合　计	139 875		1 361 075

③ 计算加权投资年限。

$$加权投资年限 = \frac{1\ 361\ 075}{139\ 875} = 9.73(年)$$

④ 计算成新率。

$$成新率 = \frac{5}{9.73 + 5} = 33.94\%$$

3. 修复费用法

修复费用法又称修复金额法，是按修复磨损部件所需要的开支来确定机器设备实体性损耗及成新率的方法。它适用于某些特定结构部件已经被磨损但能够以经济上可行的办法修复的情形。对机器设备来说，包括主要零部件的更换或者修复、改造费用等。修复费用法确定贬值率的公式为

$$贬值率 = \frac{修复费用}{重置成本}$$

在使用这种方法时，应注意以下两点。

① 把实体性损耗中的可修复磨损和不可修复磨损区别开来。两者之间根本的不同点就是可修复的实体性损耗不仅在技术上具有修复的可能性，而且在经济上是划算的，不可修复的实体性损耗则无法以经济上划算的办法修复。于是，对于不可修复的磨损按观察法或使用年限法进行评估，可修复的磨损则按修复法进行评估。

② 确定修复费用是否包括了对设备技术更新和改造的支出。由于机器设备的修复往往同功能改进一并进行，这时的修复费用很可能不全用在实体性损耗上，而有一部分用在功能性贬值上，因此在评估时应注意不要重复计算机器设备的功能性贬值。

【例 3-7】 对某台 8 年前购入的设备进行评估，该设备是每周 7 天，每天 24 小时连续运转。现了解到一部分设施需要更换，经与设备维修和技术部门讨论，更换投资为 22 万元，该设备就能再运转 15 年。估测该设备的贬值率。

采用成本法求得该设备的重置成本为 160 万元。

解 不可修复部分的重置成本 = 160 - 22 = 138(万元)

计算不可修复部分的损耗率和损耗额如下。

$$损耗率 = 8 \div (8 + 15) \times 100\% = 34.78\%$$

$$损耗额 = 138 \times 34.78\% = 48(万元)$$

$$贬值率 = (22 + 48) \div 160 \times 100\% = 43.75\%$$

3.2.3 功能性贬值

机器设备的功能性贬值主要是由于技术进步引起的。它具体存在两种表现形式：由超额投资成本所致的功能性贬值和由超额运营成本所致的功能性贬值。

1. 由超额投资成本所致的功能性贬值的估算

超额投资成本的产生是因为技术进步引起劳动生产率的提高，使得重置与原设备同样功能设备所需成本降低，从而造成原有设备的价值贬值。从理论上讲，设备的超额投资成本应

等于该设备的复原重置成本与其更新重置成本的差额,即

设备超额投资成本 = 设备复原重置成本 - 设备的更新重置成本

【例 3-8】 某设备复原重置成本为 10 000 元,其更新重置成本为 7 000 元,则功能性贬值为 10 000 - 7 000 = 3 000(元)。

实际评估中,因设备的复原重置成本难以直接获取,故评估直接采用设备的更新重置成本,这种情况下就不必再考虑设备超额投资成本的估算,以免重复计算。另外,对于现已停产的机器设备,评估时只能参照其替代设备,而这些替代设备的性能通常要比被评估设备更好,其价格也会高于被评估设备。对此,也不应机械地套用上述公式,而应利用参照物设备的价格,采用类比法估测被评估设备的更新重置成本。

2. 由超额运营成本所致的功能性贬值的估算

超额运营成本的产生是由于技术进步出现了新的、性能更优的设备,使原有设备对于新设备来说,在功能、性能方面落后,而引起在能源、动力、人力、原材料等方面的消耗增加,即产生了一部分超额运营成本。估算由超额运营成本所致的功能性贬值的关键是必须找到一个技术先进的现代化设备作为参照物,并考虑因超额运营成本而递减的所得税,从而得出被评估设备的年超额运营成本净额。

【例 3-9】 某被评估对象是一生产控制装置,其正常运行需 5 名操作人员。目前同类新式控制装置所需操作人员定额为 3 名。现假设新、旧控制装置在运营成本的其他项目支出大致相同,操作人员人均年收入为 15 000 元,被评估控制装置尚可使用 3 年,所得税率为 25%,适用的折现率为 10%,试测算被评估控制装置的功能性贬值。

解 根据上述资料,被评估控制装置的功能性贬值测算过程如下。

① 计算被评估控制装置的年超额运营成本为

$$(5-3) \times 15\,000 = 30\,000(元)$$

② 计算被评估控制装置的年净超额运营成本为

$$30\,000 \times (1-25\%) = 22\,500(元)$$

③ 将被评估装置的年净超额运营成本,在其剩余使用年限内折现求和,以确定其功能性贬值为

$$22\,500 \times (P/A, 10\%, 3) = 22\,500 \times 2.486\,9 = 55\,955.25(元)$$

3.2.4 经济性贬值

机器设备的经济性贬值是指由于外部因素引起的贬值。这些因素包括:由于市场竞争加剧,产品需求减少,导致设备开工不足,生产能力相对过剩;原材料、能源等提价,造成成本提高,而生产的产品售价没有相应提高;国家有关能源、环境保护等法律、法规使产品生产成本提高或者使设备强制报废,缩短了设备的正常使用寿命,等等。

1. 使用寿命缩短

引起机器设备使用寿命缩短的外部因素,主要是国家有关能源、环境保护等方面的法律、法规。近年来,由于环境污染问题日益严重,国家对机器的环保要求越来越高,对落后的、高能耗的机电产品施行强制淘汰制度,缩短了设备的正常使用寿命等。

【例3-10】 某汽车已使用10年,按目前的技术状态还可以正常使用10年,按年限法,该汽车的贬值率为

$$10 \div (10+10) = 50\%$$

但由于环保、能源的要求,国家新出台的汽车报废政策规定该类汽车的最长使用年限为15年,因此该汽车5年后必须强制报废。在这种情况下,该汽车的贬值率为

$$10 \div (10+5) = 66.7\%$$

由此引起的经济性贬值率为 $66.7\% - 50\% = 16.7\%$。如果该汽车的重置成本为30万元,则其经济性贬值额为

$$30 \times 16.7\% = 5.01 （万元）$$

2. 运营费用的提高

引起机器设备运营成本增加的外部因素包括原材料成本增加、能源成本增加等。其中,国家对超过排放标准排污的企业要征收高额的排污费,设备能耗超过限额的,按超限额浪费的能源量加价收费,从而导致高污染、高能耗设备运营费用的提高。

【例3-11】 某台车式电阻炉,政府规定的可比单耗指标为550千瓦小时/吨,该炉的实际可比单耗为630千瓦小时/吨。试计算因政府对超限额耗能加价收费而增加的运营成本。

解 该电阻炉年产量为1 500吨,电单价为1.2元/千瓦小时。

超限额的百分比 = (实测单耗 - 限额单耗)/限额单耗 = $(630-550) \div 550 = 14.55\%$

根据政府规定超限额10%~20%(含20%)的,加价两倍,则

年加价收费总金额 = 电单价 × (实测单耗 - 限额单耗) × 年产量 × 加价倍数

故每年因政府对超限额耗能加价收费而增加的运营成本为

$$Y = 1.2 \times (630 - 550) \times 1\,500 \times 2 = 288\,000 (元)$$

由此计算出该电阻炉在未来5年的使用寿命期内,按折现率10%考虑资金的时间价值,则更多支出运营成本为 $288\,000 \times 3.790\,8 = 1\,091\,750.4$ (元),即为该电阻炉因超限额加价收费引起的经济性贬值。

3. 市场竞争的加剧

由于市场竞争的加剧,导致产品销售数量减少,从而引起设备开工不足、生产能力相对过剩,这也是引起经济性贬值的主要原因。贬值的计算可使用规模经济效益指数法。

【例3-12】 某产品生产线,根据购建时的市场需求,设计生产能力为每年1 000万

件，建成后由于市场发生不可逆转的变化，每年的产量只有 400 万件，60% 的生产能力闲置。该生产线的重置成本为 160 万元，规模经济效益指数为 0.8。如果不考虑实体性磨损，试计算该生产线的经济性贬值。

解 由于市场发生不可逆转的变化，该生产线的有效生产能力只有 400 万件/年，这种生产能力的生产线的重置成本为

$$(400/1\,000)^{0.8} \times 160 \approx 77(万元)$$

该生产线的经济性贬值 = 160 − 77 = 83(万元)

3.3 机器设备评估的市场法

市场法也称市场比较法，是以近期相同或相类似设备的市场成交或报价为参照，根据市场上成交或正在交易中的相同或相似机器设备的交易价格资料，通过对评估对象和市场参照物各项因素的对比分析，调整差异因素对机器设备价格的影响，从而确定机器设备评估值的一种方法。

3.3.1 运用市场法评估机器设备的基本步骤

运用市场法评估机器设备的基本步骤如下。

(1) 对评估对象进行鉴定，获取评估对象的基本资料

市场法的首要工作就是在掌握被评估设备基本情况的基础上进行市场调查，收集与被评估对象相同或类似的机器设备交易实例资料。所收集的资料一般包括设备的交易价格、交易日期、交易目的、交易方式、类型、功能、规格型号、已使用年限等。对所收集的资料还应进行查实，确保资料的真实性和可靠性。

(2) 进行市场调查，选取市场参照物

对所收集的资料进行分析整理后，按可比性原则，选择所需的参照物。在选择市场参照物时，应注意参照物的时间性、地域性和可比性。从时间上来讲，参照物的交易时间应尽可能接近评估基准日；在地域上，应尽可能与评估对象在同一地区。另外，评估对象与参照物具有较强的可比性，实体状态方面比较接近。

(3) 因素比较，量化差异

尽管评估人员在选择市场参照物时尽量做到被评估对象与市场参照物比较接近，但是被评估对象与参照物在实体状态、交易时间、交易地点、交易背景上还是存在一定差异。因此，应对不同因素之间的作用程度进行评估，差异程度确定之后，应对被评估机器设备的价值逐项进行调整。

① 量化和调整交易日期的差异。在选择参照物时应尽可能选择离评估基准日较近的交易案例，可免去交易时间因素差异的影响。若交易日的价格与评估基准日设备交易价格发生变化，可利用同类设备的价格变动指数进行调整。

修正为评估基准日的参照物价格 = 参考物交易期日的成交价格 × $\dfrac{评估基准日价格指数}{交易期日价格指数}$

② 量化和调整折旧程度方面的差异。评估时，被评估机器设备与参照物在新旧程度上往往不一致，评估人员应对被评估设备与参照物的使用年限、技术状态等情况进行分析，估测其成新率。即

$$修正新旧程度后的参照物价格 = 参照物交易价格 \times \frac{被评估对象成新率}{参照物成新率}$$

（4）计算评估值

在分析比较的基础上，对参照物的市场交易价格进行修正，确定评估值。

3.3.2 运用市场法评估机器设备的比较因素分析

比较因素是指可能影响机器设备市场价值的因素。使用市场法评估的过程中，很重要的一项工作就是将参照物与评估对象进行比较。在比较之前，评估师首先要确定哪些因素可能影响机器设备的价值，哪些因素对价值没有影响。比较因素是一个指标体系，它要能够全面反映影响价值的因素。一般来讲，设备的比较因素可分为四大类，即个别因素、交易因素、时间因素、地域因素。

（1）个别因素

设备的个别因素一般指反映设备在结构、形状、尺寸、性能、生产能力、安装、质量、经济性等方面的差异。不同的设备其差异因素也会各不相同。在评估中，常用的描述机器设备的指标一般包括：规格型号、制造厂家、役龄、安装方式、附件、实体状态。

（2）交易因素

① 交易因素市场状况。主要指市场的供求关系。评估人员在使用市场法时，首先应了解被评估的设备目前是买方市场还是卖方市场，并确定市场状况可能对设备价值的影响。

② 交易动机及背景。不同的交易动机和交易背景都会对设备的出售价格产生影响。例如以清偿、快速变现形式或带有一定优惠条件的出售，其售价往往低于正常的交易价格。

③ 交易数量。购买设备的交易数量也是影响设备售价的一个重要因素。

（3）时间因素

不同交易时间的市场供求关系、物价水平等都会不同，评估人员应选择与评估基准日最接近的交易案例，并对参照物的时间因素作出调整。

（4）地域因素

由于不同地区市场供求条件等因素的不同，设备的交易价格也会受到影响，评估参照物应尽可能与评估对象在同一地区。如果评估对象与参照物存在地区差异，则需要进行调整。

3.3.3 运用市场法评估机器设备的具体方法

运用市场法评估机器设备是通过对市场参照物进行价值调整完成的，常用的调整方法有3种：直接匹配法、因素调整法和成本比率调整法。

1. 直接匹配法

直接匹配法是根据与被评估对象基本相同的市场参照物，通过直接比较来确定被评估对象的价值。直接匹配法相对比较简单，对市场的反映最为客观，最能精确地反映设备的市场价值。这种方法可用公式表示为

$$V = V_1 \pm \triangle i$$

式中：V——评估值；

V_1——参照物的市场价值；

$\triangle i$——差异调整。

【例 3-13】 在评估一辆轿车时，评估师从市场上获得的市场参照物在型号、购置年月、行驶里程、发动机、底盘及各主要系统的状况上基本相同。区别在于：参照物的右前大灯破损需要更换，更换费用约为 400 元；被评估车辆后加装 CD 音响一套，价值约为 1 600 元。若该参照物的市场售价为 72 000 元，则

$$V = V_1 \pm \triangle i = 72\ 000 + 400 + 1\ 600 = 74\ 000(元)$$

直接匹配法适用于参照物与评估对象基本相同的情况，需要调整的项目较少，差异不大，并且差异对价值的影响可以直接确定。如果差异较大，则无法使用直接匹配法。

2. 因素调整法

因素调整法是通过比较分析相似的市场参照物与被评估设备的可比因素差异，并对这些因素逐项作出调整，由此确定被评估设备的价值。这种方法是在无法获得基本相同的市场参照物的情况下，以相似的参照物作为分析调整的基础。这种方法与直接匹配法相比更主观，在对比较因素进行分析的基础上，需要作更多的调整。

为了减少调整时因主观因素产生的误差，所选择参照物应尽可能与评估对象相似，应注意参照物的时间性、地域性和可比性。

当有多个参照物时，先对每个参照物进行因素调整，计算出调整后的价值，再求其平均值，以确定被评估对象的评估值。

【例 3-14】 被评估对象为生产一种化工原料的设备，经市场调查，参照物选定为生产相同产品的另一设备。该类设备的规模效益指数为 0.65。参照物为全新设备，购置时间为 2 个月前。经分析，评估时价格上升了 5%，其他比较如表 3-7 所示。

表 3-7 设备比较资料

比较因素	参照物	被评估对象
市场价格/万元	75	
生产工人定员/人	40	35
生产工人平均工资/（万元/年）	0.48	0.48
尚可使用年限/年	20	15
生产量/（万吨/年）	2	2.5
成新率/%	100	80

解 根据上述资料，计算过程如下。

方法一

① 时间因素调整。

$$75 \times (1 + 5\%) = 78.75 (万元)$$

② 生产能力调整。

$$78.75 \times (2.5 \div 2)^{0.65} = 91.04 (万元)$$

③ 成新率调整。

$$91.04 \times (80\% \div 100\%) = 72.83 (万元)$$

④ 自动化因素调整。由于被评估设备效率高,其平均单位产品用工少,所以被评估设备较参照物设备年节约工资数额为

$$\left(\frac{40 \times 0.48}{2} - \frac{35 \times 0.48}{2.5} \right) \times 2.5 = 7.2 (万元)$$

假设折现率为12%,企业所得税税率为25%,则未来15年节约工资净额的现值之和为

$$7.2 \times (P/A, 12\%, 15) \times (1 - 25\%) = 49.04 \times (1 - 25\%) = 36.78 (万元)$$

⑤ 功能调整后被评估设备的价值为

$$72.83 + 36.78 = 109.61 (万元)$$

方法二

① 生产能力差异修正系数。

$$(2.5/2)^{0.65} = 1.1561$$

② 成新率差异修正系数。

$$80\% / 100\% = 0.8$$

③ 自动化程度差异修正系数。

$$(2.5/35)/(2/40) = 1.4286$$

④ 时间修正系数。

$$1 + 5\% = 1.05$$

⑤ 计算被评估设备的价值。

$$75 \times 1.1561 \times 0.8 \times 1.4286 \times 1.05 = 104.05 (万元)$$

3. 成本比率调整法

成本比率调整法是根据市场大量交易数据的统计分析,掌握市场参照物的交易价格与全新设备售价的比率关系,用此比率作为确定被评估机器设备价值的依据。例如,评估师在评估A公司生产的6米直径的双柱立式车床,但是市场上没有相同的或相似的参照物,只有其他厂家生产的8米和12米直径的立式车床。统计数据表明,与评估对象使用年限相同的设备的售价都是重置成本的55%~60%,那么可以认为评估对象的售价也应该是其重置成本的55%~60%。

3.4 机器设备评估的收益法

收益法是通过测算由于获取资产所有权而带来的未来收益的现值,评估资产价值的技术思路及其实现该技术思路的各种评估方法的总称。利用收益法评估机器设备是通过预测设备的获利能力,对未来资产带来的净利润或净现金流按一定的折现率折为现值,作为被评估机器设备的评估值。

收益法要求被评估对象应具有独立的、连续可计量的、可预期收益的能力。收益法主要适用于生产线、成套设备等具有独立获利能力的资产的评估。收益法对于单台机器设备评估通常是不适用的,因为要想分别确定各台设备的未来收益相当困难,但如果把若干台机器设备组成生产线,作为一个整体生产出产品,它们就能为企业创造收益,在这种情况下,可以用收益法对这一组能产生收益的资产进行评估。

在继续使用前提下,采用成本法和市场法对机器设备评估时,往往不能测定经济性贬值的全部影响,因为采用成本法和市场法评估时,都是把机器设备作为企业整体的一个部分来看待,以单台、单件的机器设备作为评估的具体对象,而收益法却是把机器设备作为一个具有获利能力的整体来看待,是以盈利能力为基础的,反映的是经济有效地运用所有资产的结果。各国经济发展过程中诸如利率升降、通货膨胀、竞争、需求变化、市场热点转移、经营成本增加、利润率降低等因素,都会引起资产价值的波动和差异,而能充分考虑到所有这些因素对机器设备价值的影响的最佳方法就是利用收益法对机器设备进行评估。

运用收益法的前提条件:一是要能够确定被评估机器设备的获利能力,如净利润或净现金流量;二是能够确定资产合理的折现率。大部分单项机器设备,一般不具有独立获利能力,因此单项设备通常不采用收益法评估。本节主要介绍收益法在评估租赁机器设备中的应用。

对于租赁的设备,其租金收入就是收益,如果租金收入和折现率是不变的,则设备的评估值为

$$P = A/(1+r)^1 + A/(1+r)^2 + \cdots + A/(1+r)^n = A \times [1 - 1/(1+r)^n]/r$$

式中:P 为评估值;A 为收益年金;n 为收益年限;r 为本金化率。$[1 - 1/(1+r)^n]/r$ 称为年金现值系数,用 $(P/A, r, n)$ 表示,因此有

$$P = A \times (P/A, r, n)$$

用收益法评估租赁设备的价值,首先要对租赁市场上类似设备的租金水平进行市场调查,分析市场参照物设备的租金收入,经过比较调整后确定被评估机器设备的预期收益,调整的因素可能包括时间、地点、规格和役龄等;其次,根据被评估机器的设备状况,估计其剩余使用寿命,作为确定收益年限的依据;再次,根据类似设备的租金及市场售价确定折现率,并根据被评估设备的收益年限,确定其评估值。

【例3-15】 某有限网络公司有一条从 A 地到 B 地的光纤线路,某通信公司租赁该条光纤线路,租期为 10 年。试估算该光纤线路的价值。

解 经调查,该光纤线路具有独立获利能力,因此可以采用收益法进行评估。评估人员

从租赁市场了解到该类线路年租金为 80 000 元左右,折现率确定为 14.5%,则该光纤线路的价值为

$$P = 80\,000 \times [1 - 1/(1 + 14.5\%)^{10}]/14.5\% = 80\,000 \times (P/A, 14.5\%, 10) \approx 409\,272(元)$$

3.5　机器设备评估案例分析——成本法

3.5.1　案例

B 厂因资产重组,拟将锻压车间的一台设备转让,现委托某评估机构对该设备的价值进行评估,评估基准日为 2018 年 6 月 31 日。评估人员根据掌握的资料,经调查分析后,决定采用成本法评估。

设备名称:双盘摩擦压力机
规格型号:J53 - 300
制造厂家:A 机械厂
启用日期:2013 年 8 月
账面原值:180 000 元
账面净值:100 000 元

1. 概况介绍

1)用途及特点

该设备是普通多用途锻压设备,用于 B 厂(被评估设备所属厂家)锻压车间手术器械成型模锻、挤压、精压、切边、弯曲、校正等作业。

该设备结构紧凑、动力大、刚性强、精度高、万能性强、采用液压操纵装置,可进行单次打击和连续自动打击。

2)结构及主要技术参数

结构主要包括:机架、滑块、飞轮与主轴(其上安装两个大摩擦轮)4 个部分;液压操纵、刹紧、退料及缓冲 4 个装置;还有电器设备(主机电和油泵电机)。

主要技术参数如下。

公称压力:3 000 kN
打击能量:2 000 kJ
最大行程:400 mm
最小封闭高度:不得小于 300 mm
液压系统工作油压:2～3 MPa

2. 估算重置价值

1)估算购置价格

经向原制造厂家——A 机械厂询价得知,相同规格型号的 J53 - 300 型双盘摩擦压力机报价(2018 年 6 月 31 日,即评估基准日)为人民币 188 000 元。

2) 估算重置价值
① 购置价格 = 188 000 元。
② 运杂费 = 购置价格 × 运杂费率 = 188 000 × 5% = 9 400 元。
③ 基础费 = 购置价格 × 基础费率 = 188 000 × 5% = 9 400 元。
④ 安装调试费：根据生产厂家承诺该项费用免收。
⑤ 资金成本：因该机可在不到一个月时间内完成安装调试工作，故资金成本不计。

$$重置价值 = 购置价格 + 运杂费 + 基础费 + 安装调试费 + 资金成本$$
$$= 188\ 000 + 9\ 400 + 9\ 400 + 0 + 0 = 206\ 800\ 元$$

3. 确定综合成新率

1) 确定经七项调整因素修正使用年限法的成新率

① 根据《全国资产评估价格信息》1999 年第一期刊出的《机器设备参考寿命年限专栏》，取锻压设备规定使用（经济）年限为 17 年。

② 确定已使用（实际）年限为 5 年（启用日期 2013 年 6 月——评估基准日 2018 年 6 月）。

③ 确定七项调整因素综合修正系数 $a = 0.99$：
- 制造质量 a_1—1.10（A 机械厂制造，质量优良）；
- 利用程度 a_2—1.00（2 班/日作业，利用程度正常）；
- 维护保养 a_3—1.00（正常）；
- 修理改造 a_4—1.00（无修理改造）；
- 故障情况 a_5—1.00（无故障）；
- 运行状态 a_6—1.00（正常）；
- 工作环境 a_7—0.90（高温、灰尘、振动）；

④ 确定已使用（经济）年限为 5.05（5 ÷ 0.99）年。

⑤ 确定尚可使用（经济）年限为 11.95（17 – 5.05）年。

⑥ 确定经七项调整因素修正使用年限法的实际成新率。

$$实际成新率 = 尚可使用(经济)年限 / 规定使用(经济)年限 \times 100\%$$
$$= 11.95/17 \times 100\% = 70\%（取整）$$

2) 确定现场勘察综合技术鉴定成新率

表 3 – 8 成新率技术鉴定表

序号	项目	标准权重分值	细 目	技术鉴定分值
		(20)		(14)
		8	① 机身、横梁无变形裂纹	8
1	机架部分	4	② 机身、横梁拉紧螺栓、横梁中部螺母及下部法兰盘均紧固	3
		6	③ 压力机的四导轨面有轻度磨损	3
		2	④ 表面漆皮全部脱落	0

续表

序号	项目	标准权重分值	细 目	技术鉴定分值
2	滑块、飞轮部分	(18)		(14)
		4	① 螺杆与飞轮切向键连接牢固	4
		6	② 飞轮轮缘摩擦块有中度磨损	4
		8	③ 螺杆下端踵片与滑块内推力轴承有中度磨损与疲劳点蚀	6
3	主轴部分	(10)		(8)
		5	① 主轴轴承轻度磨损	4
		5	② 主轴上两摩擦轮与飞轮接触处有轻度磨损	4
4	液压操纵装置	(18)		(14)
		2	① 操纵轻便、灵活可靠	2
		7	② 因该机已工作五年,故驱动滑块上下运动与主轴左右运动的油缸与活塞有轻度磨损,溢流阀阀体与阀芯也有磨损	5
		7	③ 油压系统工作油压尚可保证在 2～3 MPa 范围	6
		2	④ 个别部分管子或管子接头处有渗漏油现象	1
5	刹紧装置	(10)		(6)
		3	① 制动拉紧钢带上的摩擦带中度磨损	1.5
		3	② 螺杆上的刹紧轮表面中度磨损	1.5
		4	③ 刹紧操纵机构制动板,推动杆及杠杆铰接处轻度磨损	3
6	退料装置	(5)		(5)
		3	① 两根与滑块连接的拉杆完好	3
		2	② 退料装置座上的顶杆稍有变形,基本完好	2
7	缓冲装置	(4)		(3)
		4	硬质耐油橡胶缓冲圈局部撞击破损,但尚未失效	3
8	电气润滑设备	(15)		(11)
		7	① 主电机与油泵电机运转正常但轴承轻度磨损	5
		5	② 电器元件与接线轻度老化	4
		3	③ 润滑管道有轻度积污堵塞	2
9	合 计	100		75

经现场观测技术鉴定,其成新率为 75%。

3) 确定综合成新率

$$\text{综合成新率} = \text{七项调整因素系数修正使用年限法成新率} \times 40\% + \text{现场勘察技术鉴定成新率} \times 60\%$$
$$= 70\% \times 40\% + 75\% \times 60\% = 73\%$$

4. 确定评估价值

$$\text{评估价值} = \text{重置价值} \times \text{综合成新率}$$
$$= 206\,800 \times 73\% = 150\,964(\text{元})$$

3.5.2 案例分析

1. 该案例在估算购置价格时采用了市场询价法

对于市场上有销售定价的设备,可以采用询价法估算其购置价格。在具体询价时应注意以下原则:必须是评估基准日的价格;必须采用具有权威性的、贸易量大的贸易单位的价格;尽可能向原设备制造厂家询价。结合实际情况,该案例就是向原设备制造厂家——A机械厂询价的,所以被评估设备的购置价格合理性较高。

2. 被评估设备属于国产机器设备,其重置价值通常由购置价格、运杂费、基础费、安装调试费和资金成本五项构成

其中,运杂费是从生产厂家到安装使用地点所发生的装卸、运输、采购、保管、保险及其他有关的费用。它的计算方法有两种:一是根据设备的生产地点、使用地点及重量、体积、运输方式,根据铁路、公路、船运、航空等部门的运输计费标准计算;二是按设备价格的一定比例作为设备的运杂费率,以此来计算设备的运杂费。该案例采用的是后一种方法。对于运杂费率的确定,国家有专门的机械行业运杂费率表。具体的运杂费率由评估师结合费率表和距离(从生产厂家到安装使用地点)、设备的尺寸、重量及相关因素确定。

设备的基础是为安装设备而建造的特殊构筑物。设备的基础费是指建造设备基础所发生的人工费、材料费、机械费及全部取费。可以按照设备价格的一定比例作为设备的基础费率,以此来计算设备的基础费。通常,设备的基础费率按设备所在行业颁布的概算指标中规定的标准取值,该案例即是如此。

安装调试费是指设备在安装的过程中所发生的所有人工费、材料费、机械费及全部取费。它可以按设备购置价格的一定比例计算得出,这个比例通常可以按所在行业概算指标中规定的设备安装费率来确定。在该案例中,根据厂商的承诺,安装被估设备免收安装调试费,即该项费用由设备生产厂家承担,使用者需负担的安装调试费为0。

3. 成新率是表示设备新旧程度的比率

估测机器设备的成新率通常有3种方法:使用年限法、观测分析法和修复费用法。其中,技术鉴定法是观测分析法中较为科学的具体方法,主要是根据机器设备的内在技术状态来确定成新率,这比用看外观和访问用户得出的资料来确定成新率更加可靠和准确。该案例是先用使用年限法和技术鉴定法分别得出被评估设备的成新率,再加权平均得出综合成新率。尽管这种加权平均方法的使用、具体权重的确定可能缺乏牢靠的科学依据,但这种方法的使用却可以降低成新率出现大的偏差的概率。此外,在用使用年限法确定成新率过程中,结合被评估机器设备的特点和具体使用情况,对实际使用年限作出相应的调整,这是必要的。

练习题

一、单项选择题

1. 由于使用磨损和自然力作用所导致的资产贬值为(   )
   A. 实体性贬值　　　B. 功能性贬值　　　C. 技术性贬值　　　D. 经济性贬值
2. 由于外部条件的变化引起资产闲置、收益下降等而造成的资产价值损失是资产的

（　　）贬值。
A. 实体性　　　　B. 经济性　　　　C. 功能性　　　　D. 内在性

3. 复原重置成本与更新重置成本的差额，是一种（　　）
   A. 实体性贬值　　B. 功能性贬值　　C. 有形损耗　　　D. 经济性贬值

4. 下列基本参数中，不属于估算设备的成新率的参数是（　　）
   A. 设备总使用年限　　　　　　　　B. 设备实际已使用年限
   C. 设备名义使用年限　　　　　　　D. 设备剩余使用年限

5. 某被评估设备账面原值为 100 万元，该设备已购置 5 年，在此期间，同类设备的价格指数每年都比前一年递增 12%，则该设备的重置成本最接近于（　　）万元。
   A. 157.35　　　　B. 176.23　　　　C. 185.75　　　　D. 189.35

6. 评估某企业 5 年前购建的家用电器生产线，其年产量为 20 万台，目前市场上同类新型生产线价格为 300 万元，其设计生产能力为 25 万台/年，规模经济效益指数为 0.8，该生产线的重置成本为（　　）
   A. 240 万元　　　B. 250.95 万元　　C. 260 万元　　　D. 245 万元

7. 某评估机构对一大型汽车厂进行评估。该企业固定资产中同类机床 365 台，账面原值为 2 555 万元，评估人员将其中 10 台机床作为典型进行了详细评估，该 10 台机床的重置成本为 84 万元，其账面原值为 70 万元。若被评估的 365 台机床设备的平均成新率为 60%，则该 365 台机床的评估值最接近于（　　）万元。
   A. 1 500　　　　 B. 1 756　　　　 C. 1 840　　　　 D. 3 066

二、多项选择题

1. 设备的有形损耗率相当于（　　）
   A. 设备实体损耗程度与全新状态的比率
   B. 设备实体损耗额与全新状态的比率
   C. 设备实体损耗程度与重置成本的比率
   D. 设备实体损耗额与重置成本的比率

2. 下列说法中，正确的有（　　）
   A. 进口设备采用物价指数法计算重置成本时，应该使用进口国的分类物价指数
   B. 机器设备的经济性贬值计算有两种方法，对损失额折现和规模经济效益指数法
   C. 使用重置核算法计算重置成本，要扣除成本支出中的无效支出
   D. 对机器设备使用重置核算法计算重置成本的方法适用于非标准、自制的市场价格资料难以获得的设备

三、评估题

1. 2010 年购入一套设备，账面原值为 100 万元，2013 年花费 4 万元更新，2016 年又用 5 万元改进其功能，预计尚可使用 10 年。该设备正常运作需要 10 人，年均工资 6 000 元/人，材料消耗折合人民币 100 万元，能耗折合人民币 10 万元。目前的新式设备仅需 7 人，且料耗和能耗均可节约 10%。另外，从 2010 年至 2018 年间年物价上涨率为 10%，使用折现率为 8%，所得税率为 25%。

要求：根据以上资料估算该设备 2018 年的价格。

2. 被评估设备购建于 2013 年 11 月，账面原值为 100 万元，其中设备购置价为 80 万元，基础及安装费用为 18 万元，运杂费为 2 万元。2016 年 11 月对该设备进行评估，现收集到以下数据资料。

① 2016 年该类设备的购置价比 2013 年上涨了 50%，基础及安装费的物价上涨了 30%，该设备的运杂费用达到 3 万元。

② 由于开工不足，该设备的实际利用率仅为正常利用率的 60%，尚可使用 5 年。

③ 与同类技术先进设备相比，该设备预计每月工人超支额为 1 000 元。

④ 该企业的正常投资报酬率为 10%，所得税税率为 25%。

要求：

（1）根据上述资料，分别计算机器设备的重置成本和各项贬值指标。

（2）计算被评估设备的评估值。

第4章

房地产评估

学习目标
- 理解土地和房地产特征；
- 理解房地产评估市场法的应用；
- 理解房地产评估成本法的应用；
- 掌握房地产评估收益法的应用；
- 掌握房地产评估假设开发法的应用；
- 了解在建工程评估。

内容提要

随着我国经济的发展和房地产市场的活跃，房地产评估在经济活动中的地位越来越重要。本章从房地产评估实务角度出发，着重阐述了房地产评估中市场法、成本法、收益法、假设开发法和在建工程评估等评估方法，介绍了房地产评估中的评估程序、各类方法的评估思路及应用。

本章关键词

房地产　土地使用权　房地产评估　容积率　楼面地价　假设开发法

4.1 房地产评估概述

4.1.1 房地产及其特征

房地产是土地和房屋及其权属的总称。房地产是土地和房屋相互依存、不可割裂的整体，土地是房屋的物质载体。土地的区位直接决定了房屋的位置，土地的价值直接影响到房地产的价值。从价值构成上来讲，房地产价值主要考虑实物、权益和区位3个因素。

1. 土地的特性

土地是人类赖以生存和发展的重要资源，是人类改造社会的主要场所，而房屋作为人类对自然的改造，是以土地为物质基础的，任何房屋都不可能脱离土地而独立存在。从土地的形成过程来看，土地是自然对地球地貌改造的结果，土地本身是自然资源。在人类发展的过程中，不停地对土地进行开发、改造，使其逐渐积累了经济价值，成为人类社会的一项社会资产。所以，土地的特性可以分类为自然特性和经济特性。

1）土地的自然特性

土地的自然特性主要如下。

（1）土地位置的固定性

作为一项自然资源，土地的一个明显特征就是土地不会因外力作用而发生空间位置的改变。土地的固定性决定了不同区域的土地具有不同的土地价值。同时土地不会因土地产权的流转而发生空间位置的转换。

（2）土地质量的差异性

土地位置的不同，造成了不同区域的土地存在自然差异，土地的这一差异是土地级差地租产生的原因。

（3）土地的不可再生性

土地作为长时期形成的自然产物，是不可再生资源。土地的不可再生性决定了土地是一项稀缺资源，需要合理开发利用才能最大限度地体现土地的价值。

（4）土地效用的永续性

只要土地使用得当，土地的效用就会一直延续下去。

2）土地的经济特性

土地的经济特性主要如下。

（1）土地经济供给的稀缺性

由于土地具有总量有限、位置固定、不同土地存在质量上的差异等因素，使得某一区域某种用途的土地需求大于供给，形成稀缺的经济资源，即土地经济供给的稀缺性。土地的稀缺性决定了土地所有权和使用权的价格。

（2）土地产权的可垄断性

土地的所有权和使用权都可以被特定的权利主体垄断，土地产权的可垄断性构成了土地市场价格的基础，在实现土地使用权和所有权的让渡时，这种垄断利益必然同时实现。

（3）土地利用的多方向性

一块土地一般具有多种用途，同一块土地可以用作耕地，修路，建住宅、写字楼或者工厂。这种性质要求在进行房地产评估时需要确定房地产的最佳用途。

（4）土地效益的级差性

由于不同的土地存在差异，导致了不同区位的土地生产力不同，从而导致了土地在经济效益上具有级差性。

2. 土地使用权

土地使用权是土地使用者依法对土地进行使用和依法对其使用权进行出让、出租、转让、抵押、投资的权利。在我国，城市土地的所有权由国家所有，农村和城市郊区的土地除法律规定属于国家所有的以外归农民集体所有，宅基地和自留地、自留山属于农民集体所有。我国实行国有土地所有权与使用权相分离的制度。在符合规划的前提下，村庄、集镇、建制镇中的农民集体所有建设用地使用权可以依法流转。国有土地所有权不能进入房地产市场流转，但国有土地使用权可以转让，因此地价一般是土地使用权的价格。土地使用权可以通过划拨和出让、转让、出租、抵押等有偿方式取得。

国有土地使用权出让是指国家以土地所有者的身份将国有土地使用权在一定年限内让与土地的使用者，并由土地使用者向国家支付土地使用权出让金的行为。国有土地使用权出让可以采取协议、招标、拍卖和挂牌的方式。国有土地使用权出让最高年限按下列用途确定：居住用地 70 年；工业用地 50 年；教育、科技、文化、卫生、体育用地 50 年；商业、旅游、娱乐用地 40 年；综合或者其他用地 50 年。土地使用权出让合同约定的使用期限届满，土地使用者未申请续期或者虽申请续期未获批准的，由原土地登记机关注销土地登记。土地使用者需要继续使用土地的，应当最迟于届满前 1 年申请续期，除根据社会公共利益需要收回该土地的，应当予以批准。

土地使用权转让是指土地使用者将土地使用权再转移的行为，包括出售、交换和赠与。凡未按土地使用权出让合同规定的期限和条件投资开发、利用土地的，土地使用权不得转让。土地使用权转让时，土地使用权出让合同和登记文件中所载明的权利、义务随之转移。土地使用权转让时，其地上建筑物、其他附着物的所有权也随之转让。

土地使用权出租是指土地使用者作为出租人将土地使用权随同地上建筑物、其他附着物租赁给承租人使用，由承租人向出租人支付租金的行为。

土地抵押权是指债权人对债务人或者第三人不转移占有而提供担保的地产，在债务人不履行债务时，就该地产的变价款优先受偿的权利。土地使用权抵押时，其地上建筑物、其他附着物随之抵押。地上建筑物、其他附着物抵押时，其使用范围内的土地使用权随之抵押。土地使用权和地上建筑物、其他附着物抵押，应当依照规定办理抵押登记。抵押人到期未能履行债务或者在抵押合同期间宣布解散、破产的，抵押权人有权依照国家法律、法规和抵押合同的规定处分抵押财产。

典权是指支付典价占有他人地产而获得土地的使用和收益的权利。

地役权也称邻地利用权，是指土地使用人为方便使用其土地而利用他人土地的权利，如在他人土地上行走通行的权利。对于在他人土地上行走通行的人来说地役权是一种权利，而对于为他人提供行走通行便利的人来说，这就是一种土地权力的限制。

空间利用权是指权利人在法律规定的范围内，利用地表上下一定范围内空间的权利。

3. 房地产的特性

房地产是土地和土地上附着的建筑物的有机结合，它们的结合使得房地产不仅有土地和建筑物的特性，还形成了自身的一些新特性。

房地产一般具有如下特性。

（1）房地产的位置固定性

由于房屋建筑物固定在土地上，因此房地产的相对位置是固定不变的。即使陆地上的建筑物设计和构造完全相同，由于土地的差异性，也会使房地产产生价格上的差异。位置的固定性还导致房地产区域性的特点，即不同区域的房地产往往会在房地产价格上相差很远。

（2）房地产的使用长期性

土地可以永续使用，土地上的建筑物也不易损坏，建筑物寿命可以长达几十年或者上百年。

（3）房地产的投资大量性

在投资房地产时，取得土地使用权，土地开发、建筑设计和施工建造每一个过程通常都投资额巨大，使得房地产作为一种价值的累计本身就有了巨大的价值。

（4）房地产的保值与增值性

房屋作为一项长期使用的资产，随着时间会老化、变旧等，房屋的价值会不断减少，但由于土地存在稀缺性和区域性，使得土地的供给小于需求，从长期来看，土地的价值是会不断上升的。由于土地上升的价值大于房屋损耗的价值，使得房地产从长期来看是不断增值的。

（5）房地产的投资风险性

房地产的使用长期性和保值与增值性决定了房地产投资会带来高的收益率。高收益往往伴随高风险，在进行房地产投资时面临的风险主要有：房地产位置的固定性使得房地产基本无法移动，而且房地产生产周期比较长使得房地产投资不会对市场的变化即时做出应对，同时自然灾害、社会动荡和战争等因素也会对房地产投资产生难以预估的影响。

（6）房地产政策限制性

房地产市场受国家和地区政策影响较大。城市规划、土地利用规划、土地用途管制、住房政策、房地产税收政策等都会对房地产的价格产生直接或间接的影响。

4.1.2 房地产的价格

1. 房地产价格的种类

房地产价格是房地产价值的货币表现形式，房地产价格体现了房屋和土地作为一个结合体的整体价值。房地产价格有多种表现形式，根据房地产的权益、形成方式和交易方式等可以对房地产价格进行分类。

根据权益的不同房地产价格可以分为所有权价格、使用权价格和其他权利价格。发生房地产交易时，其中涉及的权利转移包括所有权、使用权、抵押权、租赁权、典权等。根据交易针对的房地产权益不同，其价格可以分为房地产所有权价格、房地产使用权价格、房地产抵押权价格、房地产租赁权价格等。

根据房地产价格形成的不同，可以分为市场交易价格和评估价格。房地产市场交易价格是房地产在市场交易中实际形成的价格。市场价格会随着房地产市场供求关系的变化而波动。房地产评估价格是评估人员根据对房地产市场交易的模拟，依据特定目的、原则方法和程序确认的房地产价格。评估价格因使用目的和作用的不同可以分为基准地价、标定地价、房屋重置价格、交易底价、课税价格等。

根据房地产的实物形态，可以将房地产价格分为土地价格、建筑物价格和房地产价格。土地价格包括基准地价、标定地价和土地交易底价。单独的土地和已建有房屋的土地的价格都是土地的价格。建筑物价格是指房地产中建筑物部分的价格。房地产价格是指建筑物连同其占用的土地的价格。

根据房地产价格表示单位来进行分类，房地产价格可以分为总价格、单位价格、楼面地价。房地产总价格是指一宗房地产的整体价格。房地产单位价格可以细分为单位土地面积的土地价格、单位建筑物面积的建筑物价格和单位建筑面积的房地产价格。楼面地价又称单位建筑面积地价，是平均到每单位建筑面积上的土地价格。

$$楼面地价 = 土地总价格 \div 建筑物总面积$$

由于容积率定义为项目用地范围内总建筑面积与项目总用地面积的比值，故有

$$容积率 = 建筑总面积 \div 土地总面积$$

从而可知

$$楼面地价 = 土地单价 \div 容积率$$

房地产其他价格类型有申报价格和公告地价。申报价格是房地产权利人向政府申报的房地产交易成交价格。公告地价是政府定期公布的土地价格,一般作为征收土地增值税和对征收土地进行补偿的依据。

2. 房地产价格的影响因素

影响房地产价格的因素有很多,各因素对房地产价格的影响机制较复杂,影响程度大小不一。这些因素通常可以分为一般因素、区域因素和个别因素。

(1) 一般因素

一般因素是指影响一定区域范围内所有房地产价格的一般的、普遍的、共同的因素。这些因素主要是宏观性的,会对房地产价格产生全局性的影响,主要包括经济因素、社会因素、行政因素等。

① 经济因素。经济发展水平是影响房地产价格最基本的因素。国民生产总值、居民收入水平、物价指数等都会影响房地产价格。房地产产业的发展与国民经济发展步调基本一致,房地产价格水平与地区经济发展状况存在正相关关系。财政金融方面因素,如存贷款利率和税率的变化也会影响房地产的供求关系,进而影响房地产价格。

② 社会因素。房地产的需求主体和使用主体都是人,因此人口数量直接影响房地产的需求。人口数量和人口密度与房地产价格存在一种正相关关系。家庭结构和社会治安状况也对房地产价格有着密切的影响。在人口总量不变的情况下,家庭规模的小型化会增加房地产的需求。

③ 行政因素。行政因素主要是指影响房地产价格的制度、政策、法规、行政措施等方面的因素。例如,政府规定的土地使用制度、住房制度、地价政策等直接决定着房地产的定价基础。城市规划、城市发展战略、土地利用规划直接对房地产的区位构成影响。

(2) 区域因素

区域因素是指在特定区域内自然条件和社会、经济、行政、技术等因素相结合产生的区域特性,对该区域内各块土地的价格水平产生影响的因素。这些区域因素具体表现为区域商业繁华程度、道路通达情况、交通便利状况、城市设施建设状况和区域环境状况等。例如,商业服务繁华的区域,通常会带动该地区房地产价格的上升。城市设施建设状况较好的地区,房地产价格通常会高于城市设施建设状况较差的地区。

(3) 个别因素

个别因素主要有土地个别因素和建筑物个别因素。土地个别因素又称宗地因素,主要有土地区位因素、土地形状与规模因素、土地地形地势因素、容积率因素、用途因素和土地使用年限因素。建筑物个别因素主要是指建筑物自身的特性,如建筑物的规模结构及建造成本、建筑物设计是否合理、是否与周围环境相协调、建筑物质量的高低。

4.1.3 房地产评估原则

房地产评估是专业人员为达到特定目的对房地产的特定权益在某一特定时点上的价值进行估算。由于土地本身具有固定性和稀缺性等特点,使得在对房地产进行评估时不仅要考虑一般评估需遵循的原则，还要结合房地产自身的特性，遵循适当的特殊原则。在进行房地产评估时要考虑的原则主要有供求原则、替代原则、贡献原则、最有效使用原则和合法性原则。

（1）供需原则

房地产在进入房地产市场流通以后，作为商品同样受到价值规律的约束。房地产供给超过需求，价格会随之下降，房地产需求超过供给，价格就会随之上升。但由于土地本身的特性，使得房地产价格在遵循供需原则时还体现着自身的特性。由于土地的固定性和稀缺性等使得土地供给有限，在一定区域内体现出供给决定需求的状况，其价格独占性较强而替代性有限。同时在我国房地产市场中可以流转的是土地的使用权，土地供给受国家政策的影响较大。

（2）替代原则

根据经济规律，在市场中提供的商品或者服务的效用大致相同时，价格最低者吸引最大需求。但商品都存在替代性，房地产作为一项商品也不例外。例如，商品化的写字楼会和具有相同使用价值的同类型相似建筑物的价格趋于一致。土地价格也可以由具有特征相似的地块价格确定。需要注意的是，房地产具有位置固定性和个别性等特点，在采用替代原则时也要考虑到不同房地产之间的差异。

（3）贡献原则

根据经济学中的边际收益原则，可以根据对总收益贡献的大小来衡量各部分生产要素的价值。在进行房地产评估时，可以通过分别计算土地价格和建筑物价格，然后加总进而得出房地产整体价格；也可以根据房地产总体价格减去建筑物价格来计算土地价格。

（4）最有效使用原则

房地产可以有住宅、工业厂房、写字楼等多种用途。同一房地产不同的利用方式能够带来差异巨大的收益，房地产产权人为了利益最大化，总是期望房地产能够达到最大的效用。在房地产市场化的情况下，房地产用途的效益最大化可以由竞争来决定。在使用这一原则时要考虑到房地产的效用最大化应该是在法律法规允许的范围内达到的。

（5）合法性原则

合法性原则是指房地产评估应该是以对房地产权利人拥有的合法权利为前提进行的。在进行房地产评估时根据不同情况要注意产权是否合法、使用权是否合法或者处分权是否合法。例如，在计算房地产净收益时，不应以临时建筑物或违章建筑净收益为依据。在评估地块价值时，不能与城市规划确定的用途不一致。

4.1.4 房地产评估程序

进行房地产评估一般应当依次进行：明确评估基本事项和签订评估合同，制定评估工作方案、确定评估方法，实地勘察与收集资料，测算被评估房地产的价值、确定评估结果，撰写评估报告。

1. 明确评估基本事项，签订评估合同

在签订房地产评估合同开展评估工作之前，必须要先了解评估对象的基本情况，如待估房地产的权属情况、评估委托的合法性、评估目的、评估对象等。明确评估基本事项是制定房地产评估方案、确定评估方法的前提。评估基本事项主要包括以下内容。

（1）明确评估目的

不同的评估目的，其所评估房地产的价值内涵也不完全相同。例如，土地使用权出让评估、房地产转让价值评估、房地产抵押评估等。因此，在受理评估业务时，通常由委托方提出评估目的，并将评估目的明确地写在评估报告上。

（2）了解评估对象

对待估房地产的实体和权益状态进行了解。实体了解主要包括：土地面积、土地形状、临路状态、土地开发程度、地质地形及水文状况，建筑物的类型结构、面积、层数、朝向、平面布置、工程质量、新旧程度、装修和室内外设施等；对权益状态的了解主要包括：土地权利性质、权属、土地使用权剩余年限、建筑物的权属等。

（3）确定评估基准日

确定待估房地产的评估时点，一般以年、月、日表示。房地产价格会随着影响因素的变化而变化，所以必须事先确定所评估的是某一具体时点的价值。

签订评估合同是在明确基本事项的基础上双方就有关事项达成一致，以明确双方在评估过程中的权利和义务。评估合同应包括评估目的、评估对象、评估时点、评估收费、评估日期、双方责任和评估报告等。

2. 制定评估工作方案，确定评估方法

评估工作方案作为开展评估工作的指导，应该包括时间进度安排、人员调配安排、工作思路和工作预期、评估技术选定、工作步骤等。

评估人员应当根据评估目的，结合待估对象自身的特点、用途等确定恰当的评估方法。房地产评估的基本方法主要有成本法、市场法、收益法，以及从基本方法衍生出的剩余法、假设开发法和路线价法等。在评估实务工作中，一般以一种评估方法为主，同时以另外一种或几种评估方法为辅，以利于对照和修正。

3. 实地勘察与收集资料

虽然受理评估业务的资产评估师通过对资料的分析对评估对象的状况已经有了大致了解，但实地勘察仍然是评估过程中必不可少的环节。评估人员只有亲临待估对象所在的现场，对房地产进行实地调查，才能充分了解房地产的特性和所处区域环境。通过实地勘察收集并形成现场资料一方面可以核实委托方提供资料的准确性，另一方面还可以在现场获得书面资料难以描述或者遗漏的信息。

评估过程中需要收集的资料主要有评估对象的基本状况，如房屋所有权证、建设工程规划许可证、规划图、建筑图、建造成本、租售价格所处地段与环境等；类似房地产的相关资料；影响房地产价格的宏观层面资料，如产业政策的变化、货币政策的调整、房地产市场行情等。

4. 测算被评估房地产价值，分析确定评估结果

在进行实地勘察和收集资料之后，评估人员根据选定的评估方法，并考虑影响待估对象的各项因素，开始进行测算。评估人员应当对收集到的数据资料进行分析检验，利用自己的评估经验对资料进行正确判断和选择。对于同一宗房地产，采用不同的评估方法，评估结果会不一致甚至偏差很大。此时应对评估过程进行综合分析，检查评估原则与评估方法是否选用得当、资料采用及分析是否合理、影响因素量化指标是否合理，最后通过调整，确定最终评估结果。

5. 撰写评估报告

评估报告是反映评估过程、体现评估成果的报告书。评估报告形式分为自由式、定型式、混合式。评估报告体现了房地产评估的最后成果，涵盖了评估过程中采用的评估思路、评估方法和依据。完整的评估报告应包括：受托方名称、委托方名称、评估目的、评估对象、评估基准日、评估依据、规划设计条件、评估的方法和计算过程、评估结论、补充事项、评估起止日期、评估人及评估单位、附件（有关权属证明文件复印件、图纸复印件等）。

4.2 房地产评估的成本法

4.2.1 房地产评估成本法的思路及适用范围

1. 成本法的思路

成本法是以取得被估资产的重置成本为基础的评估方法，是房地产评估的基本方法之一。任何投资者在购买某项资产时，所愿意支付的价格不会超过构建该项资产的现行成本，如果资产并非全新，则还应在现行购置成本基础上扣除折旧与贬值因素。房地产评估的成本法认为房地产评估值等于重置一宗与待估房地产效用相同的房地产所需耗费的各项费用与一定的利润与税金之和。由于建筑物与土地的特性相差较大，影响建筑物与土地重置成本的因素差异较大，故对建筑物价值评估和土地价值评估的成本法分开讨论。

2. 成本法的适用范围

成本法在房地产评估中有特殊的用途，通常适用于房地产市场发育不够成熟、成交实例不多、无法采用其他方法评估的房地产，对于收益很少并且交易情况少见的公益事业用房和新近开发房地产较为适用。成本法也可用作验证其他评估方法的辅助性方法。

4.2.2 土地评估的成本法评估步骤

土地价值的构成主要包括土地取得费用、土地开发费用、利润税费和增值收益等。其基本公式为

土地价值 = 土地取得费用 + 土地开发费用 + 利息 + 利润 + 税费 + 土地增值收益

土地成本法的评估步骤就是依次测算得出公式右侧的各项费用，最后加总得到土地价值。

1. 测算土地取得费用

土地取得费用是为了取得土地而向原土地使用者支付的费用和向国家支付的税费。具体分为两种情况。

① 国家征收集体土地而向集体土地所有者支付的费用，包含土地补偿费、青苗补偿费、安置补助费、房屋及地上附着物拆迁补偿费等。一般认为土地补偿费中包含一定的级差地租。地上附着物和青苗补偿费是对被征单位已投入土地而未收回的资金的补偿。补偿安置费是为保证被征地农业人口在失去其生产资料后的生活水平不致降低而设立的，因而也可以看成具有被征土地未来产生的增值收益中提取部分作为补偿的含义。《中华人民共和国土地管

理法》明确规定：征收耕地的土地补偿费为该耕地被征收前三年平均产值的 6～10 倍；征收耕地的安置补助费按照需要安置的农业人口数计算。需要安置的农业人口数，按照被征用耕地的数量除以征地前被征用单位平均每人占有耕地的数量计算。每一个需要安置的农业人口的安置补助费标准为该耕地被征用前三年平均年产值的 4～6 倍，但每公顷被征收土地的安置补助费最高不得超过被征收前三年平均年产值的 15 倍。被征收土地上的附着物和青苗补偿标准由省、自治区、直辖市规定。

② 为取得已利用城市土地而向原土地使用者支付的拆迁补偿费用。这是对原城市土地使用者在经济上的补偿，补偿标准各地均有具体规定。

2. 测算土地开发费用

土地开发费用通常包括基础设施配套费、公共事业建设配套费和小区开发配套费。

（1）基础设施配套费

基础设施配套费通常概括为"三通一平"和"七通一平"。"三通一平"是指通水、通路、通电、平整地面；"七通一平"是指通上水、通下水、通电、通信、通气、通热、通路、平整地面。

（2）公共事业建设配套费

公共事业建设配套费主要是指建设邮电、图书馆、学校、公园、绿地等设施的费用。此项费用因项目大小、用地规模和地区差异而不同，测算时依具体情况而定。

（3）小区开发配套费

这项费用同公共事业建设配套费相似，具体根据各地用地情况确定合理的项目标准。

3. 计算投资利息

投资利息就是货币资金的时间价值。土地从取得到开发完成获得收益需要一定的时间段，这一期间内投资者借用银行贷款投资土地应支付的贷款利息应计入投资利息。投资者投资土地占用的自有资金也视同贷款，属于投资的机会成本，也应计入投资利息。

在用成本法评估土地价格时，计息基数主要包括土地取得费和土地开发费两部分。一般情况下两部分资金占用的期间并不相同。土地取得费用是在取得土地时开始占用，在开发完成销售出去才能收回，计息期间为开发期和销售期。而土地开发费是在土地开发过程中逐步投入，土地销售后收回。如果土地开发费是均匀投入的，计息期为开发期与销售期加总的一半；如果开发费用在开发期内分期投入，则各期分别计算投资利息。计息利率一般取同期银行现行贷款利率。

4. 计算投资利润和税费

对土地进行开发投资，主要是为了获得投资收益，即利润。投资利润的计算关键是确定利润率和投资利润计算基数。投资利润计算基数可以是土地取得费和土地开发费之和，也可以是开发完成后的地价。利润率主要以投资土地的平均利润水平确定。税费是指土地取得和开发过程中所必须支付的税负和费用，如土地增值税、营业税、城建税和教育费附加等。

5. 确定土地增值收益

土地增值收益主要是由土地用途改变和土地功能改变带来的。例如，国家征收耕地用于房地产开发，新用途的土地带来的收益将会高于用于耕种带来的收益，从而使土地增值。这种增值是土地所有权人允许改变土地用途带来的，应归土地所有者所有。通过对土地进行投资改造，使得土地经济价值增加，性能发生变化，从而使土地收益增加，这种收益同样应归土地所有者所有。通常土地增值收益率为10%～30%。

4.2.3 新建房地产的成本法评估步骤

新建房地产如果评估基准日为房地产建成日，则不用考虑折旧因素，直接用开发成本计算。开发成本为房地产开发过程中发生的各项费用，包括土地征收及拆迁补偿费、前期工程费、基础设施费、建筑安装工程费、配套设施费和管理费用等。

新建房地产价格成本评估的基本计算公式为

新建房地产价格 = 土地取得费用 + 开发成本 + 管理费用 + 投资利息 + 销售税费 + 利润

（1）土地取得费用

土地取得的途径有征收、拆迁改造和购买等，需要针对取得费用的不同途径来测算取得土地的费用。土地取得费用应包括土地取得时的相关手续费及税金。

（2）开发成本

开发成本是指取得土地后对土地进行开发和建筑物建造发生的相关费用和税金。具体包括下列几项。

① 勘察设计和前期工程费。主要包括临时用地、水、电、路、场地平整费；工程勘察及设计费、可行性研究费用、建设工程许可证执照费用。

② 基础设施建设费。包括由开发商承担的红线内外的自来水、雨水、污水、煤气、热气、供电、电信、道路、绿化、环境卫生、照明等建设费用。

③ 房屋建筑安装工程费。即认为房地产开发商取得土地后将建筑安装工程全部承包给建筑商，应当支付给建筑商的各项费用。

④ 公共配套设施建设费。是指房地产开发商承担的非经营性用房，包括居委会、派出所、锅炉房、中小学、社区活动室等。但便民超市等营业性网点不在其内。

⑤ 开发过程中的税费及其他间接费用。

（3）开发利润

利润率应当根据开发类似房地产的平均利润率来确定。

（4）管理费用

管理费用主要是指开办费用和开发过程中管理人员的工资等。

（5）投资利息

以土地取得费用和开发成本作为利息计算基数分别计算。

（6）销售费用及相关税金

主要包括销售费用；销售税金及附加，即营业税、城建税和教育费附加；其他销售税费，包括由房地产开发商承担的印花税、相关手续费和产权转移登记费等。其中

$$营业税 = \left(\frac{土地取得成本 + 开发成本 + 投资利润 + 开发利润}{1 - 营业税率}\right) \times 营业税率$$

4.2.4 旧建筑物的成本法评估步骤

针对旧建筑物采用成本法评估时，由于建筑物是过去建造完成的，在评估时需要考虑到建筑物的折旧和贬值，不能再使用房地产的建造成本，而应该采用房地产的重置成本。

旧建筑物的价值计算公式为

$$建筑物价值 = 重置成本 - 年减值额 \times 已使用年限$$

或

$$建筑物价值 = 重置成本 - 实体性贬值 - 功能性贬值 - 经济性贬值$$

1. 重置成本的计算

重置成本是采用新的建筑材料和工艺建造一个与原建筑物功能结构效用基本一致的建筑物的成本。其中包括各项直接、间接费用、利润和税金。在计算建筑物重置成本时,可以采用的方法有预决算调整法、重编预算法、价格指数调整法。

预决算调整法即以建筑工程项目预决算时的成本核算资料为基础,以现行材料单价和费用标准为基础对建筑物成本进行调整。用此方法估算建筑物重置成本,首先需要建筑物原工程量合理,其次必须有完整的竣工预决算资料。完整的竣工预决算资料是进行调整的基础。运用预决算调整法确定建筑物的重置成本时,调整的内容主要有以下几项。

① 调整三材差价。即对钢材、木材和水泥的价格进行调整。

② 调整地材价差额。地材价差额 = 定额直接费 × 地材价格指数。其中,地材价格指数可以当地建委定额站发布的为准。

③ 调整人工费。人工费用调整数 = 工日数 × 价差额/工日;价差额/工日 = 评估基准日工日单价 - 预决算工日单价。

④ 机械费调整。调整后机械费 = 定额直接费 × 当地规定的取费系数。取费系数以当地建筑工程定额管理部门发布的取费系数为准。

⑤ 其他直接费调整。其他直接费调整 = 工程决算直接费 × 评估基准日其他直接费取费标准。取费标准由当地建筑定额管理部门规定。

⑥ 计算重置基准价。重置基准价 = 工程直接费 + 间接费 + 其他间接费 + 利润 + 税金,工程直接费 = 调整后材料费 + 调整后人工费 + 调整后机械费 + 调整后其他直接费。间接费、其他间接费和利润税金以直接工程费为基础计算。

⑦ 计算重置成本。重置成本 = 重置基价 + 应计附加税费。附加税费通常包括设计费、勘察费、质监费、招待费、建设单位管理费、建设期利息和投资方向调节税等。

预决算调整法主要适用于用途相同、结构相同且数量较多的建筑物评估。在评估过程中可选择若干有代表性的建筑物按此法得出重置成本;然后以估算出的重置成本与该建筑物原预决算价格作比较,求出一个调整系数,推算出其他相似建筑物的重置成本。

重编成本法是以材料的现行单价和现行费用标准为基础,重新编制工程预算书,再按现行成本计算间接成本,从而汇总得出建筑物重置成本。即根据待估对象的工程竣工图纸或绘制的工程图,按照编制工程预决算方法,在计算工程量的基础上按现行工程预算价格和费率编制工程预算书,再按照现行标准计算间接成本,从而计算出建筑物重置成本。

$$建筑物重置成本 = \sum [(实际工程量 \times 现行单价) \times (1 + 现行费率) \pm 材料差价] +$$
$$按现行标准计算的各项间接成本$$

采用重编成本法计算出的重置成本往往与待估对象的历史成本有较大的差异,主要是因为项目设计和结构改进,项目工程量发生变化;由于技术进步使得材料的选用和价格发生变化等。

价格指数调整法是根据建筑物的历史成本,以建筑业产值价格指数或其他合理价值指数为调整依据进行调整而得出建筑物重置成本的方法。建筑业产值价格指数是直接反映建筑产品价格变化趋势的一个综合性指标。由于待估房地产可能是以前年度建成的,因此需要计算出待估建筑物竣工年度至评估基准日的综合价格指数。在具体的测算过程中,还应注意统计资料中的年度价格指数是定基价格指数还是环比价格指数。不同种类的价格指数在计算综合价格指数时方法有所不同。

对于定基价格指数,计算公式为

$$综合价值指数 = \frac{评估时点价格指数}{建筑物建造时价格指数} \times 100\%$$

对于环比价格指数,计算公式为

$$综合价值指数 = (1+a_1)(1+a_2)\cdots(1+a_n) \times 100\%$$

其中,a 为从建筑物竣工年度后第一年至评估基准日年度的各年环比价格指数。

$$待估建筑物 = 待估建筑物账面原值 \times 综合价格指数$$

2. 建筑物成新率的测算

建筑物成新率的测算方法主要有使用年限法和打分法。

(1) 使用年限法

使用年限法是指利用建筑物的实际已使用年限占建筑物全部使用寿命的比率作为建筑物的实体性贬值率;或以估测出的建筑物尚可使用年限占建筑物全部使用寿命的比率作为建筑物的成新率。

建筑物实体性贬值率 = 建筑物实际已使用年限 ÷ (建筑物实际已使用年限 + 建筑物尚可使用年限) × 100%

建筑物成新率 = 建筑物尚可使用年限 ÷ (建筑物实际已使用年限 + 建筑物尚可使用年限) × 100%

在采用使用年限法测算建筑物成新率时,关键在于确定合理的建筑物尚可使用年限。关于各类建筑物的使用寿命,国家并没有明确统一的标准。所以,在确定建筑物尚可使用年限时需要评估人员具有丰富的评估经验,并结合待估建筑物的具体使用状态和保养状况,确定待估建筑物的尚可使用年限。

(2) 打分法

打分法是指评估人员借助于建筑物成新率的评分标准,分解建筑物整体成新率评分标准,以及按不同构成部分的评分标准进行对照打分,得出或汇总得出建筑物的成新率。

建筑物成新率评分标准可参考和借鉴1984年11月8日颁布的《房屋完损等级评定标准》。根据上述标准,按房屋的结构、装修、设备等组成部分的完好和损坏程度,划分为完好房、基本完好房、一般损坏房、严重损坏房和危房5个等级。

① 完好房。完好房包括成新率在80%以上的房屋。房屋的结构、构件、装修、设备齐全完好,成色新,使用良好。

② 基本完好房。基本完好房包括成新率在60%~79%的房屋。房屋的结构、构件装修、

设备基本完好，成色略旧并有少量或微量损坏，基本能正常使用。

③ 一般损坏房。包括成新率在 40%～59% 之间的房屋。房屋的结构、构件、装修、设备有部分损坏变形、老化，需进行中或大修理。

④ 严重损坏房。成新率在 39% 以下的房屋。房屋的结构、构件、装修、设备有明显的损坏和变形，并且不齐全，需进行大修或翻建。

⑤ 危房。房屋的结构和构件已经处于危险状态，随时有倒塌的可能。

按房屋的结构、装修、设备等方面的完损程度，综合确定建筑物的成新率，从理论上讲比单一按建筑物使用年限测算成新率更加细致合理。但打分法同样存在着需要注意的问题。一是打分的标准是否科学合理。《房屋完损等级评定标准》的评定标准主要是以房屋的经济寿命为标准划分的，这要比建筑物的自然寿命和技术寿命短，因此它所反映的房屋损失率有一定的误差，评估人员在参照该标准进行建筑物成新率评估时应该注意使用。二是评估人员对打分标准掌握和运用的水平，在掌握标准的同时还要考虑到建筑物的实际情况。一般情况下，评估人员需要在统一打分的基础上，根据实际情况，制定出不同类型的建筑物成新率评分修正系数，作为按统一打分标准评分后的进一步调整和修正。表 4-1 是建筑物评定部位内容表。

表 4-1 建筑物评定部位内容表

部位内容					
结构	装修	设备	结构	装修	设备
地基基础	门窗	水卫	层面	顶棚	特种设备
承重构件	外抹灰	电照	楼地面	细木装修	
非承重构件	内抹灰	暖气			

打分法估测建筑物的成新率可参照下列公式

$$成新率 = (结构部分合计得分 \times G + 装修部分合计得分 \times S + 设备部分合计得分 \times B) \div 100 \times 100\%$$

式中：G——结构部分的评分修正系数；
S——装修部分的评分修正系数；
B——设备部分的评分修正系数。

【例 4-1】 某钢筋混凝土 7 层框架楼房，经评估人员现场打分，结构部分得分为 90 分，装修部分得分为 80 分，设备部分得分为 85 分，满分为 100 分。相关修正系数 $G=0.8$；$S=0.1$；$B=0.1$，试计算该楼房的成新率。

解 成新率 = $(90 \times 0.8 + 80 \times 0.1 + 85 \times 0.1) \div 100 \times 100\% = 88.5\%$

3. 建筑物贬值的计算

建筑物的贬值指的是建筑物价值的损耗。建筑物发生减值的原因一方面是建筑物在使用过程中磨损自然老化引起的使用价值降低，即有形损耗；另一方面是由于技术更新、建筑工艺等使得建筑物陈旧、落后，价值降低，又称为无形损耗。建筑物重置成本减去有形损耗与无形损耗即为建筑物现值。

计算建筑物贬值的方法有直线折旧法、余额递减法、成新折扣法等。下面主要介绍直线折旧法和成新折扣法。

(1) 直线折旧法

直线折旧法又称定额法，假设建筑物在使用过程中价值发生均匀损耗，在使用年限内每年的贬值额相等，则建筑物的年贬值额为

$$D = \frac{C-S}{N} = C \times \frac{1-R}{N}$$

式中，D——年贬值额；

C——建筑物重置成本；

S——建筑物的残值，即建筑物在达到耐用年限后剩余价值扣除旧建筑物拆除、清理等处理费用后所剩余的价值；

N——建筑物的耐用年限；

R——建筑物的残值率，即建筑物的残值与重置成本的比率。

表4-2为各种结构的非生产性用房的耐用年限和残值率。

表4-2 各种结构的非生产性用房的耐用年限和残值率

房屋结构	耐用年限/年	残值率/%	房屋结构	耐用年限/年	残值率/%
钢筋混凝土结构	60	0	砖木结构二等	40	4
砖混结构一等	50	2	砖木结构三等	40	3
砖混结构二等	50	2	简易结构	10	0
砖木结构一等	40	6			

耐用年限计算公式为

耐用年限 = 建筑物已使用年限 + 建筑物尚可使用年限

(2) 成新折扣法

成新折扣法是根据建筑物的建成年代、新旧程度、功能损耗等确定建筑物的成新率，直接求出建筑物的现值。计算公式为

建筑物价值 = 重置成本 × 成新率

建筑物的实体性贬值可以由上述方法计算得出。

建筑物的功能性贬值是指由于建筑物用途、使用强度、设计、结构、装修、设备装备等不合理造成的建筑物功能不足或浪费形成的价值损失。

建筑物用途与强度不合理是相对于其所占用的土地的最佳使用而言的。如果出现了建筑物用途及使用强度与其占用土地的最佳使用不一致，土地的最佳效用没有发挥出来，土地的价值就没有得到充分的实现。但在资产评估中土地使用权的评估通常是按其最佳使用用途为依据进行的，对土地与建筑物用途不协调所造成的价值损失一般是以建筑物的功能性贬值体现的。有时当建筑物的用途、使用强度等与其占用的土地的最佳使用严重冲突时，甚至可能出现建筑物的功能性贬值超过其考虑了成新率后的重置成本。关于建筑物用途和使用强度与其所占用土地最佳使用不一致、不协调形成的功能性贬值，从理论上讲，相当于建筑物所占用土地的现实用途与其最佳使用之间的价值差。当然在具体测算建筑物由于用途、使用强度

形成的功能性贬值时，还要考虑建筑物是连同土地一并评估，还是建筑物与土地分开评估，再来分析判断其功能性贬值。

建筑物的设计及结构上的缺陷，将导致建筑物不能充分发挥其应有的功能和最大限度地发挥其效用。不合理的设计及结构可能出现建筑物面积较大而有效使用面积与建筑面积不成比例，从而影响了建筑物的有效使用，造成建筑物价值损失，也是建筑物的一种功能性贬值。

建筑物的装修、设备与其总体功能的不协调，也会使建筑物出现功能性贬值。尤其是建筑物装修和设备过于高级的情况，豪华的装修及与建筑物总体功能不协调的超一流设备，在增加建筑物使用价值不明显的前提下往往形成建筑物局部功能浪费，使这一部分价值无法体现。

计算建筑物功能性贬值时需要将被估建筑物的年运营成本与功能相同的新资产的年运营成本作比较，确定被估资产年净超额运营成本。净超额运营成本是超额运营成本扣除其抵减的所得税以后的余额。功能性贬值计算公式为

$$待估资产功能性贬值额 = (待估资产年净超额运营成本 \times 年金现值系数)$$

另外，可以将功能性贬值视同超额投资成本。功能性贬值的计算可以通过对超额投资成本加以估算来进行。公式为

$$功能性贬值 = 复原重置成本 - 更新重置成本$$

建筑物经济性贬值是由市场条件、政策调整等外部原因引起的。建筑物经济性贬值一般伴随着建筑物利用率下降，如商业用房的空房率增加、出租面积减少、工业用房大量闲置等。从建筑物出现经济性贬值所造成的后果来看，最终都会使建筑物的收益下降。建筑物经济性贬值的计算公式为

$$经济性贬值额 = 建筑物年收益净损失额 \div 正常资产收益率$$

或

$$经济性贬值额 = \sum_{t=1}^{n} R_t (1 + r)^{-t}$$

式中，R_t 为第 t 年建筑物年收益净损失额；r 为建筑物还原利率；n 为预计建筑物收益损失持续的时间，一般以年为单位。

4.2.5　土地评估成本法的应用举例

【例 4-2】 某市经济技术开发区内有一块面积为 20 000 平方米的土地用于开发，该地块的土地取得费用（包含土地补偿费、青苗补偿费、安置补助费和耕地占用税等）为每亩 20 万元，土地开发费为 2 亿元每平方公里，土地开发期为两年。第一年投入资金占土地开发费的 40%，投资利润率为土地取得费与开发费用的 12%，土地增值税税率为 15%，土地出让增值收益率为 15%，银行贷款年利率为 6%，开发时间为 2 年，试计算土地价值。

解　（1）计算土地取得费用

$$土地取得费 = 20 \text{ 万元}/亩 = 20 \text{ 万元} \div 666.67 \text{ 平方米} = 300 \text{ 元}/平方米$$

(2) 计算土地开发费

$$土地开发费 = 2 亿元/平方公里 = 200 元/平方米$$

(3) 计算投资利息

投资利息分为土地取得费投资利息和土地开发费投资利息两部分，土地取得费计息期为两年，故

$$土地取得费利息 = 300 \times [(1+6\%)^2 - 1] = 37.08 元/平方米$$

土地开发费为分段均匀投入，故

$$土地开发费利息 = 200 \times 40\% \times [(1+6\%)^{1.5} - 1] + 200 \times 60\% \times [(1+6\%)^{0.5} - 1]$$
$$= 7.30 + 3.55 = 10.85 元/平方米$$

(4) 计算开发利润

$$开发利润 = (300 + 200) \times 12\% = 60 元/平方米$$

(5) 计算土地价值

$$土地单价 = (300 + 200 + 37.08 + 10.85 + 60) \times (1+15\%) = 699.12 元/平方米$$
$$土地总价 = 699.12 \times 20\,000 = 13\,982\,400 元$$

该宗地单价为 699.12 元/平方米，总价为 13 982 400 元。

4.3 房地产评估的市场法

4.3.1 房地产评估市场法的思路及使用范围

市场法又称交易实例法、市场比较法、现行市价法等，是房地产评估中最常用的基本方法之一。它依据的是替代原则，在进行房地产评估时将被估房地产与近期交易的类似房地产作比较，以近期交易的类似房地产交易价格为基础，通过对交易情况、交易日期、房地产状况等因素进行修正，得出被估房地产的评估值。

房地产评估市场法的适用范围很广，只要有合适的类似房地产交易实例即可应用。在房地产市场越发达越完善的地区，市场法应用越广泛。与被估房地产相类似的房地产交易实例越多，市场法应用越有效。但在下面几种情况下，市场法往往难以有效应用：

① 房地产交易发生较少或无房地产交易发生的地区；
② 无类似交易实例或交易实例很少的房地产，如古建筑；
③ 风景名胜区、寺庙教堂等难以成为交易对象的房地产；
④ 图书馆、学校用地等。

4.3.2 房地产评估市场法的基本计算公式

在采用市场法对房地产进行评估时，关键是确定近期发生的类似房地产交易实例、交易价格和需要考虑的修正因素及如何对它们进行量化。修正因素主要有交易情况因素、交易日

期因素和房地产状况因素。交易情况修正主要是修正交易实例的交易价格；交易日期修正主要是把交易实例的交易日期修正为评估基准日；房地产状况因素修正主要是对交易实例的区位状况、权益状况和实物状况进行修正。此外，容积率和土地使用年限修正属于权益状况修正，由于影响程度较大，一般单独进行修正。

市场法的基本计算公式为

$$P = P' \cdot A \cdot B \cdot C$$

式中：P——被估房地产评估价格；

P'——可比交易实例价格；

A——交易情况修正系数；

B——交易日期修正系数；

C——房地产状况修正系数。

在评估实务中，市场法的计算公式可表示为

$$P = P' \cdot A \cdot B \cdot C = P' \times \frac{100}{(\ )} \times \frac{(\ )}{100} \times \frac{100}{(\ )}$$

式中，

$$A = \frac{100}{(\ )} = \frac{\text{正常交易情况指数}}{\text{可比实例交易情况指数}}$$

$$B = \frac{(\ )}{100} = \frac{\text{评估基准日价格指数}}{\text{可比实例交易价格指数}}$$

$$C = \frac{100}{(\ )} = \frac{\text{待估对象房地产状况指数}}{\text{可比实例房地产状况指数}}$$

其中，交易情况修正系数 A 中的分子 100 表示以正常情况下的价格为基准而确定的可比实例交易情况价格修正指数；交易日期修正系数 B 中的分母 100 表示以可比实例交易时的价格指数为基准而确定评估基准日的价格指数；房地产状况修正系数 C 中的分子 100 表示以待估对象房地产状况为基准而确定的可比实例房地产状况的修正指数。

C 可以写成 $\frac{(\ )}{100}$，即以可比实例房地产状况为基准 100 而确定待估对象房地产状况修正指数。

如果需要对容积率和土地使用年期进行单独修正，计算公式为

$$P = P' \times A \times B \times C \times \text{容积率修正系数} \times \text{土地使用年期修正系数}$$

4.3.3 房地产评估市场法的操作步骤

1. 交易实例收集

房地产市场中的交易实例及资料是运用市场法评估的基础和前提。这是耗时较长的过程，需要时刻关注房地产市场变化，广泛收集交易实例，保证开展房地产市场法评估时能有充足、相似的实例。

2. 确定可比交易实例

在运用市场法进行房地产评估时，要根据被估房地产的自身特点，在平时收集的交易实

例中选取符合一定条件的案例,作为可供参考的交易实例。一般应该考虑与被估房地产在结构、用途、时间、交易条件等方面类似或差别不明显的交易实例。在确定交易实例时对评估人员的经验要求较高。

3. 进行因素修正

(1) 交易情况修正

在进行房地产买卖时,由于价格的个别性比较明显,在采用交易实例时需要考虑其中交易情况的个别差异,需要对选取的交易实例进行交易情况修正。将交易实例调整为正常交易。正常交易是指交易应该是公开、平等、自愿的,即在公开市场、信息畅通、交易双方自愿、没有私自利益关系的情况下的交易。在实际的房地产交易中存在的特殊情况比较多,常见的特殊情况主要有以下几种。

① 政府为了对某种产业进行鼓励、扶植或控制,在政策上给予某些优惠或限制,甚至对一些房地产交易进行干预和管制。

② 有特别利害关系的人或者业主之间的交易,如亲友,有利害关系的公司、合作伙伴、生产协作比较密切的单位、单位与职工之间的房地产交易等,这些交易往往是以低于市场水平的价格成交的。

③ 交易有特别的动机。例如,出国或还债急需现金而出售房地产,或者商业机构事业迅速发展而急欲购买店铺。急于卖出房地产往往会造成成交价格偏低,急于买进房地产往往会造成成交价格偏高。

④ 买方或卖方对行情不了解。买方不了解房地产市场行情而买入往往使交易价格偏高,卖方不了解行情而卖出房地产往往会使交易价格偏低。

⑤ 购买相邻房地产。由于该房地产与原有房地产合并后,会增加原有房地产的效用,所以购买价格有时要高于该房地产单独存在时的正常价格。

⑥ 招标、拍卖时一般购买者不能参加,通常价格较低。

⑦ 特殊的交易条件。例如,卖方在房地产脱手后的半年内还能继续使用而不必支付租金。

⑧ 优惠的融资条件。如房地产交易的新买主能借到低于现行市场贷款利率的资金来购买房地产。

⑨ 其他特殊情况。如房地产增值税本应由买方负担,却转移给卖方。

确定了交易情况影响因素后,需要测定各因素对价格的影响程度,并量化为具体的修正比例或系数。根据修正系数调整交易价格,修正公式为

$$交易情况修正后的正常价格 = 交易实例价格 \times \frac{正常情况指数}{交易实例情况指数}$$

$$= 交易实例价格 \times \frac{100}{(\ )}$$

如果交易实例的成交价格低于正常情况下的成交价格,则分母小于100;如果交易实例的成交价格高于正常情况下的成交价格,则分母大于100。

(2) 交易日期修正

在选用可比交易实例时,交易实例的交易日期应该与待估房地产的股价日期较接近为好。一般情况下交易实例的交易日期与被估房地产的评估基准日会存在不一致的情况,在这

一差异时间段内,房地产价格可能会发生变动,需要将交易实例交易日的成交价格调整为评估基准日的房地产价格,即交易日期修正。交易日期的修正方法一般是用变动率(如采用地价指数或地产指数)将交易实例当时的交易价格修正为评估基准日的价格。需要注意的是,房地产价格指数是指房地产在不同时期价格的涨落程度,不是任何类型的房地产价格指数都可以采用的,采用的价格指数必须是与待估房地产类似的房地产价格指数。

房地产价格变动率一般用房地产价格指数来表示,修正公式为

$$交易实例评估日基准价格 = 交易实例价格 \times \frac{评估基准日价格指数}{交易实例交易日价格指数}$$

【例4-3】 某一房地产交易实例,成交价格为10 000元/平方米,成交日期为2007年6月。假设2007年7月—2008年6月,该类房地产价格每月比上月价格上涨2%,2008年7月—2008年12月,该类房地产价格每月比上月下降1%,试计算该交易实例进行交易日期修正后2008年12月的房地产价格。

解 $P = 10\ 000 \times (1 + 2\%)^{12} \times (1 - 1\%)^6 = 11\ 940.10(元/平方米)$

(3) 房地产区位因素的修正

房地产由于其本身的特性,其价格因其所在区域的不同而差异巨大。所以在采用市场法对房地产进行评估时,需要很好地把握待估房地产的区位特性和选取的交易实例的区位特性,确定区位因素在房地产评估中的影响。

进行区域分析时,商业区通常以商业收益能发生替代关系的地区为交易实例房地产的选用范围;住宅区通常以通向市中心的方便程度能发生替代关系的地区为交易实例房地产的选用范围。不同区域房地产由于所属地区的自然条件与社会、经济、行政、立法等因素所产生的地区特性对该地区房地产价格水平有不同程度的影响,故应将交易实例房地产所处区域与待估房地产所处区域因素加以比较,找出由于区域因素优劣所影响的交易价格高低,从而进行修正,使其成为待估房地产所处地区的价格。区域因素的修正是房地产评估实务中的难点。

在分析区域因素的影响时,对不同类型的房地产的侧重点是不同的。

商业区的收益率是影响房地产价格的最主要因素,而地段的营业环境对商业区的销售额影响很大,故地段是决定商业房地产价格的根本因素。

住宅区的区位主要考虑离市中心的距离、交通设施条件和居住环境的好坏,居民的职业构成及其社会地位、文化水平、生活方式等。

工业区的区位最主要的是看运输的便利状况、工业用水和用电的质量、与产品的销售市场及原材料采购市场位置的关系。

在实际操作中,区域因素的修正方法主要有双百分制比较法、十等分因素比较法和环境成熟度修正法等。

① 双百分制比较法。

双百分制的第一层"百分"是按大类对区域影响因素分类评分,每类的最高分均为100分,第二层"百分"是对大类区域的影响强度确定权重。交易实例房地产与待估房地产在该因素上的差异反映在积分(因素评分与权重乘积)上。各因素评分与该因素的权重的总

积分,综合反映了交易实例房地产与待估房地产由于所处区域的不同而在价格上的差异。

按照总积分,可将各交易实例的房地产价格调整成待估房地产价格,计算公式为

$$待估房地产的单位价格 = 价格修正系数 \times 交易实例房地产的单位价格$$

$$价格修正系数 = \frac{待估房地产总积分}{交易实例房地产总积分}$$

② 十等分因素比较法。

这是前一方法的简化。将房地产的位置、交通状况、周围的商业网点、公共设施、经济环境、土地使用强度等诸多因素分成 10 项,每一项的权重均为 1/10。依交易实例和待估房地产每一项因素的异同和影响逐项打分,最后根据综合总分作出最后评定。

③ 环境成熟度修正法。

环境成熟度即配套设施达到的程度。任何一块土地的利用,除必须具备规模的土地外,还需要邻近有各种设施与之相配合,才能有效地利用。例如,住宅小区,并不是房屋建成就成了理想的住宅,必须在附近有了超市、学校、车站等设施,才能形成理想的居住环境。商业用地、工业用地亦均必须有其相应的环境条件,但这种环境通常要有一段相当长的时间才能趋于成熟。因此,虽然属于一种使用地区,但彼此间的环境成熟条件尚有差距,在运用市场法评估时应进行成熟度修正。

成熟度修正首先要找出交易实例和待估房地产之间环境条件成熟的差距,即待估房地产达到与交易实例同等环境成熟度时所需的时间。然后根据交易实例价格乘以折现系数即可。计算公式为

$$房地产评估值 = 调整系数 \times 交易实例价格$$

$$调整系数 = \frac{1}{(1+r)^n}$$

式中:r——折现率;

n——达到与交易实例同等环境成熟度时所需的年限。

【例 4-4】 交易实例土地价格为 4 000 元/平方米,待估土地的环境条件达到交易实例土地的环境条件预计需 5 年,折现率为 10%,试计算该待估土地的价格。

解 $$4\,000 \times \frac{1}{(1+10\%)^5} = 4\,000 \times 0.620\,9 = 2\,483.6(元)$$

---

(4) 房地产状况修正

由于交易实例中房地产的状况与被估房地产的状况会有不同之处,应该将两者的状况进行比较分析,找出差异,并确定修正系数,根据确定的修正系数对交易实例的房地产成交价格进行修正。

土地和房屋状况的考虑侧重点是不同的。土地状况的比较内容主要包括:坐落位置、面积、正面宽度、深度、形状、地势、地质。房屋状况的比较内容包括:面积、构造、材料;房屋的成新率;房屋的装修、设备标准;房屋的朝向;施工质量;行政立法上的限制等。

(5) 容积率修正

容积率是指房地产建筑总面积与土地面积的比值,容积率影响建筑平均成本和土地利用程度,一般来说容积率越高,土地利用效率越高,地价也越高。容积率与地价之间的关系是非线性关系。修正公式为

$$容积率修正后的交易实例价格 = 交易实例价格 \times \frac{待估宗地容积率修正系数}{交易实例容积率修正系数}$$

【例 4-5】 某城市某种用途的土地容积率修正表如表 4-3 所示,假设可比交易实例宗地地价为 1 500 元/平方米,容积率为 1.2,被估宗地的容积率为 1.7,试计算经容积率修正后的交易实例价格。

表 4-3 容积率修正系数表

容积率	0.1	0.4	0.7	1.0	1.2	1.3	1.5	1.7	2.0	2.4
修正系数	0.4	0.6	0.8	1.0	1.1	1.2	1.4	1.5	1.8	2.1

解 经容积率修正后的交易实例价格 = 1 500 × 1.5 ÷ 1.1 = 2 045.45(元/平方米)

(6) 土地使用年期修正

土地使用期的长短直接影响到土地收益的多少,在土地年收益确定后,土地使用期限越长,土地的总收益越高,土地价值越大,价格越高。在交易实例与被估资产土地使用年限不同的情况下,要对交易实例进行调整,使之与被估房地产相同。

土地使用年期修正系数公式为

$$K = \frac{1 - \dfrac{1}{(1+r)^m}}{1 - \dfrac{1}{(1+r)^n}}$$

式中:K——将交易实例的年期修正到被评估对象使用年期的年期修正系数;

r——资本化率;

m——被评估对象的使用年期;

n——交易实例的使用年期。

$$土地年期修正后地价 = 交易实例价格 \times K$$

(7) 确定房地产评估值

通过对交易情况、交易日期和房地产状况进行修正以后,每个交易实例的调整后成交价格可能不完全一致。为了获得最终房地产评估值,要将所有交易实例调整后价格通过统计学方法,如简单算术平均数法、加权算术平均数法、众数法、中位数法、混合法等,计算出房地产评估值。

4.3.4 房地产评估市场法的应用举例

【例4-6】 有一待估宗地X需评估，剩余使用年限为40年，还原利率为6%。现收集到若干交易实例并从中选出与待估宗地相似的5宗地，具体情况如表4-4所示。

表4-4　5宗地情况比较

宗地	成交价格/(元/平方米)	交易时间	交易情况	容积率	土地状况	剩余年限
A	1 000	2012	+1%	1.3	+1%	40
B	950	2013	0	1.2	+2%	40
C	1 150	2015	+3%	1.5	-1%	40
D	1 200	2014	+1%	1.4	-1%	38
E	1 050	2015	0	1.4	-4%	40
X		2016	0	1.1	0	40

该城市地价指数表如表4-5所示。

表4-5　地价指数表

时间/年	2009	2010	2011	2012	2013	2014	2015	2016
地价指数	100	103	105	108	107	110	112	113

根据调查，该市此类用地容积率与地价的关系为：当容积率为1~1.5时，容积率每增加0.1，宗地单位地价比容积率为1时的地价增加5%；容积率超过1.5时，超出部分的容积率每增长0.1，单位地价比容积率为1时的地价增加3%。对交易情况、土地状况的修正，都是案例宗地与被估宗地相比较得出的，负号表示案例宗地比被估宗地差，正号表示案例宗地优于被估宗地，数值代表对被估宗地的修正幅度。根据以上条件，评估该宗地2009年的价值。

解 ① 建立容积率地价指数表，如表4-6所示。

表4-6　容积率地价指数表

容积率	1.0	1.1	1.2	1.3	1.4	1.5	1.6	1.7
地价指数	100	105	110	115	120	125	128	131

② 对交易实例进行修正。

宗地D土地使用年期修正为

$$K = \frac{1 - \frac{1}{(1+6\%)^{40}}}{1 - \frac{1}{(1+6\%)^{38}}} = 1.013\ 5$$

修正后价格 = 成交价格 × $\frac{评估基准日价格指数}{可比实例交易时价格指数}$ ×

$\frac{正常交易情况指数}{可比实例交易情况指数}$ × $\frac{待估宗地容积率地价系数}{交易实例容积率地价系数}$

$$\times \frac{待估对象房地产状况指数}{可比实例房地产状况指数} \times 土地使用年期修正系数$$

从而

$A: 1\,000 \times \frac{113}{108} \times \frac{100}{101} \times \frac{105}{115} \times \frac{100}{101} = 936.49$

$B: 950 \times \frac{113}{107} \times \frac{100}{100} \times \frac{105}{110} \times \frac{100}{102} = 938.89$

$C: 1\,150 \times \frac{113}{112} \times \frac{100}{103} \times \frac{105}{125} \times \frac{100}{99} = 955.80$

$D: 1\,200 \times \frac{113}{110} \times \frac{100}{101} \times \frac{105}{120} \times \frac{100}{99} \times 1.013\,5 = 1\,093.30$

$E: 1\,050 \times \frac{113}{113} \times \frac{100}{100} \times \frac{105}{120} \times \frac{100}{96} = 957.03$

③ 评估结果。宗地 D 的值为异常值，应予以剔除。其他结果较为相近，取其平均值作为评估结果。故宗地 X 的评估结果为

$$(936.49 + 938.89 + 955.8 + 957.03) \div 4 = 947.05(元/平方米)$$

4.4 房地产评估的收益法

4.4.1 房地产评估收益法的思路和适用范围

收益法又称收入资本化法、投资法、收益还原法。收益法通过确定评估基准日以后的房地产净收益，根据资本化率将净收益折现到评估基准日并加总从而得到房地产评估值。房地产评估收益法的前提是房地产使用寿命较长，在未来可以形成持续的收益，这些收益可以看作房地产权利人对房地产权利在经济上的体现。

收益法适用于有收益或有取得收益能力的房地产评估，如商场、酒店、写字楼等，而对于政府用房、学校等非营利性房地产评估，收益法则不太适用。在使用收益法进行房地产评估时要求收益是持续的和可计量的，并且风险可衡量。换句话说，使用收益法的关键是确定房地产的预期净收益、收益发生时间和折现率。

4.4.2 房地产净收益

房地产净收益指的是扣除各种费用以后房地产产生的收益，一般以年为单位。房地产净收益有实际净收益和客观净收益之分，在进行房地产评估时，只有客观净收益才能作为评估依据。实际净收益是指被估房地产在现有条件下实际取得的净收益。实际净收益会受到多种特殊情况干扰，而不能反映房地产正常收益能力。评估人员要对实际净收益进行修正，剔除特殊因素，得到在正常市场条件下房地产用于法律上允许的最佳利用方向上的净收益值，其中包括了对未来收益和风险的合理预期，这个收益即为房地产客观净收益。

客观净收益为客观总收益扣除客观总费用求得。客观总收益指的是房地产在正常使用下

的正常收益，而客观总费用指的是总费用中剔除非正常的费用支出后的费用。客观总费用并不一定是待估房地产为取得实际收益的实际支出，而是评估基准日房地产市场上同类房地产取得正常收益所必须支付的必要费用。房地产费用中所包含的具体项目会因待估房地产的性质、用途、使用状态等的不同而有所不同。作为从总收益中扣除的总费用，要进行认真分析，剔除不正常的费用支出，选择正常的支出作为费用。

根据房地产类型的不同，净收益可以分为以下3种情况。

（1）出租型房地产净收益

出租型房地产是收益法评估的典型对象，包括出租的住宅、写字楼、商场、停车场、标准工业厂房、仓库、土地等，其净收益是根据租赁资料来取得的，通常为租赁收入扣除维修费、管理费、保险费、相关税费和租赁代理费等后的余额。租赁收入包括有效毛租金收入和租赁保证金、押金等的利息收入。在实际求取时，各项费用的扣除还应具体分析租赁合同。如果保证合法、安全、正常使用所需的费用都由出租人承担，则应将它们扣除。另外，如果租金中包含了为承租人无偿提供水、电、燃气、空调、暖气等，则要扣除这些相关费用。出租型房地产净收益的计算公式为

出租型房地产净收益 = 租赁收入 − 维修费 − 管理费 − 保险费 − 房地产税 − 租赁代理费

其中

租赁收入 = 毛租金 − 空置损失 − 损失租金 + 租赁保证金 + 押金

（2）经营型房地产净收益

经营型房地产的特点主要是该房地产的所有者同时又是该房地产的经营者，房地产的租金与经营者的利润没有分开。经营性房地产又可以分为商业经营型房地产、工业生产型房地产和农地。计算公式为

经营型房地产净收益 = 营业收入 − 营业成本 − 销售费用 − 销售税金及附加 − 管理费用 − 财务费用 − 利润

（3）自用或尚未使用的房地产的净收益

自用或尚未使用房地产净收益一般根据有收益的类似房地产，通过进行差异因素调整，得出相应净收益。

4.4.3 房地产资本化率

1. 资本化率的概念

资本化率又称还原利率，是将被估房地产的净收益折现到评估基准日使用的折现率，是影响房地产评估值的关键因素。资本化率的微小变动都会使评估价值发生显著改变，在确定资本化率时要求评估人员具有较高的评估水平和丰富的评估经验。

收益性房地产的购买实际上是一种投资行为，资本化率在一定程度上体现了房地产的投资收益率。所以，可以认为资本化率体现为投资收益率这一实质，资本化率的大小与投资风险的大小呈正相关关系。风险越大，收益越高；风险越小，收益越低。对于房地产评估来说，资本化率越高，说明投资风险越高。在净收益和收益年期不变的情况下，资本化率越高，房地产评估值越低。对于不同用途、不同区位、不同交易时间的房地产，投资风险也各

不相同，资本化率也会有差异。

在房地产评估活动中，资本化率主要有3种应用最为广泛，即土地资本化率、建筑物资本化率和综合资本化率。

土地资本化率是评估土地价格时采用的资本化率，评估时采用的净收益是指土地自身的收益，建筑物收益应该剔除。

建筑物资本化率是评估建筑物价格时采用的资本化率，评估时采用的净收益为建筑物产生的净收益，不含土地产生的收益。

综合资本化率是将土地与建筑物作为整体进行评估时采用的资本化率，评估时采用的净收益是土地及建筑物作为一个整体产生的净收益。

综合资本化率、土地资本化率和建筑物资本化率之间的关系可用如下公式表示为

$$r = \frac{r_1 L + r_2 B}{L + B}$$

式中：r——综合资本化率；

r_1——土地资本化率；

r_2——建筑物资本化率；

L——土地价格；

B——建筑物价格。

2. 资本化率的估测方法

（1）净租金收益与售价比率法

评估人员在市场上收集近期交易的、与被估房地产相似的房地产租金或价格等资料，根据资本化率为净收益与房地产价格之比计算出资本化率，再根据简单算术平均等统计方法得出最终资本化率。这种方法运用的基础是房地产商品的替代性，选取的交易案例均来自市场，能直接反映市场供求状况。这种方法的适用情况为房地产市场较为活跃、评估人员必须拥有充足的资料并且能收集到与被估房地产相似的实例。

【例4-7】 为测定被估房地产资本化率，现在房地产市场中收集到5个被估房地产类似的交易实例，具体情况如表4-7所示。假设交易情况为无限年期，试计算被估房地产适用的资本化率。

表4-7 交易实例具体资料

交易实例	租金/（元/年）	房屋面积/平方米	价格/（元/平方米）	资本化率/%
1	30 000	80	3 500	10.7
2	25 000	70	3 000	11.9
3	27 000	75	3 000	12
4	22 000	65	3 200	10.5
5	24 000	75	2 800	11.4

解 根据

资本化率 =（年租金÷房屋面积）÷价格

可以求出每个交易实例的资本化率,对其进行算术平均可得到最后的资本化率,即

$$r = (10.7\% + 11.9\% + 12\% + 10.5\% + 11.4\%) \div 5 = 11.3\%$$

(2) 安全利率加风险调整值法

该方法认为资本化率等于安全利率加上一个风险调整值。计算公式为

$$r = r_f + r_m$$

式中:r——资本化率;

r_f——安全利率;

r_m——风险调整值。

计算资本化率时首先确定安全利率,一般取银行中长期利率作为安全利率;然后根据影响被估房地产的社会经济环境状况,估算出代表投资风险的风险调整值,二者加总从而得出资本化率。这种方法计算简便,对市场状况要求不高,应用较广泛,但在确定风险调整值时主观性较强,需要长期经验。

(3) 各种投资收益率排序插入法

评估人员收集市场上各种投资的收益率资料,然后把各项投资的收益率按大小依次排列。评估人员估计被估房地产的投资风险,并与各项投资的风险相比较,按照风险水平将它插入其中,然后确定资本化率。

(4) 资本成本加权平均法

资本成本加权平均法是将房地产投资中的借入资金资本成本和自有资金资本成本,按其在房地产投资中的比重,采用加权平均的方法计算资本化率的一种方法。计算公式为

$$r = r_g \times G + r_e \times (1 - G)$$

式中:r——资本化率;

G——借入资金占房地产投资总额的比重;

r_g——借入资金资本成本;

r_e——自有资金资本成本。

4.4.4 房地产评估收益法的计算公式

运用收益法评估房地产,针对单独评估土地价值、单独评估建筑物价值和房地产整体价值3种情况,计算公式也分为三类。

1. 评估房地合一的房地产价值

$$房地产价值 = \frac{房地产净收益}{综合资本化率}$$

$$房地产净收益 = 房地产总收益 - 房地产总费用$$

$$房地产总费用 = 管理费 + 维修费 + 保险费 + 税金$$

2. 单独评估土地的价值

(1) 由土地收益评估土地价值

$$土地价值 = \frac{土地净收益}{土地资本化率}$$

$$土地净收益 = 土地总收益 - 土地总费用$$

$$土地总费用 = 管理费 + 维护费 + 税金$$

(2) 由房地产收益评估土地价值

① 土地价值 = 房地产价值 - 建筑物价值

$$建筑物价值 = 建筑物重置价 - 年贬值额 \times 已使用年数$$

$$年贬值额 = \frac{建筑物重置价 - 残值}{耐用年限} = \frac{建筑物重置价 \times (1 - 残值率)}{耐用年限}$$

② $$土地价值 = \frac{(房地产净收益 - 建筑物净收益)}{土地资本化率}$$

$$建筑物净收益 = 建筑物现值 \times 建筑物资本化率$$

3. 单独评估建筑物价值

(1) 建筑物价值 = 房地产价值 - 土地价值

(2) $$建筑物价值 = \frac{(房地产净收益 - 土地净收益)}{建筑物资本化率}$$

4.4.5 房地产评估收益法的应用举例

【例 4-8】 有一宗地,出让年期为 40 年,资本化率为 6%,预期未来前五年的净收益分别为 40 万元、42 万元、45 万元、43 万元、48 万元,从第六年开始,大约稳定在 50 万元,试用收益法评估该宗地价格。

解 $P = \dfrac{40}{1+6\%} + \dfrac{42}{(1+6\%)^2} + \dfrac{45}{(1+6\%)^3} + \dfrac{43}{(1+6\%)^4} + \dfrac{48}{(1+6\%)^5} +$

$\dfrac{50}{6\%(1+6\%)^5}\left[1 - \dfrac{1}{(1+6\%)^{40-5}}\right] = 37.7358 + 37.3799 + 37.7834 +$

$34.0594 + 35.8691 + 541.6999 = 724.5275$(万元)

【例 4-9】 某待估房地产为一座出租用写字楼,土地总面积 5 000 平方米,建筑总面积 60 000 平方米,假定于 2018 年 12 月建成并出租,平均月租金为 300 元/平方米,空置率为 10%,管理费为 1 800 万/年,房产税、营业税金及附加为租金收入的 18%,保险费为 700 万/年,钢筋混凝土结构,土地使用年限为 40 年,从 2014 年 1 月 7 日开始计算,土地使用权到期时,房地产残值为 700 万元。试评估该房地产 2019 年 1 月 10 日价格,资本化率为 12%。

解 ① 计算年总收益。

年总收入 = $6 \times 300 \times 12 \times (1 - 10\%) = 19\,440$(万元)

② 计算年总费用。

房产税、营业税金及附加 = 19 440 × 18% = 3 499.2(万元)
年总费用 = 1 800 + 3 499.2 + 700 = 5 999.2(万元)

③ 计算年净收益。

年净收益 = 年总收入 − 年净费用 = 19 440 − 5 999.2 = 13 440.8(万元)

④ 计算房地产评估值。

$$房地产评估值 = \frac{13\,440.8}{12\%} \times \left[1 - \frac{1}{(1+12\%)^{35}}\right] + 700 \times \frac{1}{(1+12\%)^{35}}$$
$$= 109\,885.26 + 13.23 = 109\,898.49(万元)$$

4.5 房地产评估的假设开发法

4.5.1 房地产评估假设开发法的基本思路及适用范围

1. 基本思路

假设开发法又称为剩余法、倒算法或预期开发法，是将被估房地产开发后的预期价值扣除预期的正常投入费用、正常税金和合理利润后，以剩余部分的价值作为依据测算房地产评估值的方法。

假设开发法的应用关键在于预测。用于预测的数据的准确性非常重要，所以健全的投资、稳定的房地产产业政策和法规体系、充分的房地产开发资料信息和清晰的房地产开发的前期测算是十分重要的。假设开发法首先预测被估房地产开发后的价值，然后预测开发过程中正常的投入成本，两者相减得出价值余额作为土地评估基础。房地产投资者进行房地产投资是为了获得回报，而且是回报越高越好，所以对于同一地块，房地产投资者会在规划部门对该地块的限制条件下，以达到土地最佳使用状况为指导来进行房地产开发。这是确定房地产开发后预期价值的依据，在确定被估房地产开发后预期价值时还要考虑目前的房地产市场状况等。而预期的正常投入成本为正常情况下的开发成本费用和税金等。通过预测，房地产投资者就确定为取得这一地块所愿意支付的最高价格是多少。

2. 适用范围

假设开发法广泛应用于待开发土地价值评估中。具体来讲，假设开发法主要适用于以下几种情况。

① 待开发土地评估。用开发完成后的房地产价格减去建造费和专业费等。
② 将生地开发为熟地的土地评估。用开发完成后的熟地价减去土地开发费用。
③ 待拆迁改造的再开发地产的评估。这时的建筑费还应包括拆迁费用。

4.5.2 房地产评估假设开发法的基本公式

假设开发法的公式表现形式较多，根据假设开发法的基本思路，其基本公式为

$$P = A - (B + C + D + E)$$

式中：P——土地价格；
　　　A——土地开发完成后的房地产价值；
　　　B——整个开发项目的开发成本；
　　　C——投资利息；
　　　D——开发商合理利润；
　　　E——正常税费。

在评估实务中，一个常用的具体公式是

$$土地价值 = 房屋的预期售价 - 开发建设成本 - 利息 - 利润 - 税费$$

在我国香港特别行政区，假设开发法的计算公式为

$$地价 = 楼价 - 建筑费用 - 利息 - 开发商利润$$

或

$$地价 = 总开发价值 - 开发费用 - 开发者收益 - 取得土地所需的税费$$

其中，开发费用包括拆迁费用和对现有承租者的补偿、基建费、业务费、财务费、应急费、代理及法律事务费用等。

目前，现实评估中假设开发法的一个较为具体的计算公式为

$$土地价值 = 预期楼价 - 建筑费 - 专业费用 - 销售费用 - 利息 - 税费 - 利润$$

其中

$$利息 = (地价 + 建筑使用费 + 专业费用) \times 利息率$$
$$利润 = (地价 + 建筑费用 + 专业费用) \times 利润率$$

4.5.3　房地产评估假设开发法的操作步骤

假设开发法的操作步骤如下。

（1）调查被估对象的基本状况

主要调查：调查土地的限制条件，如土地政策限制、城市规划和土地利用规划限制；调查土地的区位、地块面积、地块形状、地形地貌、地质状况、周边设施状况等；调查土地权属状况，包括权利性质、使用年限、能否续期、是否已设定抵押权等。

（2）确定被估对象的最佳开发利用方式

从房地产自身状况和市场环境出发，结合城市规划和法律法规的限制条件，确定房地产的最佳开发利用方式。最佳开发利用方式包括土地用途、建筑容积率、覆盖率、建筑样式、建筑高度、建筑装修档次等。其中最重要的是选择最佳土地用途。最佳开发利用方式决定开发完成后能够获得的最高收益。

（3）估计建设周期

包括建设期估计和租售期估计，指的是从取得土地使用权一直到房地产全部销售或出租完毕的这一段时期。目的是考虑货币的时间价值。建设周期的确定可根据类似已开发完成房地产的正常建设周期确定。

(4) 预测开发完成后房地产售价

在预期房地产市场发展较为稳定的情况下,可以采用市场比较法来估算开发后房地产价值;在有较多可利用历史资料时,可以考虑长期趋势预测法来估算。通常二者也可以结合使用,以市场比较法为基础,根据长期变化趋势作出合理推测。

开发完成后房地产售价根据开发房地产类型的不同可通过两种途径进行预测:一种是对于出售的房地产,可采用市场比较法确定开发完成后的房地产总价;另一种是对于建成出租的房地产,可根据市场法估算房地产出租的净收益,再根据收益法将出租房地产的净收益转化为房地产价值。

【例 4-10】 根据目前房地产市场的租金水平,市场上与被估房地产类似的房地产月租金标准为 500 元/平方米,房地产建筑面积为 10 000 平方米,实际可租用面积为 8 400 平方米,出租率为 90%,该类建筑物资本化率为 8%,试计算所开发房地产的价格(假设收益为无限年期)。

解
$$500 \times 12 \times 8\,400 \times 90\% \times \frac{1}{8\%} = 56\,700(万元)$$

(5) 估算各项成本费用

① 估算开发建筑成本费用。开发建筑成本费用包括直接工程费、间接工程费、建筑承包商利润等。在估算时可以根据当地类似开发案例的建造费用水平来测算,也可根据建筑工程概预算来测算。

② 估计专业费用。包括建筑设计费、工程概预算费用等,一般根据建造费用的一定比率来估算。

③ 估算利息。利息是开发过程中全部预付资本的融资成本,不仅包括建造工程费用的利息,还应包括土地资本的利息。利息的计算基数不仅仅指借入资金的利息,还包括自有资金的利息。在估算利息时,要注意分别计算各项资金费用的占用时间,即计息期。具体来说,预付地价款的利息额应以全部预付的价款按整个开发建设工期计算;开发费、专业费若是在建造期内均匀投入的,则利息以全部开发费和专业费为基数,按建造期的一半计算;若是分年度投入,可以根据实际情况进一步细化,假设建造期为两年,则第一年投入部分计息期为一年半,第二年投入部分计息期为半年。开发费、专业费在建设竣工后的空置及销售期内应按全额全期计息。

④ 估算税金。税金主要指的是房地产开发完成后销售时发生的营业税、营业税金及附加、印花税、契税等。根据当时的税费政策,税金以建成后的房地产总价的一定比例进行测算。

⑤ 估算开发完成后的房地产销售费用。主要指的是房地产建成后用于出租的中介代理费、市场营销广告费、买卖手续费等,一般以房地产总价或租金的一定比率计算。

(6) 估算开发商的合理利润

开发商的合理利润一般以房地产总价或预付总资本的一定比例计算。投资回报率的计算基数一般为地价、开发费和专业费三项之和。销售利润率的计算基数一般为房地产售价。

(7) 确定被估房地产价值

通过逐步测算，并根据公式计算出被估房地产价格，评估人员在手头资料的基础上，根据职业经验判断，对计算结果进行适当修正，得到评估结果。在运用公式计算被估房地产价值时，要注意被估房地产所对应的评估时点。

4.5.4 假设开发法应用举例

【例4-11】 有一宗"七通一平"的建筑用地，土地形状规则，面积为3 000平方米，建筑容积率为3，计划开发为居民住宅楼，建筑费为2 500元/平方米，专业费为建筑费的12%，建筑费和专业费在建设期内均匀投入。该楼预计建成后即出售，预计售价为12 000元/平方米，销售费用为楼价的3%，销售税费为楼价的6%，当地银行贷款利率为6%，开发商要求的投资利润为15%，开发时间为2年。试用假设开发法评估该宗地的单位地价和楼面地价。

解 ① 假设开发法计算公式为

$$地价 = 楼价 - 建筑费 - 专业费 - 利息 - 销售费用 - 利润$$

② 计算楼价。

$$楼价 = 3\ 000 \times 3 \times 12\ 000 = 108\ 000\ 000(元)$$

③ 计算建筑费和专业费。

$$建筑费 = 2\ 500 \times 3\ 000 \times 3 = 22\ 500\ 000(元)$$
$$专业费 = 建筑费 \times 12\% = 2\ 700\ 000(元)$$

④ 计算销售费用和销售税费。

$$销售费用 = 108\ 000\ 000 \times 3\% = 3\ 240\ 000(元)$$
$$销售税费 = 108\ 000\ 000 \times 6\% = 6\ 480\ 000(元)$$

⑤ 计算投资利润。

$$\begin{aligned}利润 &= (地价 + 建筑费 + 专业费) \times 15\% \\ &= (地价 + 22\ 500\ 000 + 2\ 700\ 000) \times 15\% \\ &= 0.15 \times 地价 + 3\ 780\ 000\end{aligned}$$

⑥ 计算利息。

$$\begin{aligned}利息 &= 地价 \times [(1+6\%)^2 - 1] + (22\ 500\ 000 + 2\ 700\ 000) \times [(1+6\%)^1 - 1] \\ &= 0.123\ 6 \times 地价 + 1\ 512\ 000\end{aligned}$$

⑦ 求取地价。

$$\begin{aligned}地价 &= 108\ 000\ 000 - 22\ 500\ 000 - 2\ 700\ 000 - 3\ 240\ 000 - 6\ 480\ 000 - 0.15 \times \\ &\quad 地价 - 3\ 780\ 000 - 0.123\ 6 \times 地价 - 1\ 512\ 000\end{aligned}$$
$$地价 = 67\ 788\ 000 \div 1.273\ 6 = 53\ 225\ 502.51(元)$$

⑧ 评估结果。

$$单位地价 = 53\ 225\ 502.51 \div 3\ 000 = 17\ 741.83(元/平方米)$$
$$楼面地价 = 17\ 741.83 \div 3 = 5\ 913.94(元/平方米)$$

4.6 在建工程评估

4.6.1 在建工程的含义及特点

在建工程是指在评估基准日尚未完工或者已经完工，但尚未竣工验收、交付使用的建设项目形成的资产，以及为建设项目备用的材料设备等资产。在建工程作为一项特殊的房地产，体现的是进行房地产开发时某一时点的房地产状态。作为一项特殊的房地产，在建工程有着自身的一些特点。

(1) 在建工程情况复杂

在建工程种类繁多，包含的范围广泛，涉及各个行业，既包括建设中的各种房屋建筑物，又包括各种设备安装，还包括特殊行业对在建工程材料物资的特殊要求，专业技术性较强。

(2) 在建工程之间可比性差

在建工程涵盖了从刚刚投资兴建的工程，到已完工尚未交付使用的工程。在建工程完工程度上的差异造成了在建工程资产功能上的差异，使得在建工程之间可比性差，评估时不易找到合适参照物，难以适用市场法进行评估。

(3) 在建工程的投资不能与完工进度相匹配

根据在建工程的投资方式和会计核算要求，其账面价值往往包括预付材料款和预付设备款，同时也记录在建工程中的应付材料款及应付设备款等。会计核算上的在建工程投资并不能与实际的在建工程完工进度相匹配，不能体现在建工程的完工进度。

(4) 建设工期长短差别较大

不同规模、不同性质的在建工程，建设工期长短相差较大。例如，居民区附属设施的建造一般工期较短，而港口、码头等工程的建设工期较长。

4.6.2 在建工程评估的资料收集与实地勘察

(1) 收集与被估在建工程相关的政府文件和工程资料

政府文件有土地使用权出让合同、建设用地许可证、施工许可证、预售许可证等；工程资料，如工程图纸、工程预算、有关账簿等。分析并明确在建工程预算和设计、结构和面积、投资和进度等信息，如果有需要安装的设备，还要获取安装设备的详细情况、金额和安装情况，同时需要了解开发商的相关资质、工程项目财务状况和工程监理情况等。

(2) 收集有关法定参数

如有关部门规定或制定的当地建筑工程预算定额、建筑工程间接费用标准、地方建筑材料差价指数、建筑工程预备费用等。

(3) 对在建工程施工情况进行实地勘察

评估人员需要到现场实地了解在建工程周围环境、区位条件、建筑布局；了解在建工程建设和施工情况，明确工程进度和工程形象进度，确定工程竣工日期和交付使用的日期；核对之前收集的工程资料信息是否有差错和遗漏，检查在建工程质量和建筑材料质量；确认在建工程是否存在缺陷及待修理因素。属于停建的在建工程，要查明原因并检查在建工程是否存在功能性贬值和经济性贬值。

4.6.3 在建工程评估的主要评估方法

(1) 形象进度法

形象进度法是选择足够的可比销售资料，根据在建工程完工后的市场价格，结合工程形象进度评估在建工程价值的方法。计算公式为

$$在建工程价值 = 建造完成的房地产市场价值 \times 工程形象进度百分比 \times (1 - 折扣率)$$

其中建造完成的房地产市场价值可采用市场法或收益法评估得出。

$$工程形象进度百分比 = \frac{(实际完成建筑工程量 + 实际完成安装工程量)}{总工程量} \times 100\%$$

折扣率应考虑销售费用和风险收益等因素。

对于已经完成或接近完成，只是尚未交付使用的在建工程可以采用工程形象进度法进行评估。

(2) 成本法

运用成本法对在建工程进行评估，评估值以建造被估在建工程已经耗用的土地取得费、专业费和建造建筑物费等各项必要费用之和，加上正常的利润和税费为基础确定。土地取得费是指为获得土地而发生的费用，包括手续费和税金；专业费包括咨询、规划、设计等费用；建造建筑物费用是到评估基准日在建工程已经耗用的各项必要费用之和。成本法适用于完成工作量较少的在建工程。计算公式为

$$在建工程价值 = 土地取得费 + 专业费用 + 建造建筑物费用 + 正常利润 + 税费$$

(3) 因素变动调整法

因素变动调整法首先对在建工程实际完成部分因价格变化、设计变更等因素引起的金额变化进行调整，其次对实际支出构成项目根据重置成本构成项目进行调整，确定在建工程评估价值。计算公式为

$$在建工程评估价值 = 在建工程实际支出 \pm \sum 各项调整金额 \pm \sum 实际支出构成项目与重置成本构成项目差异金额$$

因素变动法适用于工期较长、设计变更及价格对在建工程成本影响较大的项目。

(4) 假设开发法

应用假设开发法时，被估在建工程价值由在建工程预期开发完成后的价值，扣除后续正常开发费用、销售费用、销售税金及开发利润后得出。在建工程完工后预期售价由市场法

或收益法评估得到。假设开发法计算公式为

在建工程价值 = 房地产预期售价 − 后续工程成本 − 后续工程费用 − 正常利润 − 税费

4.7 房地产评估案例分析

4.7.1 房地产评估成本法案例分析

1. 评估对象概述及基本要求

（1）评估对象概述

评估对象为宏达公司第一车间厂房，位于××市××区××号，为钢筋混凝土结构的工业用房，建成于2012年3月，建成后用作生产车间使用，占地面积5 000平方米，建筑面积3 400平方米。

（2）评估目的

宏达公司因产品转型需要，拟将第一车间厂房卖给三和公司，根据双方约定，现委托天正房地产评估有限公司对评估对象的公开市场价值进行评估。评估基准日为2009年3月31日。

2. 评估方法的选用

评估人员在接受委托后，认真分析并收集了相关资料，对待估对象进行了实地勘察后，根据实际情况进行分析，确定了房地分离评估、综合计价的评估思路。具体方法上采用成本法对厂房进行评估，采用市场法对土地进行评估。

3. 评估测算过程

（1）评估土地价值

评估人员收集土地的可比交易实例，并进行了调整，评估确定土地价格为3 120元/平方米，土地总价为1 560万元。具体评估过程略。

（2）评估厂房价值

经过对该厂房的相关资料进行分析，对厂房建筑造价进行测算，厂房的重置成本为3 000元/平方米（含合理的利润，税费等），厂房的重置成本总额为1 020万元。

估算厂房的成新率。经过评估人员现场勘察，依据钢筋混凝土结构耐用年限的标准，判定该厂房尚可使用50年，成新率为

$$成新率 = 50 \div (3 + 50) = 94\%$$

测定厂房的经济性贬值和功能性贬值。由于该厂房设计结构问题，为维持该厂房正常使用状态需要的费用为50万元，该厂房设计年产量为30万件，实际生产中厂房年成产25万件就可以满足市场需求。规模效益指数为0.7。

厂房的功能性贬值为50万元，经济性贬值为

$$经济性贬值 = 重置成本 \times \left[1 - \left(\frac{现实利用生产能力}{设计生产能力}\right)^n\right]$$

$$= 1\ 020 \times \left[1 - \left(\frac{25}{30}\right)^{0.7}\right] = 122.22(万元)$$

$$厂房评估值 = 重置成本 \times 成新率 - 功能性贬值 - 经济性贬值$$
$$= 1\,020 \times 94\% - 50 - 122.22 = 786.58(万元)$$

评估对象评估值为土地评估值和厂房评估值之和，即 $1\,560 + 786.58 = 2\,346.58$ 万元。

4. 评估结果

评估人员根据评估目的，遵循公平、公正、客观的原则，按照评估工作程序，运用科学合理的评估方法，在认真分析现有资料的基础上，按照国家关于房地产评估的有关规定，确定评估对象在 2015 年 3 月 31 日的评估结果如下：

建筑面积：3 400 平方米

占地面积：5 000 平方米

房地产总价：2 346.58 万元

其中，土地使用权总价：1 560 万元

厂房总价：786.58 万元

4.7.2 房地产评估市场法案例分析

1. 建筑物状况

待估建筑物为写字楼，位于××路××号，该楼为框架剪力墙内筒结构体系，总建筑面积为 7 000 平方米，层数为 7 层，建筑基础为现浇钢筋砼灌注桩，墙体全部为钢筋砼墙，承重结构为现浇钢筋砼柱、梁、板。建筑物外墙为玻璃幕墙，内墙采用防水涂料粉刷，楼梯和地面为大理石铺就。建筑物外窗为铝合金窗，内门为全木门。水位设施齐全，各种管线按照设计铺设齐全。评估基准日为 2015 年 3 月 31 日。

2. 评估过程

评估人员根据收集得来的资料和现场勘察，确定采用市场法对房地产进行评估。通过仔细对比与分析，选出了三宗交易案例作为比较实例，其详细情况如表 4-8 所示。

表 4-8 交易实例资料表

比较项目＼比较实例	方圆大厦	梦翔大楼	金牛大厦	待估对象
地理位置	城区	城区	城区	城区
交易日期	2014 年 12 月	2014 年 12 月	2014 年 11 月	2015 年 4 月
交易情况	正常	正常	正常	正常
用途	商用写字楼	商用写字楼	商用写字楼	商用写字楼
交易价格	6700 元/平方米	6900 元/平方米	7400 元/平方米	待估
基础	钢筋砼灌注桩	钢筋砼灌注桩	钢筋砼灌注桩	钢筋砼灌注桩
建筑物结构	框架剪力墙内筒	框架剪力墙内筒	框架剪力墙内筒	框架剪力墙内筒
装修	高级大理石地面	地面为地板砖	地面为地板砖	大理石地面
周边环境	较好	一般	较好	一般
土地使用年限	50	50	50	50
交通便捷状况	较好	较好	一般	较好

交易情况修正。所选交易实例均为正常情况下的交易,不需进行交易情况修正。

交易日期修正。所选交易实例交易日期与评估基准日较为接近,同时向当地房地产交易中心了解,此段时间内房地产价格波动较小,可以忽略交易日期差异。

进行区域修正和个别因素修正,具体修正结果如表4-9所示。

表4-9 比较因素修正系数表

比较项目 \ 比较实例	方圆大厦	梦翔大楼	金牛大厦	待估对象
交易情况	100	100	100	100
交易日期	100	100	100	100
交通便捷程度	100	100	102	100
环境状况	98	100	98	100
土地使用年限	100	100	100	100
装修标准	95	102	102	100
供给配套设施	102	100	99	100
价格类型	100	100	100	100
目前规划限制	100	100	100	100
建筑结构	100	100	100	100
新旧程度	98	97	102	100
临街状况	99	98	100	100

根据比较因素修正系数表可以得出各个可比交易实例的修正价格。

方圆大厦修正后单价 $=6\,700\times\dfrac{100}{100}\times\dfrac{100}{98}\times\dfrac{100}{95}\times\dfrac{100}{102}\times\dfrac{100}{98}\times\dfrac{100}{99}=7\,272.16$(元/平方米)

梦翔大楼修正后单价 $=6\,900\times\dfrac{100}{100}\times\dfrac{100}{100}\times\dfrac{100}{102}\times\dfrac{100}{100}\times\dfrac{100}{97}\times\dfrac{100}{98}=7\,116.25$(元/平方米)

金牛大厦修正后单价 $=7\,400\times\dfrac{100}{102}\times\dfrac{100}{98}\times\dfrac{100}{102}\times\dfrac{100}{99}\times\dfrac{100}{102}\times\dfrac{100}{100}=7\,187.37$(元/平方米)

则待估对象评估单价 $=(7\,272.16+7\,116.25+7\,187.37)\div 3=7\,191.93$(元/平方米)

评估总价 $=7\,191.93\times 7\,000=50\,343\,510$(元)

练习题

一、单项选择题

1. 某宗地大小为5 000平方米,土地单价为2 000元/平方米,国家规定的容积率为4,建筑密度为0.5,则楼面地价为(　　)元/平方米。
   A. 250　　　　B. 500　　　　C. 1 000　　　　D. 2 000

2. 某宗地2 000平方米,土地上建有一座8层的写字楼,写字楼首层面积为1 400平方米,第2至第8层每层建筑面积为1 000平方米,此建筑物的容积率为(　　)
   A. 0.7　　　　B. 4.2　　　　C. 2　　　　D. 7

3. 对于施工、形象进度正常的在建工程，其评估价值一般应按在建工程的（　　）为准。
   A. 收益价格　　　B. 账面价值　　　C. 重置成本　　　D. 市场价格
4. 在正常的情况下，用于房地产价值评估的收益应该是房地产的（　　）。
   A. 实际总收益－实际总费用　　　B. 实际总收益－客观总费用
   C. 客观总收益－实际总费用　　　D. 客观总收益－客观总费用
5. 土地"三通一平"是指（　　）。
   A. 通水、通热、通路、平整地面　　　B. 通水、通路、通电、平整地面
   C. 通水、通路、通气、平整地面　　　D. 通气、通电、通信、平整地面
6. 土地市场的不完全竞争性是由土地的（　　）决定的。
   A. 稀缺性　　　B. 不可再生性　　　C. 价值增值性　　　D. 用途多样性
7. 某待估宗地剩余使用年限为30年，还原利率为6%，目前有交易实例价格为6 000元/平方米，剩余使用年限为40年，若不考虑其他因素，则评估对象的评估值接近于（　　）元/平方米。
   A. 6 558　　　B. 4 500　　　C. 5 488　　　D. 8 000

二、多项选择题

1. 下列属于建筑安装工程费的有（　　）。
   A. 招、投标费　　　B. 质量监督费　　　C. 测量、勘察设计费
   D. 竣工图费　　　E. 城市规划设计费
2. 土地的经济特征有（　　）。
   A. 供给的稀缺性　　　B. 可垄断性　　　C. 不可再生性
   D. 土地利用多方向性　　　E. 效益级差性
3. 应用假设开发法评估地价时，从房地产预期租售价格中应该扣除的项目有（　　）。
   A. 征地费用　　　B. 建筑总成本　　　C. 利润　　　D. 税金
   E. 利息
4. 新房地产的开发成本包括（　　）。
   A. 可行性研究费　　　B. 设计费　　　C. 土地出让金
   D. 场地平整费　　　E. 勘察费
5. 国家征用集体土地而支付给集体经济组织的费用包括（　　）。
   A. 土地补偿费　　　B. 拆迁费　　　C. 安置补助费
   D. 地上建筑物补偿费　　　E. 青苗补偿费

三、评估题

某房地产公司于2008年1月以有偿方式取得一块土地50年使用权，并于2010年1月在此地块上建成一座写字楼，经济耐用年限为60年。评估日，该类建筑物重置价格为每平方米3 500元，该建筑物占地面积为1 200平方米，建筑面积为3 000平方米，现用于出租，每月实收租金为15万元。另据调查，当地同类写字楼出租租金一般为每月每建筑平方米80元，空置率为10%，每年需支付的管理费为年租金的3%，维修费为重置价的1.5%，土地使用税及房产税为每建筑平方米30元，保险费为重置价的0.2%，土地资本化率为6%，建筑资本化率为9%。试根据以上资料评估该宗地2015年1月土地使用权的价格，采用收益法进行评估。

第 5 章

无形资产评估

> **学习目标**
> - 熟悉无形资产的分类和特点；
> - 理解并掌握无形资产价值评估影响因素及其在无形资产评估中的运用；
> - 掌握收益法、成本法在无形资产评估中的运用；
> - 运用收益法、成本法等评估方法，对专利权、非专利技术、商标权、著作权、商誉等无形资产的价值进行评估。
>
> **内容提要**
> 　　本章主要介绍了无形资产的基本概念、无形资产评估的基本原理和主要评估方法，阐述了收益法、成本法、市场法在无形资产评估中的具体运用，并结合实例重点介绍了专利权和非专利技术、商标权和著作权及商誉等几种常见无形资产价值的评估。
>
> **本章关键词**
> 　　无形资产　　无形资产评估　　超额收益　　专利权　　非专利技术　　商标权　　著作权　　商誉

5.1　无形资产评估概述

5.1.1　无形资产概述

1. 无形资产的概念

随着世界经济的发展，无形资产越来越成为企业资产中的重要组成部分和企业生产经营中的最重要的生产要素。但是到目前为止，无形资产尚无统一的定义和概念，而且关于无形资产的外延和具体内容，尤其是无形资产评估实际承认的外延的边界，世界各国有着不同的观点。

我国财政部 2006 年颁布的《企业会计准则第 6 号——无形资产》第三条对无形资产的定义是："无形资产是指企业拥有或者控制的没有实物形态的可辨认非货币性资产。资产满足下列条件之一的，符合无形资产定义中的可辨认性标准。

① 能够从企业中分离或者划分出来，并能单独与相关合同、资产或负债一起，用于出售、转移、授予许可、租赁或者交换；

② 源自合同性权利或其他法定权利，无论这些权利是否可以从企业或其他权利和义务

中转移或者分离。"

第四条规定："无形资产应当在符合定义的前提下，同时满足下列两个条件的，才能予以确认。

① 与该无形资产有关的经济利益很可能流入企业；

② 该无形资产的成本能够可靠地计量。"

我国《资产评估准则——无形资产》（2001）中规定："本准则所称无形资产，是指特定主体所控制的、不具有实物形态、对生产经营长期发挥作用且能带来经济利益的资源"。

上述无形资产的定义反映了不同学科、不同行业对无形资产认识的不同侧重点。会计准则强调了无形资产的会计属性，资产评估强调了无形资产的"排他性"和"权益性"。在我国，无形资产的外延和边界并没有统一划定，在无形资产评估的实践中对无形资产的把握也不能统一，这就要求资产评估人员深刻理解无形资产的内涵，既不能漏评，也不能多评。

2. 无形资产的特征

（1）排他性

排他性是指无形资产往往是由特定主体所占有。无形资产的这种特性，有的是通过企业自我保密的方式加以保护的（如专有技术），有的则是以适当公开其内容并依靠法律来保护的（如专利权）。

（2）共享性

共享性是指一项无形资产可以为不同的权利主体共同享用。无形资产的垄断性并不排斥它可以作为共同财富，由不同的主体同时共享。通过合法的程序，可以在其所有者继续使用的前提下，多次转让其使用权。例如，一项先进技术可以使多个企业提高产量、降低产品成本。

（3）不具有实物形态

无形资产没有具体的实物形态，但它有一定的有形表现形式，通常表现为某种权利、某项技术或是能获取超额利润的某种权利，如专利证书、非专利技术等。

（4）收益的不确定性

无形资产能够直接或间接地为其控制主体（所有者、使用者等）创造效益，并能在多个生产经营期内使用，为企业带来长期收益。而且无形资产区别于有形资产的一个重要特点是它能够在其经济寿命内为企业带来超额利润，但是无形资产的经济寿命往往受到技术进步、保密程度、市场供求等诸多因素的影响而具有较强的不确定性。

（5）成本的弱对应性

无形资产在研发过程中所支出费用的多少与无形资产的获利能力并不成比例。无形资产的获利能力通常是由无形资产的功能和效用所决定的，而并不完全取决于它的研发成本。因而无形资产的研发具有较大的风险，特别是技术型的无形资产。

3. 无形资产的分类

对无形资产进行合理的分类，不仅有助于识别无形资产，使我们了解无形资产的性质和作用范围，而且有利于确定评估范围并选择适当的评估方法，以提高评估的科学性。无形资产可以按不同的标准进行分类，主要有以下几种分类方式。

（1）按无形资产取得的方式划分

无形资产按取得的方式可以划分为企业自创无形资产和外购无形资产。

① 企业自创无形资产。企业自创无形资产主要是指由企业自己研发及由于企业信誉卓著、经营出色、经验丰富、技术先进等客观原因形成的无形资产，如自创专利、非专利技术、商标权、商誉等。

② 外购无形资产。外购无形资产主要是指企业以一定代价从其他单位购入的无形资产，如外购专利权、商标权等。

(2) 按无形资产的性质和内容划分

无形资产按性质和内容构成可以划分为知识型无形资产、权利型无形资产、关系型无形资产和其他无形资产。

① 知识型无形资产。知识型无形资产主要是指依靠高度密集的知识、智力、技术和技巧及其可能带来的高收益，如专利技术、专有技术、计算机软件与集成电路布图设计等都属于知识型无形资产。

② 权利型无形资产。权利型无形资产主要是指有契约或政府授权形成的无形资产，如特许权，包括物权（如土地使用权、矿产开采权、租赁权、特许经营权等）和行为权利（如烟草专卖等专营权、进出口许可证、生产许可证、建筑设计等）。

③ 关系型无形资产。关系型无形资产主要是指企业在长期经营过程中形成的可以获得盈利条件的关系，如雇员关系、顾客关系、代理销售关系、原材料零部件供应关系等。

④ 其他无形资产。其他无形资产是指除上述三类无形资产以外的无形资产，如商誉。

(3) 按有无专门法律保护划分

无形资产按有无专门法律保护，可以划分为法定无形资产和无专门法律保护的无形资产。

① 法定无形资产，均受到国家专门法律保护，如专利权、商标权等。

② 无专门法律保护的无形资产，如非专利技术等。

(4) 按无形资产作用的领域划分

无形资产按作用的领域，可以划分为促销型无形资产、金融型无形资产和制造型无形资产。

① 促销型无形资产。主要有商标、顾客名单、特许权、包装、订单、广告资料、货空位、许可证、经销网络等。

② 金融型无形资产。主要有优惠融资、配套员工、软件、版权、核心存款、不竞争合同条款、租赁权、雇佣合同、商誉等。

③ 制造型无形资产。主要有专利权、非专利技术、配方、经营秘密、新产品开发数据资料、图纸、供应合同、新产品开发等。

5.1.2 无形资产评估及其特点

无形资产评估是指按照一定的估价标准，采用适当的评估方法，通过分析各种相关因素的影响，计算确定无形资产在某一评估基准日价值的工作。无形资产评估一般由专门机构依照一定的程序和方法，对特定主体所拥有的无形资产价值进行评定和估算。专门机构一般是指由政府主管部门批准认可的具有评估无形资产能力的资产评估事务所、会计师事务所等。无形资产评估具有资产评估的基本特点，但是由于无形资产的独特性，无形资产评估又有其自身的特点。

无形资产的价值，从本质上来说，是能为特定持有主体带来经济利益，亦即无形资产的获利能力。这种获利能力通常表现为企业的超额收益能力，因此对无形资产的评估实际上就是对无形资产获利能力的评估。这就是无形资产评估的特点。

5.1.3 影响无形资产评估价值的主要因素

由于无形资产的非实体性、收益的不确定性及成本的弱对应性，使得无形资产评估的难度远大于有形资产。为了准确地评估无形资产，使评估结果更加合理，就需要了解影响无形资产评估值的各种因素，具体包括以下几个方面。

(1) 收益能力因素

收益能力因素主要是指无形资产的预期收益能力，无形资产的价值是由未来收益期限内无形资产可以实现的收益额折现而成的。一项无形资产，在环境、制度允许的条件下，获利能力越强，其评估价值就越高；获利能力越弱，其评估值就越低。

(2) 成本因素

无形资产的成本包括取得及维持成本和机会成本。取得及维持成本主要是指能转化为生产力的研究开发费用，专利权申请费用，商标注册和登记费用，其他与取得该项无形资产有关的人员、资金、物资及法律保护成本，发行推广成本等方面的耗费；机会成本是指因将无形资产用于某一确定用途后所导致的将无形资产不能用于其他用途所受到的损失。

(3) 使用寿命因素

任何一项无形资产都有一定的使用寿命。无形资产与其使用寿命密切系相关。通常情况下，使用寿命越长，说明其获利时间越长，获利能力就越强，无形资产的价值也就越高。无形资产的使用寿命，除了应考虑法律保护期限外，更主要的是要考虑其具有实际超额收益的期限。例如，某项专利权，保护期 20 年，但由于无形损耗较大，拥有该项专利实际能够获得超额收益期限为 10 年，则这 10 年即为评估该项专利时所应确定的使用寿命。

(4) 转让内容因素

无形资产的转让内容是指无形资产所转让的是所有权还是使用权。使用权又分为独占使用权和普通使用权。无形资产转让权力的大小直接关系到买卖双方的经济利益，也影响到无形资产的评估价值。就所有权转让和使用权转让而言，所有权转让的无形资产的评估价值高于使用权转让的评估价值。

(5) 技术因素

技术因素会直接影响到无形资产（主要是技术型无形资产）评估价值的高低。技术成熟程度及国内外该种无形资产的发展趋势、更新换代情况和速度等因素都将影响技术性无形资产的价值。技术越成熟，开发程度越高，运用该技术所产生的经济效益和社会效益就会越大，无形资产的价值就会越高。

(6) 市场因素

市场因素包括两个方面的内容：无形资产市场需求情况和无形资产适用程度。市场需求情况表现为：对于出售、转让的无形资产其价值随市场需求的变动而变动，市场需求越大，则评估价值就越高。适用程度表现为：一项无形资产的适用程度越高，就说明其需求者越多，市场需求量越大，无形资产的评估价值也就越高。

(7) 企业所在行业因素

占有某项无形资产的企业所在行业的基本情况也会影响到无形资产评估值的高低。例如，企业所在行业同类或类似无形资产的评估价值、所在行业的平均资金利润率等指标。

5.1.4 无形资产评估的前提及评估对象

1. 无形资产价值评估的前提

由于无形资产价值的特征，因此在评估无形资产时，必须弄清楚在什么情况下可能会出现无形资产的评估，即确定它的价值前提。无形资产的价值前提是指无形资产将参与何种经济活动，如转让、许可、质押及合资等形式，以及如何参与这些经济活动，如许可的方式及合资的规模等。对无形资产而言，对应于不同的价值前提，一般具有不同的价值。因此，在评估无形资产价值时，必须说明是在何种价值前提下作出的。

从我国目前的市场条件及人们对无形资产的认识水平来看，无形资产评估一般应以产权变动为前提。一种情况是：当无形资产的拥有者或控制者以其拥有或控制的无形资产作为投资品或交易对象对外投资或交易时，需要对无形资产进行评估；另一种情况是：当企业整体发生产权变动时，企业资产中所包含的无形资产随企业产权变动而产生评估的需求。

除了上述两种情况需要对无形资产进行评估外，在现实的评估实践中，尚有以无形资产成本摊销为目的、以品牌为主要评估对象的无形资产评估。确切地讲，以无形资产成本摊销为目的的评估要受到现行财务会计制度和税收制度的限制和制约，不可能广泛展开；而以品牌为主要评估对象的无形资产评估，因缺少市场约束和责任约束也极容易出现偏差。因此，无形资产评估主要是以产权变动为前提。

2. 无形资产评估是对其获利能力的评估

从本质上来说，无形资产的价值是能为特定持有主体带来经济利益的能力，即无形资产的获利能力。在通常情况下，这种获利能力表现为企业的超额收益能力。因此，无形资产评估就是对其获利能力的评估。无形资产只有给购买者带来新增收益，才能根据带来的新增收益确定无形资产的价值。需要说明的是，无形资产能够带来超额收益是一种理论抽象，即指在其他条件保持社会平均水平的情况下，能够获得高于社会平均水平的收益。而在实际生活中，由于评估参照对象并不一定保持着社会平均经营水平，因而超额收益也就不一定表现为高于社会平均水平的利润，往往表现为带来的追加利润。在实践中常有这种情形：获得和运用某无形资产是该企业正常运行所必不可少的条件，特别是使企业起死回生时更为典型。在这类情形下，应根据无形资产对利润增长的影响来评估无形资产的价值。还有一种情形就是能够带来垄断利润，这是指购买方由于购入和运用无形资产形成垄断市场，通过垄断价格实现垄断利润。在这种情况下，就可以根据市场垄断的不同条件，通过利润的测算，评估无形资产的价值。

5.1.5 无形资产评估的基本程序

1. 明确评估目的

无形资产因其评估的目的不同，所选择的评估方法和评估价值也不一样，其评估的结果也会有所不同。因而在评估时首先要了解委托方的评估目的，并且对资产的合法性进行检验，确定产权变动的性质。其评估的具体目的如下。

① 无形资产转让。
② 无形资产投资。
③ 股份制改造、清算资产。
④ 企业合资、合作、重组及兼并。
⑤ 法律诉讼中作为诉讼标的。
⑥ 银行质押贷款。
⑦ 纳税需要。
⑧ 保险需要及其他目的。

2. 收集评估资料

根据评估目的和无形资产的种类收集相关资料。通常情况下，这些资料应当包括以下内容。

① 无形资产的法律文件或其他证明材料。
② 无形资产的成本。
③ 无形资产给持有主体带来的经济利益。
④ 无形资产的使用期限。
⑤ 无形资产的权属转让、许可内容与条件。
⑥ 无形资产的市场供需情况。
⑦ 与无形资产评估相关的其他内容。

3. 确认无形资产

根据所收集的资料，鉴别其真实性后，对被评估的无形资产作出判断，确定其种类和名称，以及其是否有价值。通过无形资产的确认，应当明确3个问题：一是无形资产是否存在；二是无形资产的种类；三是无形资产的有效使用期限。

4. 对无形资产的历史效益进行分析

如果被评估无形资产不是新技术，而是在评估基准日之前就创造出了一定的价值，那么该无形资产过去的业绩就可以作为它实际功能的证明。当然，评估人员还要考虑各种变化因素，最终得出合理的结论。

5. 确定合理的评估方法

根据所评估无形资产的具体类型、特点、评估目的及外部市场环境等具体情况，选取最合适的评估方法。其评估方法主要包括收益法、市场法、成本法等。

① 采用收益法评估无形资产时，要注意分析超额获利能力和预期收益，注意收益额的计算口径要与被评估无形资产相对应。此外，还要充分考虑法律法规、宏观经济环境、技术进步、行业发展变化、企业经营管理、产品更新和替代等因素对无形资产收益期、收益率和折现率的影响。

② 采用市场法评估无形资产时，特别要注意被评估无形资产必须确实适合运用市场法进行评估。选择合理的评估参照对象，并收集作为参照对象的无形资产交易的市场信息和被评估无形资产以往的市场交易信息。当与参照对象的无形资产具有可比性时，可根据它们的交易条件、市场交易价格和影响价值的其他各种因素的差异，调整确定评估值。

③ 采用成本法评估无形资产时，要注意根据现行条件下重新形成或取得该项无形资产所需的全部费用（含资金成本和合理利润）确定评估值，在评估中要注意扣除实际存在的

功能性贬值和经济性贬值。

6. 分析评估结果，出具评估报告

在得出评估结果之后，要分析整个评估过程是否连贯，是否存在相互矛盾和错误、遗漏的情况。而且还要对评估结果进行数值分析，包括敏感性分析和概率分析。在反复论证、修改、调整之后，出具评估报告，对评估价值给出建议和意见，并作出恰当说明。

5.2 无形资产评估方法

从理论上讲，无形资产评估所运用的方法和有形资产一样，即收益法、成本法和市场法。但由于无形资产存在着非实体性、收益的不确定性和成本的弱对应性等特点，因而对无形资产价值的评估难度较大，其评估结果的精确度也较低。

运用收益法、成本法、市场法评估无形资产的适用程度依次降低。但至于具体选择哪种评估方法，需要充分综合考虑数据资料的数量和质量、相关数据的获取途径、行业交易数据的可得性、待评估无形资产的类型和性质及其所处的行业条件、法律及合同和管理因素、评估的目的、评估人员的专业判断和专业技能等因素。

5.2.1 无形资产评估的收益法

无形资产评估是对无形资产获利能力的评估，无形资产的获利能力表现为企业超额收益能力或能够给企业带来追加收益。因此，收益法是无形资产评估的重要方法。

1. 收益法的应用形式

以无形资产转让为例，无形资产评估中收益法的基本公式为

$$无形资产评估值 = \sum_{t=1}^{n} \frac{K \times R_t \times (1-T)}{(1+r)^t}$$

式中：K——无形资产分成率；

　　　R_t——第 t 年分成基数（可以是销售收入或销售利润或超额收益）；

　　　n——收益期限；

　　　r——折现率；

　　　T——所得税税率。

2. 收益法中各项参数指标的确定

1）无形资产超额收益的确定

（1）直接计算法

如果无形资产能够单独发挥作用，其产生的新增效益能够单独计算，则可以采用直接计算法计算超额收益。

① 收入增长型无形资产。即假定使用该项无形资产后，能够使销售大幅度增加，增加的原因主要表现在以下两个方面。

第一种原因：生产的产品能以高出同类产品的价格销售，其形成的超额收益，计算公式为

$$R = (P_2 - P_1) \times Q \times (1-T)$$

式中：R——超额收益；

P_1——使用无形资产前单位产品的价格；

P_2——使用无形资产后单位产品的价格；

Q——产品销售量（此处假定销售量不变）；

T——所得税税率。

第二种原因：生产产品的价格与同类产品的价格相同，但销售数量大幅度增加，市场占有率扩大，从而获得超额收益，其形成的超额收益计算公式为

$$R = (Q_2 - Q_1) \times (P - C) \times (1 - T)$$

式中：R——超额收益；

Q_1——使用无形资产前的销售量；

Q_2——使用无形资产后的销售量；

P——产品价格；

C——产品单位成本；

T——所得税税率。

销售量增加不仅可以增加销售收入，而且还会引起成本的增加，因此估算销售量形成的超额收益时，必须扣减增加的成本。

② 费用节约型无形资产。假定使用该项无形资产后会带来生产成本及费用的大幅度下降，从而形成超额收益，计算公式为

$$R = (C_1 - C_2) \times Q \times (1 - T)$$

式中：R——超额收益；

C_1——使用无形资产前的产品单位成本；

C_2——使用无形资产后的产品单位成本；

Q——产品销售量（此处假定销售量不变）；

T——所得税税率。

值得注意的是，无形资产所带来的超额收益，有时可能是收入增加和成本减少共同作用的结果，评估者应当根据实际情况对其进行分析，合理预测无形资产的超额收益。

（2）差额法

当无法将使用无形资产和没有使用无形资产的收益进行对比时，可以将无形资产和其他类型资产在经济活动中的综合收益与本行业的平均水平进行比较，进而得到无形资产的超额收益。其具体步骤如下。

① 收集使用了无形资产后的生产经营财务资料，然后进行盈利分析，得到经营利润率和销售利润率等基本数据。

② 对上述生产经营活动中的资金占用情况（固定资产、流动资产和已有账面价值的其他无形资产）进行统计。

③ 收集行业平均资金利润率等指标及相关参数。

④ 计算无形资产带来的超额收益。

无形资产带来的超额收益 = 净利润 − 净资产总额 × 行业平均资金利润率

使用这种方法应当注意，有时计算出来的超额收益并不完全是由被评估无形资产所带来的，往往是由一组无形资产或者企业全部无形资产所带来的，所以还需进行分离处理。

(3) 分成率法

采用差额法计算出来的超额收益往往是一组无形资产所带来的超额收益，如果要计算某项无形资产所带来的超额收益，还需要采用分成率方法。这是目前国际和国内技术交易中常用的一种方法，具体公式如下。

$$收益额 = 销售收入(利润) \times 销售收入(利润)分成率 \times (1 - 所得税税率)$$

对于销售收入（利润）的测算比较容易，这里主要介绍如何确定无形资产分成率。由于分成对象既可以是销售收入，又可以用销售利润，其分成率就有两个不同的形式：销售收入分成率和销售利润分成率。实际上，由于销售收入与销售利润有内在的联系，因此可以根据销售利润分成率推算出销售收入分成率，反之亦然。因为

$$收益额 = 销售收入 \times 销售收入分成率 \times (1 - 所得税税率)$$
$$= 销售利润 \times 销售利润分成率 \times (1 - 所得税税率)$$

所以

$$销售收入分成率 = 销售利润分成率 \times 销售利润率$$
$$销售利润分成率 = 销售收入分成率 \div 销售利润率$$

在资产转让实务中，一般是确定一定的销售收入分成率。例如，在国际市场上，一般技术转让费不超过销售收入的3%～5%，如果按社会平均销售利润率10%推算，则技术转让费为销售收入的3%，利润分成率为30%。

我国分成率的确定方法一般如下。

第一，按照新增销售收入的1%～5%分成。具体分行业，如表5-1所示。

表5-1 不同行业新增销售收入分成率

行 业	按新增销售收入分成比例/%
石油、化工、冶金、机械等	2～3
纺织、轻工、电子等	3～4
汽车、家电、仪表等	4～5
计算机等高新技术	5～10

第二，按照新增利润的5%～30%分成。从销售收入分成率本身很难看出转让价格是否合理，但是换算成利润分成率则比较容易判断。所以在实际评估中，应以评估利润分成率为基础，而销售收入分成率可以根据销售利润率几个年度利润的变化情况加以确定。

利润分成率的确定，是以无形资产带来的追加利润在利润总额中的比重为基础的。具体方法有以下两种。

一种是边际分析法。根据对无形资产的边际因素的分析，以无形资产有效期内所产生的追加利润来计算利润分成率。

具体应用步骤如下。

① 对无形资产边际贡献率因素进行分析，测算追加利润。
② 测算无形资产寿命期间的利润总额及追加利润总额，并进行折现处理。
③ 按利润总额现值和追加利润总额现值计算利润分成率。

$$利润分成率 = \sum 追加利润现值 \div \sum 利润总额现值$$

$$= \sum_{t=1}^{n}\left(各年度追加利润 \times 折现系数\right) \Big/ \sum_{t=1}^{n}\left(各年度总利润 \times 折现系数\right)$$

【例 5-1】 企业转让非专利技术，经对该技术边际贡献因素进行分析，测算在其寿命期间各年度分别可带来追加利润 200 万元、150 万元、100 万元，各年利润总额分别为 600 万元、550 万元、500 万元，试评估该项无形资产的利润分成率（假定折现率为 10%）。

解 利润总额现值 $= 600 \div (1+10\%) + 550 \div (1+10\%)^2 + 500 \div (1+10\%)^3$

$= 600 \times 0.9091 + 550 \times 0.8264 + 500 \times 0.7513$

$= 545.46 + 454.52 + 375.65$

$= 1375.63（万元）$

追加利润现值 $= 200 \div (1+10\%) + 150 \div (1+10\%)^2 + 100 \div (1+10\%)^3$

$= 200 \times 0.9091 + 150 \times 0.8264 + 100 \times 0.7513$

$= 181.82 + 123.96 + 75.13$

$= 380.91（万元）$

无形资产利润分成率 $= 380.91 \div 1375.63 \times 100\% = 27.69\%$

第二种是约当投资分成法。约当投资分成法采用在投资成本（资金）的基础上附加成本利润率，考虑将交易双方的投资折合为约当投资的办法，以此计算确定利润分成率。其公式为

无形资产利润分成率 = 无形资产约当投资量/
（购买方约当投资量 + 无形资产约当投资量）× 100%

无形资产约当投资量（卖方）= 无形资产重置成本 ×（1 + 适用成本利润率）

购买方约当投资量 = 购买方投入的总资产的重置成本 ×
（1 + 适用成本利润率）

【例 5-2】 2015 年 3 月，甲公司拥有一项专利技术，重置成本为 200 万元，经测算专利技术的成本利润率为 400%。现拟向乙公司投资入股，乙公司原资产经评估确定的重置成本为 2000 万元，成本利润率为 10%。

要求：① 分别计算专利技术和乙公司资产的约当投资量。
② 计算专利技术的利润分成率。

解 ① 约当投资量分别为

专利技术约当投资量 $= 200 \times (1+400\%) = 1000（万元）$

乙公司约当投资量 = 2 000 × (1 + 10%) = 2 200（万元）

② 利润分成率为

利润分成率 = 1 000 ÷ (1 000 + 2 200) × 100% = 31.25%

(4) 要素贡献法

当无形资产由于某些原因，不可能或很难确定其带来的超额收益时，可以根据生产要素在生产经营活动中的贡献，从正常利润中粗略估计出无形资产带来的收益。我国通常采用"三分法"，即主要考虑生产经营活动中的三大要素：资金、技术和管理。这三种要素的贡献在不同行业是不一样的。一般认为，在资金密集型行业，三者的贡献依次是 50%、30%、20%；技术密集型行业三者的贡献依次是 40%、40%、20%；一般行业三者的贡献依次是 30%、40%、30%；高科技行业三者的贡献依次是 30%、50%、20%。

2) 无形资产评估中折现率的确定

折现率是将无形资产预期所带来的超额收益折算成现值的比率。它本质上是从无形资产受让方的角度，作为受让方投资无形资产的投资报酬率。从理论上讲，在无形资产评估中，折现率 = 无风险报酬率 + 无形资产投资风险报酬率。由于无形资产一般是属于高技术含量的，其投资收益高、风险性强，因此无形资产评估中采用的折现率往往要高于有形资产评估中采用的折现率。评估时，评估人员应根据被评估无形资产的功能、投资条件、收益获得的可能性等因素，科学测算其风险利率，进而确定出无形资产折现率。同时，折现率的计算口径应与无形资产评估中采用的收益额的口径保持一致。

3) 无形资产评估中收益期限的确定

无形资产收益期限又称为有效期限，是指无形资产发挥作用并具有超额获利能力的时间。无形资产在发挥作用的过程中，其损耗是客观存在的。无形资产不会像有形资产那样由于使用或自然力作用而形成有形损耗，但会由于科学技术进步而形成无形损耗，导致价值减少，即功能性贬值和经济性贬值。在无形资产评估实践中，预计和确定无形资产的有效期限可依照下列方法进行。

① 法律、合同、企业申请书等分别规定有法定有效期限和受益年限的，可按照法定有效期限与受益年限孰短的原则确定。

② 法律未规定有效期，合同或企业申请书中规定有受益年限的，可按照受益年限确定。

③ 法律、合同或申请书均未规定有效期限和受益年限的，按预计受益期限确定。预计受益期限可以采用统计分析法或与同类资产比较得出。

5.2.2 无形资产评估的成本法

1. 无形资产成本的特点

无形资产成本是指研制或取得、持有无形资产期间的全部耗费支出。无形资产与有形资产比较，其成本具有以下特点。

(1) 不完整性

无形资产作为一项资产，是以费用支出资本化为条件的，但是目前的会计核算中还没有相应的账户来归纳无形资产的成本。我国 2006 年颁布的《企业会计准则第 6 号——无形资产》中规定：自行研制无形资产的研究费用计入当期损益，不作资本化处理，而对于开发费用在符合一定的条件时予以资本化，计入无形资产。这种办法虽然简便易行，但企业账簿上反映的无形资产成本却是不完整的，存在大量的账外无形资产。

（2）弱对应性

无形资产的创建要经历基础研究、应用研究和工艺生产开发等漫长过程，成果的出现带有较大的随机性和偶然性，其价值与其开发费用和时间之间并不产生某种既定的关系。无形资产的研制成本和它的成本计算对象之间缺乏明确的对应性。

（3）虚拟性

由于无形资产的成本具有不完整性、弱对应性等特点，因而无形资产的成本通常是相对的，其内涵与形式往往具有不一致性。特别是一些无形资产的内涵已经远远超出了它的外在形式的含义，其成本只具有象征意义。

2. 无形资产评估中成本法的应用

运用成本法评估无形资产，是以无形资产具有现实和潜在的获利能力，但不能用货币量化为前提条件的。通过成本途径评估无形资产价值时，要注意无形资产重置成本和无形资产的功效损失的影响。采用成本法评估无形资产，其基本公式为

$$无形资产评估值 = 无形资产重置成本 \times (1 - 贬值率)$$

从公式中可以看出，运用成本法评估无形资产，首先需要确定无形资产的重置成本和贬值率，进而确定无形资产的价值。其中，重置成本是指现行市场条件下重新研发或购买一项全新的无形资产所需要的全部耗费。贬值率主要是指无形资产的功能性贬值和经济性贬值所形成的损失。

在估算无形资产的重置成本时，对于不同类型的无形资产，其重置成本的构成和评估方式也有所不同。通常情况下，根据企业取得无形资产的来源，将其划分为自创无形资产和外购无形资产分别进行估算。

1）自创无形资产重置成本的估算

自创无形资产的重置成本包括研究、开发、持有期间发生的全部物化劳动和活劳动的费用支出。自创无形资产，如果已有账面价值，可以按照定基物价指数作相应的调整，进而得到重置成本；如果没有账面价值，可以按照下面两种方法进行估算。

（1）核算法

核算法的基本计算公式为

$$无形资产重置成本 = 成本 + 期间费用 + 合理利润$$

其中，期间费用是指创建无形资产过程中分摊到该项无形资产的各项费用，即

$$期间费用 = 销售费用 + 管理费用 + 财务费用$$

（2）倍加系数法

无形资产研制多为智力投资，其劳动多为创造性劳动。对于投入智力比较多的技术型无形资产，可以运用以下公式估算无形资产的重置成本。即

$$无形资产重置成本 = \frac{C + \beta_1 V}{1 - \beta_2} \times (1 + L)$$

式中：C——无形资产研制开发中的物化劳动消耗；
　　　V——无形资产研制开发中的活劳动消耗；
　　　β_1——科研人员创造性劳动倍加系数；
　　　β_2——科研的平均风险系数；
　　　L——无形资产投资报酬率。

【例 5-3】 某企业为了提高产品产量，研发出某种专有技术，其研发过程中消耗物料和其他费用支出共计 40 万元，工资费用支出 10 万元，经专家测算科研人员创造性劳动倍加系数为 1.5，科研平均风险系数为 0.15，该项专有技术的投资报酬率为 25%，试计算该项专有技术的重置成本。

解 专有技术的重置成本 $= \dfrac{40 + 10 \times 1.5}{1 - 0.15} \times (1 + 25\%) = 80.88$（万元）

2）外购无形资产重置成本的估算

外购无形资产重置成本包括购买价和购置费用两部分，一般可以采用以下两种方法。

（1）市价类比法

在无形资产交易市场中选择类似的参照物，再根据功能和技术先进性、适用性进行调整，从而确定其现行购买价格，购置费用可根据现行标准和实际情况核定。

（2）物价指数法

它是以无形资产账面历史成本为依据，用物价指数进行调整，从而估算其重置成本。计算公式为

$$\text{无形资产重置成本} = \text{无形资产账面成本} \times \dfrac{\text{评估时物价指数}}{\text{购置时物价指数}}$$

无形资产的成本主要包括物料消耗和人工消耗，前者与生产资料物价指数相关度较高，后者与生活资料物价指数相关度较高。因此，在实际评估过程中，当两种物价指数差别较大时，可根据两类费用的大致比例结构分别适用生产资料物价指数和生活资料物价指数进行估算；当两种物价指数比较接近，且两类费用的比重有较大倾斜时，可按比重较大的费用类别适用的物价指数进行估算。

【例 5-4】 某企业 2014 年 5 月外购的一项无形资产账面价值为 200 万元，2015 年 3 月进行评估。试按物价指数法估算其重置成本。

解 该无形资产是运用先进的实验仪器经反复试验研制而成，物化劳动耗费的比重较大，可适用生产资料物价指数。根据资料，该无形资产购置时物价指数和评估时物价指数分别为 120% 和 150%，故该项无形资产的重置成本为

$$\text{重置成本} = 200 \times 150\% \div 120\% = 250 \text{（万元）}$$

3）无形资产贬值率的估算

由于无形资产没有实物形态，因而在考虑其价值损失时主要看其功能性贬值和经济性贬

值。功能性贬值表现为由于科学技术进步，使得拥有该项无形资产的单位或个人其垄断性减弱，降低了获取垄断利润的能力而引起的贬值。经济性贬值在于无形资产外部环境因素的变化，这是一项特殊的损耗。如某项技术的使用，尽管目前技术水平很高，但最新研究发现，该项技术使用生产的产品可能会引起环境污染，国家有关法规禁止该项技术产品的生产，这样就使得该项无形资产报废。通常，无形资产贬值率的确定可以采用专家鉴定法和剩余经济寿命预测法。

（1）专家鉴定法

专家鉴定法是指邀请无形资产的有关专家，对被评估无形资产的先进性、适用性作出判断，从而确定贬值率的一种方法。

（2）剩余经济寿命预测法

剩余经济寿命预测法是通过对无形资产剩余寿命的预测来确定贬值率的一种方法。用公式表示为

$$贬值率 = 已使用年限/（已使用年限 + 剩余使用年限）\times 100\%$$

公式中，已使用年限比较容易确定，剩余使用年限应由评估人员根据无形资产的特性，分析判断来确定。

5.2.3 无形资产评估的市场法

无形资产评估的市场法是选择一个或几个与评估对象相同或类似的无形资产作为比较对象，分析比较它们之间的成交价格、交易条件、资本收益水平、新增利润或销售额、技术先进程度、社会信誉等因素，进行对比调整后估算出无形资产价值的方法。

从理论上讲，市场法是资产评估的首选方法，这也同样适用于无形资产评估。如果有较为充分的市场交易实例，可以从中取得作为比较分析的参照物，并能对评估对象与可比参照物之间的差异作出合适的调整，就可应用市场法。应用市场法评估无形资产的基本程序和方法与有形资产评估的市场法基本相同。但是由于无形资产具有个别性、垄断性、保密性等特点，决定了无形资产的交易市场具有较强的垄断性，与有形资产交易市场比较，透明度较低。同时，由于我国无形资产市场不发达，交易不频繁，使得运用市场法评估无形资产受到一定的限制。因此，目前我国只有在特殊的环境下，才会运用市场法评估无形资产。在运用市场法评估无形资产时应注意以下几点。

（1）选择恰当的相似的参照物

国际资产评估准则委员会颁布的《无形资产评估指南》中指出："使用市场法必须具备合理的比较依据和进行比较的类似的无形资产。"作为参照物的无形资产必须满足以下条件：与被评估无形资产在功能、性质、适用范围等方面相同或者近似；与被评估无形资产按照无形资产分类原则可以归并为同一类；与被评估资产的功能和效用相同或近似；与被评估无形资产所依附的产品或服务应具备同质性，所依附的企业应满足同行业与同规模的要求；参照物的计价标准和成交条件与被评估无形资产模拟的价格标准和成交条件相同或者接近等。

（2）收集相似的无形资产交易的市场信息

评估人员应充分收集和分析使得交易达成的参照物的市场信息，即涉及供求关系、产业

政策、市场结构、企业行为和市场绩效等内容。收集类似的无形资产交易的市场信息是为横向比较提供依据，而收集被评估无形资产以往的交易信息则是为纵向比较提供依据。

（3）恰当的差异调整

国际评估准则委员会颁布的《无形资产评估指南》指出："当以被评估无形资产以往的交易记录作为评估的参照依据时，则可能需要根据时间的推移、经济、行业和无形资产的环境变化进行调整。无论是横向比较还是纵向比较，参照物与被评估无形资产会因时间、空间和条件的变化而产生差异，评估人员应对此作出恰当的调整。"

（4）无形资产评估的市场法计算公式

其计算公式为

$$评估价值 = 参照物的市价 \times 功能系数 \times 调整系数$$

其中：功能系数根据被评估无形资产与参照物功能差异确定，具体参照驰名商标的评价标准；调整系数由被评估无形资产与参照物的成交时间、成交地点及市场寿命周期等因素决定。

5.3 专利权和非专利技术的评估

5.3.1 专利权的概念和特点

1. 专利权的基本概念

专利权是指国家专利主管机关经依法授予发明创造专利申请人对其发明创造在法定期限内所享有的独占使用权、转让权、许可权、标记权和放弃权。这种独占专有权表现在：专利权人依法享有对其发明创造的制造、使用、销售或转让的权利。专利权的范围通常由国家的专利法进行规范。专利权包括发明、实用新型和外观设计3种。

2. 专利权的特点

（1）独占性

又称为排他性，即同一内容的技术发明只授予一次专利。对于已取得专利权的技术，任何人未经许可不得制造、使用和销售。

（2）地域性

任何一项专利只在其授权的地域范围内才具有法律效力，而在其他地域范围内不具有法律效力。

（3）时间性

依法取得的专利权只在法定期限内受法律保护，期满后专利权人的专利权自行终止。我国专利法中规定，发明专利权的保护期限为20年，实用新型专利和外观设计专利保护期限为10年，法定有效时间自专利申请之日起计算。

（4）共享性

专利权的共享性是指专利权人可以许可多家买主在同一时间，同时使用同一专利资产。

5.3.2 专利权的评估目的

专利权评估要依据专利权发生的经济行为，即特定目的确定其评估的价值类型和方法。

不同情形下的专利权及转让形式不同，相应的评估方法有所不同，确定的价值也不一样。专利权的转让一般有两种情形：一种是刚刚研究开发的新专利技术，专利权人尚未投入使用就转让给接受方；另一种是转让的专利已经过长期的或一段时间的生产，是行之有效的成熟技术，而且转让方仍在继续使用。

专利权的转让形式很多，但总的来说可以分为全权转让（所有权转让）和使用权转让。全权转让是将某项专利权完全转让给对方，转让完成以后，对方享有对此项专利权的所有权。使用权转让是指往往通过专利许可证贸易形式进行，这种使用权的权限、时间期限和地域范围和处理纠纷的仲裁程序都是在专利许可合同中加以明确的。

1. 使用权限

按专利使用权限的大小，可分为以下4种。

① 独家使用权。是指在许可证合同所规定的时间和地域范围内卖方只把技术转让给某一特定买主，买方不得卖给第二家买主。同时卖主自己也不得在合同规定范围内使用该技术和销售该技术生产的产品。显然，这种转让的卖方索价会比较高。

② 排他使用权。是指卖方在合同规定的时间和地域范围内只把技术授予买方使用，同时卖方自己保留使用权和产品销售权，但不再将该技术转让给第三方。

③ 普通使用权。是指卖方在合同规定的时间和地域范围内可以向多家买主转让技术，同时卖方自己也保留技术使用权和产品销售权。

④ 回馈转让权。是指卖方要求买方在使用过程中对转让的技术的改进和发展反馈给卖方的权利。

2. 地域范围

专利许可合同大多数都规定了明确的地域范围，如某个国家或地区，买方的使用权不得超过这个地域范围。

3. 时间期限

专利许可合同一般都规定有效期限，时间的长短因技术而异。一项专利技术的许可期限一般要和该专利的法律保护期相适应。

4. 法律和仲裁

专利是依照参与双方所在国的法律来制定的法律文件，受到法律的保护。当一方毁约时，另一方可依据法律程序追回损失的权益。

5.3.3 专利权的评估方法

1. 收益法

专利权主要采用的评估方法是收益法。运用收益法评估，关键是要确定评估中的各项技术指标和参数，即专利权的收益额、折现率和获利期限等。

专利权的收益额是指直接由专利权带来的预期收益。对于收益额的测算，通常可以通过直接测算法和利润分成率法测算获得。

（1）直接测算法

专利权为投资者带来的超额收益计算公式为

$$R = [(P_2 - P_1) - (C_2 - C_1)] \times Q \times (1 - T)$$

式中：R——超额收益；
P_2——使用专利技术后产品的价格；
P_1——使用专利技术前产品的价格；
C_2——使用专利技术后产品的成本；
C_1——使用专利技术前产品的成本；
Q——产品产量；
T——所得税税率。

超额收益现值的计算公式为

$$P = \sum_{t=1}^{n} \frac{R_t}{(1+r)^t}$$

式中：P——专利权转让价格；
n——剩余经济寿命；
r——折现率；
R_t——第 t 年专利权的超额收益。

（2）利润分成率法

采用利润分成率测算专利技术收益额，即以专利技术投资产生的收益为基础，按一定比例（利润分成率）分成确定专利技术的收益。利润分成率反映专利技术对整个利润额的贡献程度。根据联合国工业发展组织对印度等发展中国家引进技术价格的分析，认为利润分成率在16%～27%是合理的；1972年在挪威召开的许可贸易执行协会上，多数代表提出利润分成率为25%左右比较合理；美国认为一般在10%～30%是合理的。我国理论工作者和评估人员通常认为利润分成率在25%～33%比较合适。这些基本分析在实际评估业务过程中具有一定的参考价值。但更重要的是对被评估专利技术进行切合实际的分析，确定合理的、准确的利润分成率。利润分成率是对专利技术和与之结合的资产共同形成的利润的分成，实际评估过程中通常以销售收入分成率替代利润分成率。

至于专利权评估过程中折现率和收益期限比较容易确定，这里不再详述。下面通过案例说明专利权的评估。

【例5-5】 甲企业4年前自行研发成功一项技术，并获得发明专利证书，专利保护期为20年。2011年该企业准备将该项专利技术出售给乙企业。试评估该项专利权的价值。

解 计算过程如下。

① 评估对象和评估目的。评估对象是专利技术，由于甲企业是出售该项专利技术，因而转让的是专利技术的所有权。

② 专利技术鉴定。该项技术已申请专利，该技术所具备的基本功能可以从专利说明书及专家鉴定书中得到。此外，该项技术已在甲企业使用了4年，产品已进入市场，并深受消费者欢迎，市场潜力较大。因此，该项专利技术的有效功能较好。

③ 选择评估方法。该项专利技术具有较强的获利能力，而且同类型技术在市场上被授权使用情况较多，分成率容易获得，从而为测算收益额提供了保证。因此，决定采用收益法进行评估。

④ 确定评估参数。根据对该类专利技术的更新周期及市场上产品更新周期的分析，确定该专利技术的剩余使用期限为4年，根据对该类技术的交易实例的分析及该技术对产品生产的贡献性分析，采用的对销售收入的分成率为3%，所得税税率为25%。

根据对未来市场需求的分析，评估人员预测未来4年的销售收入如表5-2所示。

表5-2 销售收入测算结果

单位：万元

年 份	2012	2013	2014	2015
销售收入	300	400	500	600

根据当期的市场投资收益率，确定该专利技术评估采用的折现率为10%。

⑤ 计算评估值。计算结果如表5-3所示。

表5-3 专利权评估值计算表

单位：万元

年 份	销售收入 ①	分成额 ②=①×3%	净收益 ③=②×(1-25%)	收益现值（$r=10\%$）
2009	300	9	6.75	6.14
2010	400	12	9	7.44
2011	500	15	11.25	8.45
2012	600	18	13.5	9.22
合 计				31.25

因此，该项专利技术的评估值约为31.25万元。

2. 成本法

成本法应用于专利技术的评估，关键在于分析计算其重置成本的构成、数额及贬值率。其基本计算公式为

$$专利技术的评估值 = 专利技术的重置成本 \times (1 - 贬值率)$$

专利技术分为自创和外购两种。外购专利技术的重置成本比较容易确定，自创专利技术的成本一般由下列因素构成。

1）研制成本

研制成本包括直接成本和间接成本两大类。直接成本是指研制过程中直接投入发生的费用，间接成本是指与研制开发有关的费用。

（1）直接成本

直接成本一般包括以下几项。

① 材料费用。即为完成技术研制所耗费的各种材料费用。

② 工资费用。即参与研制技术的科研人员和相关人员的费用。

③ 专用设备费。即为研制开发技术所购置的设备或专用设备的摊销。

④ 资料费。即研制开发技术所需的图书、资料、文献、印刷等费用。

⑤ 咨询鉴定费。即为完成该项目所发生的技术咨询、技术鉴定等费用。
⑥ 协作费。即项目研制开发过程中某些零部件的外加工费及使用外单位资源的费用。
⑦ 培训费。即为完成本项目，委派有关人员接受技术培训的各种费用。
⑧ 差旅费。即为完成本项目发生的差旅费用。
⑨ 其他费用。

(2) 间接成本

间接成本主要包括以下几项。
① 管理费。即为管理、组织本项目开发所负担的管理费用。
② 非专用设备折旧费。即采用通用设备、其他设备所负担的折旧费。
③ 应分摊的公共费用及能源费用。

2) 交易成本

交易成本是指发生在交易过程中的费用支出，主要包括以下几项。
① 技术服务费。即卖方为买方提供专家指导、技术培训、设备仪器安装调试及市场开拓费。
② 交易过程中的差旅费及管理费。即谈判人员和管理人员参加技术洽谈会及在交易过程中发生的食宿及交通费等。
③ 手续费。即有关的公证费、审查注册费用、法律咨询费用等。
④ 税金。即无形资产交易、转让过程中应缴纳的营业税。

3) 专利费

即为申请和维护专利权所发生的费用，包括专利代理费、专利申请费、实质性审查请求费、维护费、证书费、年费等。

由于评估的目的不同，其成本构成内涵也不一样，在评估时应视不同情形考虑以上成本的全部或一部分。

专利技术评估中贬值率的计算方法详见 5.2 节的内容。下面举例说明成本法应用于专利技术评估的过程。

【例 5-6】 A 有限公司因为管理不善，经济效益不佳，亏损严重，将要被同行的 B 有限公司兼并。现在需要对 A 有限公司的资产进行评估，该公司有一项专利属于实用新型，两年前自行研制并获得专利证书，现需要对该专利技术进行评估。

解 分析计算过程如下。

(1) 确定评估对象

该项专利技术是 A 公司自行研制开发并申请的专利权，拥有所有权。被兼并企业资产中包括该项专利技术，因此确定的评估对象是专利技术的所有权。

(2) 技术功能鉴定

该专利技术的专利权证书、技术检验报告书等均齐全。根据专家鉴定和现场勘察，表明该项专利技术应用中对于提高产品质量、降低产品成本均有很大作用，效果良好，与同行业同类技术相比处于领先水平。经分析，企业经济效益不佳、产品滞销是企业管理人员素质较低、管理混乱等所致。

(3) 评估方法选择

由于该公司经济效益欠佳,很难确切地预计该项专利技术的超额收益;同类技术在市场上尚未发现有交易实例,因此决定采用成本法进行评估。

(4) 各项评估参数的估算

① 分析测算其重置成本。该项专利技术是自创形成,其开发形成过程中的成本资料可从企业中获得,具体如下。

材料费用	48 000 元
工资费用	22 000 元
专用设备费	8 000 元
资料费	1 000 元
咨询鉴定费	6 000 元
专利申请费	4 200 元
培训费	2 400 元
差旅费	3 000 元
管理费分摊	1 800 元
非专用设备折旧费分摊	8 700 元
合　计	105 100 元

因为专利技术难以复制,各类消耗仍按过去实际发生定额计算,所以对其价格可按现行价格计算。根据考察、分析和测算,近两年生产资料价格上涨指数分别为5%和10%。因生活资料物价指数资料难以获得,该专利技术开发中工资费用所占份额很少,因此可以将全部成本按生产资料价格指数加以调整,即可估算出重置成本。

$$重置成本 = 105\,100 \times (1+5\%) \times (1+10\%) = 121\,390.50(元)$$

② 确定该项专利技术的贬值率。该项实用新型专利技术的法律保护期限为10年,根据专家鉴定分析和预测,该项专利技术的剩余使用期限仅为6年,由此可以计算贬值率为

$$贬值率 = \frac{2}{(2+6)} \times 100\% = 25\%$$

(5) 计算评估值,得出结论

$$评估值 = 121\,390.50 \times (1-25\%) = 91\,042.88(元)$$

评估结论:该项专利技术的评估值为91 043元。

5.3.4 非专利技术的概念及特点

1. 非专利技术的概念

非专利技术又称为专有技术,是指未经公开或未申请专利但能为拥有者带来超额经济利益或竞争优势的知识或技术。具体包括设计资料、工艺流程、配方、经营诀窍、特殊的产品保存方法、质量控制管理经验、图纸数据等。非专利技术与专利权不同,从法律角度讲,它不是一种法定的权利,而仅仅是一种自然的权利,是一项收益性无形资产。从这一角度来

讲，进行非专利技术的评估，首先应该鉴定非专利技术，并分析、判断其存在的客观性，这一判断要比专利权的判断复杂得多。

2. 非专利技术的特点

（1）实用性

非专利技术的价值取决于其是否能在生产实践过程中操作，不能应用的技术不能称为非专利技术。

（2）新颖性

非专利技术所要求的新颖性与专利技术的新颖性不同，非专利技术并非要具备独一无二的特性不可，但它也绝不能是任何人都可以随意得到的东西。

（3）获利性

非专利技术必须有价值，表现在它能为企业带来超额利润。价值是非专利技术能够转让的基础。

（4）保密性

保密性是非专利技术的最主要的特点。如前所述，非专利技术不是一种法定的权利，其自我保护是通过保密性进行的。

3. 非专利技术和专利技术的区别

（1）保密性不同

非专利技术具有保密性，而专利技术则是在《专利法》规定的范围内公开的。

（2）内容范围不同

非专利技术的内容较多，包括设计资料、技术规范、工艺流程、材料配方、经营诀窍和图纸等，而专利技术通常只包括3种，即发明、外观设计和实用新型。

（3）法律保护期限不同

非专利技术没有法律保护期限，而专利技术则有明确的法律保护期限。

（4）适用的保护法律不同

对专利技术的保护通常按《中华人民共和国专利法》进行，对非专利技术保护的法律主要有《中华人民共和国合同法》、《中华人民共和国反不正当竞争法》。

5.3.5 影响非专利技术评估价值的因素

在非专利技术评估过程中，应注意研究影响非专利技术评估价值的各项因素。

（1）非专利技术的使用期限

非专利技术依靠保密手段进行自我保护，没有法定的保护期限。但是，非专利技术作为一种知识和技巧，会因技术进步、市场变化等原因最终被先进技术所替代。对于非专利技术本身，一旦成为一项公认的使用技术，它便不存在无形资产价值了。因此，非专利技术的使用期限应由评估者根据本领域的技术发展情况、市场需求情况及技术保密情况进行估算，也可以根据双方合同的规定期限、协议情况估算。

（2）非专利技术的预期获利能力

非专利技术的价值在于非专利技术的使用所能产生的超额获利能力。因此，评估时应充分研究非专利技术的直接和间接获利能力，这是确定非专利技术评估值的关键，也是评估过程中的难点所在。

(3) 分析非专利技术的市场情况

技术商品的价格也取决于市场供求情况，市场需求越大，其价格越高，反之则低。从非专利技术本身来讲，一项非专利技术的价值高低取决于其技术水平在同类技术中的领先程度。在科学技术高速发展的情况下，技术更新换代的速度加快，无形损耗加大，一项非专利技术很难持久地处于领先水平。另外，非专利技术的成熟程度和可靠程度对其价值也有很大的影响。技术越成熟、可靠，其获利能力越强，风险越小，卖价就越高。

(4) 非专利技术的开发成本

非专利技术取得的成本，也是影响非专利技术价值的因素，评估中应根据不同技术的特点，研究开发成本和其获利能力的关系。

5.3.6 非专利技术的评估方法

非专利技术的评估方法与专利权的评估方法基本相同。下面结合实例分别介绍非专利技术评估中几种方法的运用。

1. 运用收益法对非专利技术进行评估

【例 5-7】 A 评估公司对 B 有限公司准备投入中外合资企业的一项非专利技术进行评估。根据双方协议，确定该非专利技术收益期限为 5 年，试根据有关资料确定该非专利技术的评估值。

解 分析计算过程如下。

① 预测、计算未来 5 年的收益（假定评估基准日为 2008 年 12 月 31 日），预测结果如表 5-4 所示。

表 5-4 未来 5 年非专利技术收益预测表

项　　目	2009	2010	2011	2012	2013	合　计
销售量/件	25	40	40	40	40	185
销售单价/万元	2.0	2.0	2.0	2.0	2.0	
销售收入/万元	50	80	80	80	80	370
减：成本费用	16	28	28	28	28	128
利润总额	34	52	52	52	52	242
减：所得税	8.5	13	13	13	13	60.5
税后利润/万元	25.5	39	39	39	39	181.5
非专利技术分成率/%	30	30	30	30	30	
非专利技术收益/万元	7.65	11.7	11.7	11.7	11.7	54.45

② 确定折现率。根据银行利率确定无风险利率为 8%，根据技术所属行业及市场情况确定风险利率为 12%，由此确定折现率为 20%（8% + 12%）。

③ 计算确定评估值。

$$\text{非专利技术评估值} = \sum_{t=1}^{5} \frac{\text{各年专利技术收益}}{(1+r)^t}$$
$$= 7.65 \times 0.8333 + 11.7 \times 0.6944 + 11.7 \times 0.5787 +$$

$$11.7 \times 0.482\,3 + 11.7 \times 0.401\,9$$
$$= 31.62(万元)$$

该项非专利技术的评估值为 31.62 万元。

2. 运用成本法对非专利技术进行评估

【例 5-8】 甲企业有 20 000 张不同类型的产品设计图纸,已使用 6 年,有 10 000 张仍然可以作为有效的非专利技术资产,预计剩余经济使用年限为 2 年,现在每张图纸的重置成本为 280 元。试计算该批图纸的价值。

解
① 该批图纸的重置成本 = 10 000 × 280 = 2 800 000(元) = 280(万元)
② 该批图纸的贬值率 = 6/(6 + 2) = 75%
③ 该批图纸的评估值 = 280 × (1 - 75%) = 70(万元)

故该批图纸的评估值为 70 万元。

5.4 商标权和著作权的评估

5.4.1 商标权的评估

1. 商标的概念及分类

1) 商标的概念

商标是商品的标记,是商品生产者或经营者为了把自己的商品与他人的同类商品区别开来,在商品上使用的一种特殊标记。这种标记一般由文字、图案或两者组合而成。商标主要具备以下几个功能。

① 商标表明商品或劳务的来源,说明该商品或劳务来自何企业。
② 商标能把一个企业提供的商品或劳务与其他企业的同一类商品或劳务区别开来。
③ 商标标志着一定商品或劳务的质量。
④ 商标反映向市场提供某种商品的特定企业的声誉。

从经济学角度来看,商标的这些作用最终能为企业带来客观的超额收益。从法律角度来说,保护商标也就是保护企业拥有商标获取超额收益的能力。

2) 商标的分类

随着市场经济的不断发展,商标的种类越来越多,为了便于了解和熟悉商标及商标权,有必要按商标的某些特性对其进行分类。

① 按商标是否受法律保护的专用权划分,可分为注册商标和非注册商标。
② 按商标注册人数划分,可分为集体商标和独占商标。
③ 按商标的构成划分,可分为文字商标、记号商标、图形商标和组合商标。
④ 按商标的用途划分,可分为营业商标、商品商标、等级商标等。

2. 商标权及其特点

商标权是商标注册后，商标所有者依法享有的权益，它受到法律保护。未注册的商标不受法律保护。商标权是以申请注册的时间先后为审批依据，而不以使用时间先后为审批依据。

商标权一般包括排他专用权（或独占权）、转让权、许可使用权、继承权等。排他专用权是指注册商标的所有者享有禁止他人未经许可而在同一种商品劳务或类似商品劳务上使用其商标的权利。转让权是指商标所有者有权决定将其拥有的商标转让给他人的一种权利。许可使用权是指商标权人依法通过商标使用许可合同允许他人使用其注册商标。商标权人通过使用许可合同，转让的是注册商标的使用权。继承权是指商标权人将自己的注册商标交给指定的继承人继承的权利。

商标权的价值是由商标所带来的效益决定的，带来的效益越大，商标的价值就越高，反之越低。而商标带来效益的原因在于它代表的企业的产品质量、信誉、经营状况的提高。表面上看，商标价值来自于设计和广告宣传，但实际并非如此。尽管在商标设计、制作、注册和保护等方面都需要耗费一定的费用，广告宣传有利于扩大商标知名度，为此需支付很高的费用，但这些支出只对商标价值起影响作用，而不是决定作用，起决定作用的是商标所能带来的超额收益。

3. 商标权的评估程序

（1）明确评估目的

评估目的即商标权发生的经济行为。与商标权有关的经济行为一般包括转让、许可使用、投资入股等。商标权转让方式不同，价值内涵也不一样。一般来说，商标权转让是商标的所有权转让，其评估值高于商标许可使用的评估值。

（2）收集商标的相关资料

这些资料主要包括委托方的概况，经营业绩，商标概况，商标产品的历史、现状与展望，以及相关的宏观经济政策对其的影响。

（3）市场分析

分析的内容包括使用该商标的产品市场现状、市场前景、市场竞争力、市场环境变化方面等。

（4）确定评估方法及有关指标

商标权评估一般使用收益法，但也不排斥使用市场法和成本法。运用收益法评估商标权时，关键是分析确定收益额、折现率，收益期限三项指标。确定收益期限的依据是能够获得超额收益的时间，而注册年限及到期后的续展只是分析收益期限的前提。

（5）计算、分析，得出结论，完成评估报告

4. 商标权的评估方法

前已述及，商标权的评估主要采用收益法，下面将结合实例介绍收益法在商标权评估中的运用。

1）商标权转让的评估

【例 5-9】 某企业拟将一注册商标转让。根据历史资料，该企业近 5 年使用这一商标的产品比同类产品的价格每件高 0.7 元，该企业每年生产 100 万件，该商标目前在市场上发展良好。根据预测估计，在生产能力足够的情况下，该商标产品每年生产 200 万件，每件可

获超额利润 0.4 元，预计该商标能够继续获取超额利润的时间是 8 年。前 5 年保持目前的超额利润水平，后 3 年每年可获取的超额利润为 90 万元，折现率为 10% 所得税税率为 25%。

要求：评估该项商标权的价值。

解 分析计算过程如下。

① 预期前 5 年每年的超额净利润为

$$200 \times 0.4 \times (1-25\%) = 60 （万元）$$

② 后 3 年每年超额净利润为

$$90 \times (1-25\%) = 67.5 （万元）$$

③ 确定该项商标权价值。

$$\begin{aligned}商标权价值 &= 60 \times (P/A, 10\%, 5) + 67.5 \times (P/A, 10\%, 3) \times (1+10\%)^{-5} \\ &= 60 \times 3.7908 + 67.5 \times 2.4869 \times 0.6209 \\ &= 331.68 （万元）\end{aligned}$$

2）商标许可使用价值评估（商标使用权评估）

【例 5-10】 甲企业 2010 年 12 月将某注册商标使用权通过许可使用合同允许给乙厂使用，使用时间为 5 年。根据评估人员的预测，本次转让范围内每件产品可新增税前利润 4 元，第一年至第五年生产的产品分别是 15 万件、20 万件、20 万件、25 万件、25 万件。假设利润分成率为 20%，折现率为 10%，所得税税率为 25%。试评估该商标使用权的价值。

解 分析计算过程如下。

① 确定每年新增税后分成利润。

第一年：$15 \times 4 \times (1-25\%) \times 20\% = 9$（万元）

第二年：$20 \times 4 \times (1-25\%) \times 20\% = 12$（万元）

第三年：$20 \times 4 \times (1-25\%) \times 20\% = 12$（万元）

第四年：$25 \times 4 \times (1-25\%) \times 20\% = 15$（万元）

第五年：$25 \times 4 \times (1-25\%) \times 20\% = 15$（万元）

② 确定折现率为 10%。

③ 计算每年新增分成利润的折现值，确定评估价值，如表 5-5 所示。

表 5-5 每年新增分成利润的折现值

年 份	新增分成净利润	折现系数	折现值/万元
2011	9	0.9091	8.1819
2012	12	0.8264	9.9168
2013	12	0.7513	9.0156
2014	15	0.6830	10.2450
2015	15	0.6209	9.3135
合 计			46.6728

该商标权的使用价值为46.67万元。

5.4.2 著作权的评估

1. 著作权的概念

著作权又称为版权,是著作人对自己创造的文学、艺术、科学作品或其他作品享有的专有权利。著作权包括作品署名权、发表权、修改权和保护作品完整权,还包括复制权、发行权、出租权、展览权、表演权、放映权、广播权、信息网络传播权、摄制权、改编权、翻译权、汇编权,以及应当由著作权人所享有的其他权利。著作权人包括作者和其他依法享有著作权的公民、法人或其他组织。

2. 著作权的特点

(1) 自动保护原则

我国《著作权法》对作品的保护采用自动保护原则,即作品一旦产生,作者便享有著作权,登记与否都受法律保护。随着著作权纠纷越来越多,许多作者要求将自己的作品交著作权管理部门登记备案。在著作权的评估实践中,作品登记证书可以作为该著作权稳定性、可靠性的依据。

(2) 形式的局限性

著作权从根本上说是为某思想、某观点的原创表达形式提供法律保护,但并非保护这些思想本身,这是它区别于《专利法》的重要特征。

(3) 独立性

著作权对保护的内容强调创作的独立性,而不强调新颖性,即思想相同的不同人创作的作品,只要是独立完成的,即分别享有著作权。区分抄袭与巧合一般不是直接引用《著作权法》的条款,而是需要对事实进行分析。

(4) 权利的多样性

根据《著作权法》的规定,著作权人享有17项人身权和财产权,其中法律明确规定版权人享有的经济权利有12项,而且这些权利的行使可以是彼此独立的。

(5) 法律特性

根据法律规定,著作权是自动获取的权利,但是法律同时规定了著作权的内容、保护期及权利的限制,因此著作权具有显著的法律特征。主要体现在时间性及地域性上,这点与商标权和专利权是相同的。

(6) 使用特性

著作权与专利、商标相比,在使用过程中,除了具有共享性外,还具有扩散性。著作权的扩散性是指具有著作权的作品在使用过程中可以产生新的具有著作权的作品。如一部英文小说,被翻译成中文,翻译人对翻译后的作品享有著作权。

3. 著作权的内容

根据2010年2月26日第十一届全国人民代表大会常务委员会第13次会议《关于修改〈中华人民共和国著作权法〉的决定》第二次修正,分别列出著作权包括17项人身权和财产权:发表权、署名权、修改权、保护作品完整权、复制权、发行权、出租权、展览权、表演权、放映权、广播权、信息网络传播权、摄制权、改编权、翻译权、汇编权、应当由著作权人享有的其他权利,并对各项权利的内容作了准确的界定。

著作权人可以许可他人行使第五项至第十七项规定的权利,并依照约定或者《著作权法》有关规定获得报酬。著作权人可以全部或者部分转让第五项至第十七项规定的权利,并依照约定或者《著作权法》有关规定获得报酬。

4. 著作权的评估

【例 5 – 11】 某电视剧制作公司准备出售其刚刚完成的一套34集电视连续剧的版权。该剧的制作时间为1年（从评估基准日前1年开始算起）。经核算,其成本总值为500万元,无风险利率为10%,行业风险报酬率为15%。据专家预测,该电视剧在未来5年的净收益额为平均每年200万元。试估算独家转让该电视连续剧版权在评估基准日的评估值（假定利润分成率为35%）。

解 分析计算如下。该例符合收益法运用的条件,根据下列公式进行评估。

$$评估价值 = 重置成本 + 收益现值 \times 收益分成率$$

① 计算重置成本。由于电视连续剧是新制作的,不考虑价值损失,只考虑时间价值,所以

$$重置成本 = 500 \times (1 + 15\% + 10\%) = 625(万元)$$

② 确定折现率为25%,计算收益现值。

$$收益现值 = 年净收益额 \times 年金折现系数 = 200 \times 2.6893 = 537.86(万元)$$

③ 确定分成率为35%,计算被评估电视连续剧的版权在评估基准日的价值。

$$\begin{aligned}评估价值 &= 重置成本 + 收益现值 \times 收益分成率\\ &= 625 + 537.86 \times 35\%\\ &= 813.25(万元)\end{aligned}$$

5.5 商誉的评估

5.5.1 商誉的概念及特点

商誉（Goodwill）通常是指一个企业预期将来的利润超过同行业正常利润的超额利润的价值。这是企业由于所处地理位置的优势或由于经营效率高、管理基础好、生产历史悠久、人员素质高等多种因素所决定的。现在所称的商誉,是指企业所有无形资产扣除各单项可确指无形资产以后的剩余部分。因此,商誉是不可确指的无形资产。一般来说,商誉具有以下特性。

① 商誉不能离开企业而单独存在,不能与企业可确指的资产分开出售。
② 商誉是多项因素作用形成的结果,但形成商誉的个别因素不能以任何方法单独计价。

③ 商誉本身不是一项单独的、能产生收益的无形资产，而只是超过企业可确指的各单项资产价值之和的价值。

④ 商誉是企业长期积累起来的一项价值。

5.5.2 商誉的评估方法

从商誉的概念可以看出，一般来讲，盈利企业才可能存在商誉这种无形资产。因而，商誉价值的评估仅限于盈利企业或经济效益高于同行业或社会平均水平的企业。

1. 超额收益法

商誉是企业收益与按行业平均收益率计算的收益差额的本金化价格。可见，商誉评估值指的是企业超额收益的资本化价格。把企业超额收益作为评估对象进行商誉评估的方法称为超额收益法。超额收益法根据被评估企业的不同，又可分为超额收益资本化价格法和超额收益折现法两种具体方法。

（1）超额收益资本化价格法

超额收益资本化价格法是把被评估企业的超额收益经资本化还原来确定该企业商誉价值的一种方法。计算公式如下：

$$商誉的价值 = \frac{企业预期年收益额 - 行业平均收益率 \times 该企业的单项资产评估值之和}{适用资本化率}$$

或者

$$商誉的价值 = 被评估企业单项资产评估值之和 \times \frac{被评估企业预期收益率 - 行业平均收益率}{适用资本化率}$$

其中

$$评估企业预期收益率 = \frac{企业预期年收益额}{企业的单项资产评估值之和} \times 100\%$$

【例 5-12】 甲企业的预期年收益额为 30 万元，该企业的各单项资产的重估价值之和为 90 万元，企业所在行业的平均收益率为 25%，并以行业平均收益率作为适用资本化率。试确定该企业的商誉。

$$商誉的价值 = (300\,000 - 900\,000 \times 25\%)/25\% = 300\,000（元）$$

或

$$商誉的价值 = 900\,000 \times [300\,000 \div 900\,000 - 25\%]/25\% = 300\,000（元）$$

超额收益资本化价格法主要适用于经营状况一直较好、超额收益比较稳定的企业。如果在预测企业预期收益时，发现企业的超额收益只能维持有限期的若干年，这类企业的商誉评估不宜采用超额收益资本化价格法，而应改按超额收益折现法进行评估。

（2）超额收益折现法

超额收益折现法是把企业预测的若干年可预期超额收益进行折现，把其折现值确定为企业商誉价值的一种方法。其计算公式如下。

$$商誉的价值 = \sum_{t=1}^{n} \frac{R_t}{(1+r)^t}$$

式中：R_t——第 t 年企业预期超额收益；
　　　t——收益期限序号；
　　　r——折现率；
　　　n——收益年限。

【例 5-13】 某企业将在今后 5 年内保持具有超额收益的态势，预计 5 年内的年收益额为 500 万元，该企业所在行业的平均收益率为 15%，则

$$企业商誉价值 = 500 \times (P/A, 15\%, 5)$$
$$= 500 \times 3.3522 = 1676.1(万元)$$

2. 割差法

割差法是根据企业整体评估价值与各单项资产评估值之和进行比较确定商誉评估值的方法。其计算公式如下。

$$商誉的评估值 = 企业整体资产评估值 - 企业的各单项资产评估价值之和$$

式中：企业的各单项评估值之和包含可确指无形资产；企业整体资产评估值可以通过预测企业未来预期收益并进行折现或资本化获取；对于上市公司，也可以按股票市价总额来确定。

采取上述评估方法的理论依据是，企业价值与企业各单项资产评估价值之和是两个不同的概念，如果有两个企业，企业各单项资产评估价值之和大体相当，但由于经营业绩不同，导致预期收益和企业价值也会有很大的差异，企业中的各单项资产包括有形资产和可确指的无形资产，由于其可以独立存在和转让，其评估价值在不同企业中趋同。但它们由于不同的组合，不同的使用情况和管理，使之运行效果不同，导致期限组合的企业价值不同，使各类资产组合后产生的超过各项单项资产价值之和的价值，即为商誉。

商誉的评估值可能是正值，也可能是负值。当商誉为负值时，有两种可能：一种是亏损企业；另一种是收益水平低于行业或社会平均收益水平的企业。商誉是负值时，对商誉的评估也就失去了意义。可见，商誉价值的评估限于盈利企业或经济效益高于同行业或社会平均水平的企业。

【例 5-14】 2015 年，某企业进行股份制改组，根据企业过去经营情况和未来市场形势，预测其未来 5 年的净利润分别为 20 万元、18 万元、22 万元、19 万元、21 万元，并假定从第 6 年开始，以后各年净利润均为 20 万元。并且，采用单项资产评估方法，评估确定该企业各单项资产评估值之和（包括有形资产和可确指的无形资产）为 100 万元。试确定该企业商誉评估值（假定折现率为 10%）。

解 分析计算过程如下。

① 采用收益法确定该企业整体评估值。

$$企业评估值 = 20 \times 0.9091 + 18 \times 0.8264 + 22 \times 0.7513 +$$
$$19 \times 0.6830 + 21 \times 0.6209 + \left(\frac{20}{10\%}\right) \times 0.6209$$
$$= 18.182 + 14.8752 + 16.5286 + 12.977 + 13.0389 + 124.18$$
$$= 199.78(万元)$$

② 确定该企业各单项资产评估价值之和为 100 万元。

③ 确定商誉的价值为

$$199.78 - 100 = 99.78(万元)$$

因此，该企业商誉评估值为 99.78 万元。

5.5.3 商誉评估需要注意的几个问题

由于商誉本身的特性，决定了商誉评估的困难性。商誉评估的理论和操作方法争议较大，现在虽然尚难定论，但在商誉评估中至少下列问题应予以明确。

① 不是所有企业都有商誉，商誉只存在于那些长期具有超额收益的少数企业中。企业在同类型企业中超额收益越高，商誉评估值越大。因此，在商誉评估过程中，必须对被评估企业所属行业收益水平进行全面了解和掌握，这是评估企业商誉价值的重要基础。

② 商誉评估必须坚持预期原则，企业是否拥有未来的预期超额收益是判断企业有无商誉和商誉大小的标志。所以，在商誉评估过程中，要注重对于企业未来超额收益潜力的分析和预测，这是判断被评估企业是否具有商誉的重要因素。

③ 商誉价值形成既然是建立在企业预期超额收益基础之上的，那么商誉评估值高低与企业中为形成商誉而投入的费用和劳务没有直接联系，商誉评估值是通过未来预期收益的增加得到体现的，因此商誉评估不能采用投入费用累加的方法。

④ 商誉是由众多因素共同作用的结果，但由于形成商誉的个别因素不能单独计量，因此使得难以对各项因素的定量差异进行调整，所以商誉评估通常不能采用市场类比的方法进行。

⑤ 企业是否负债经营，负债规模大小与企业商誉没有直接关系，商誉评估值取决于预期资产收益率，而非资本金收益率。在经济发展过程中，绝大多数企业不可能完全依靠自有资本从事各项经营活动，负债经营是企业获得所需资金的重要融资方式。从财务学原理分析，企业负债不影响资产收益率，而影响投资收益率，即资本金收益率。资本金收益率与资产收益率的关系可以表述为

$$资本收益率 = \frac{资产收益率}{(1 - 资产负债率)}$$

⑥ 商誉和商标是有区别的，它们反映不同的价值内涵。

商标是产品的标志，而商誉则是企业整体声誉的体现。商标价值来自于产品所具有的超额获利能力，商誉价值则是来自于企业所具有的超额获利能力。

商誉是不可确指的无形资产，它是与企业及其超额获利能力结合在一起的，不能够脱离企业而单独存在；而商标则是可确指的无形资产，可以在原组织继续存在的同时转让给另一

个组织。

商标可以转让其所有权,也可以转让其使用权。而商誉只是随企业行为的发生实现其转移或转让,没有所有权与使用权之分。

尽管商誉与商标的区别可以列举很多,但商誉与商标在很多方面是密切联系的,二者之间有时存在着相互包含的因素。

5.6 无形资产评估案例分析——商标权的评估

背景:×××××集团公司拟设立股份有限公司,其主要产品和经营性资产均进入拟设立的股份有限公司。

1. 商标及企业概况

×××××集团公司是全国生产农用运输车的企业,是国家农用车重点发展的大集团之一,主要产品商标为 XY 牌注册商标,由文字和图案构成。注册日期 1992 年 10 月 1 日,注册号为×××,核定使用商品为第 12 类,即农用运输车、客车、轿车和摩托车。目前使用 XY 牌商标的主要产品有三轮和四轮农用运输车,其产量居全国同行业前茅,知名度高,在用户中享有较高的声誉,为企业带来了良好的经济效益。

2. 评估依据

① XY 牌商标注册证书。
② 企业前三年及评估基准日财务报表及相关资料。
③ 主要客户及市场概况。
④ 原国家科委中国科技促进发展研究中心"关于农用车走俏的启示"调研报告。
⑤ 原机械部"农用运输车市场需求与产品结构构成研究"调研报告。
⑥ 国家对农用车产业的有关政策。
⑦ 企业发展规划。
⑧ 其他。

3. 产品及市场状况

1) 产品

XY 牌主导产品有 5 种规格型号的三轮农用车和 3 种型号的四轮农用车,产品具有较高的质量,平均故障里程均在 2 500 公里以上,优于国家标准,居同行业领先地位。该系列三轮车、四轮车均为原机械部质量评定一等品,XY 牌商标的农用车获中国质量管理协会"2010 年全国用户满意产品"等荣誉称号。

2) 市场

××××集团公司具有生产规模优势,三轮农用车的产量 2010 年列同行业第三,市场遍及全国,市场占有率近 15%。并开拓海外市场,在非洲若干国家建厂生产、销售农用车。

随着农用车市场高速发展期的结束,市场竞争更加激烈,不少企业生产难以为继,而该集团公司生产仍具良好发展态势,在同行业中位居前列,近四年的农用车销售量和销售收入如表 5-6 和表 5-7 所示。

表 5-6　销售量统计表

年份	2010		2011		2012		2013	
品种	销量/辆	增长率/%	销量/辆	增长率/%	销量/辆	增长率/%	销量/辆	增长率/%
三轮	120 002	—	126 811	5.67	123 825	-2.35	132 371	6.90
四轮	6 779	—	6 876	1.43	6 390	-7.05	6 946	8.70
合计	126 781	—	133 687	5.45	130 215	-2.60	139 317	6.99

表 5-7　销售收入统计表

年份	2010		2011		2012		2013	
品种	销量收入/万元	增长率/%	销量收入/万元	增长率/%	销量收入/万元	增长率/%	销量收入/万元	增长率/%
三轮	54 501	—	56 180	7.01	51 048	9.13	58 172	15.01
四轮	7 623	—	6 966	8.62	7 031	0.93	7 652	8.83
合计	60 124	—	63 146	4.99	58 179	7.87	66 364	14.07

4. 评估方法

采用超额收益现值法，即根据商标产品单位售价超过同行业平均售价的部分，按一定的期限和折现率计算现值。计算公式为

$$P = \sum_{t=1}^{n} \frac{R_t}{(1+r)^t}$$

式中：P——商标评估值；

n——收益年限；

r——折现率；

R_t——第 t 年商标产品的超额收益。

1) 收益年限

农用车结构相对简单，易于生产，行业整体技术水平不高，竞争激烈，综合考虑企业在本行业中的地位和技术水平，确定商标带来超额收益的年限为 5 年。

2) 折现率

选取 2008 年中国人民银行公布的一年期银行存款利率 2.25% 和风险报酬率共同确定。风险报酬率主要考虑企业所处行业的风险因素。

农用运输车是由农机改造而发展起来的，相对汽车而言，其结构简单，技术含量低，易生产，市场竞争激烈。尽管国家已限制建设新厂，但现有企业的生产规模仍在扩大，特别是原汽车制造业的介入，会使市场竞争更加激烈。

目前，农用车的价格低，适合农民使用，但其性能较差；同时由于国家对农用车的定位不甚明确，管理较薄弱，易发生交通事故，产生不良社会影响；或由于农民的收入提高，道路条件的改善等，导致用户追求性能更优越的汽车，而使整个产业逐渐萎缩、衰落。

再者，该集团公司三轮、四轮农用车的销售收入占公司总销售收入的 95% 以上，一旦产品开发滞后或决策失误，企业将面临险境。

鉴于上述因素综合考虑，确定风险报酬率为 9.75%，折现率为

$$r = 2.25\% + 9.75\% = 12\%$$

因此，折现率可按12%计算。

3）超额收益

截至2010年年底，全国登记在目录上的农用运输车企业共有×××家，XY牌三轮车产量居同行业的前6位。

根据近期XY牌农用车主要销售市场资料，XY牌农用车与其他厂家生产的同规格产品售价进行比较，四轮车售价与其他商标产品基本一致，三轮车的售价比较如表5-8所示。

表5-8 主要销售市场售价比较表

主要销售地	安徽	河南	江苏	山东	河北	其他
占全部销售比重/%	21.8	29.5	16.3	12.5	10.5	9.4
单位售价平均差异/元	60	40	50	0	50	40

$$加权平均超额售价 = 60 \times 21.8\% + 40 \times 29.5\% + 50 \times 16.3\% + 50 \times 10.5\% + 40 \times 9.4\% = 42(元)$$

依据企业前三年的实际产销情况、财务状况和企业发展规划，同时考虑到目前同行业的竞争和中国加入"世贸"后可能带来的对本行业不利的影响，对企业未来收益年限的超额收益进行预测可参见表5-9，所得税税率取33%。

表5-9 超额收益预测表

年 份	2011	2012	2013	2014	2015
销售/辆	134 708	138 749	142 911	147 198	151 614
销售收入/万元	64 271	66 199	68 185	70 230	72 337
单车超额收益/元	42	42	40	35	30
超额收益/万元	565.77	582.74	571.64	515.19	454.84
扣所得税后收益/万元	379.07	390.44	383	345.18	304.74
折现系数	0.89	0.8	0.71	0.64	0.57
超额收益现值/万元	337.37	312.35	271.93	220.92	173.70
合 计			1 316.27		

5. 评估结果

经评估计算，XY牌商标权价值评估为1 316.27万元。

练习题

一、单项选择题

1. 在下列无形资产中，不可确指的无形资产是（　　）
   A. 商标权　　　　B. 土地使用权　　　　C. 专利权　　　　D. 商誉
2. 某项无形资产使用后，使产品市场占有率提高，销量从原来的每年100万件增至120万件。已知该产品价格为50元，成本为40元，所得税税率25%，则运用直接估算法估计该无形资产每年给企业带来的收益额为（　　）万元。

A. 200 B. 150 C. 165 D. 900

3. 某企业 2014 年购进一项无形资产，账面成本为 50 万元，当年物价指数为 110%。到 2009 年，物价指数为 160%，无形资产已使用 5 年，还可再使用 5 年。则用成本法估算该无形资产评估值为（　　）万元

A. 72.73 B. 65.65 C. 36.36 D. 50

二、多项选择题

1. 用收益法评估无形资产时，折现率是一个重要概念。折现率一般包括（　　）

A. 无风险报酬率 B. 风险报酬率 C. 收益率 D. 收益额

2. 某企业购进一项无形资产，预计有效使用期限为 5 年。未来销售收入为每年 100 万元，销售利润率为 30%，无形资产的销售利润分成率也为 30%。同期银行国债利率为 5%，风险报酬率为 5%。则用收益法评估该无形资产，下列选项正确的是（　　）

A. 销售收入分成率为 30%，等于销售利润率
B. 销售收入分成率为 9%
C. 折现率为 5%，等于同期银行国债利率
D. 折现率为 10%

3. 可确指的无形资产包括（　　）

A. 商誉 B. 专有技术
C. 关系类无形资产 D. 权利类无形资产

三、评估题

1. 通过使用一项技术无形资产，企业每年的总利润及增加的利润如表 5-10 所示，试计算该项技术无形资产的利润分成率。假设折现率为 10%。

表 5-10 总利润和增加利润

年　份	第一年	第二年	第三年
总利润	100 万元	150 万元	160 万元
增加利润	30 万元	28 万元	22 万元

2. 某企业进行股份制改组，根据企业过去经营情况和未来市场形势预测其未来 5 年的收益额分别是 13 万元、14 万元、11 万元、12 万元、15 万元，并假定从第 6 年开始，以后各年的收益额均为 14 万元。根据银行利率及企业经营风险情况确定的折现率和本金化率均为 10%，采用单项资产评估方法，评估确定该企业各单项资产评估值之和（包括有形资产和可确指的无形资产）为 90 万元，试确定该企业商誉评估值。

3. 活力体育用品生产企业决定将"活力"注册商标转让给同类企业，该商标已经使用了 20 年，目前在市场上信誉良好。根据市场调查，活力牌产品比市场上同类产品的单价高 100 元，受让企业每年生产该商品 1 万件，由于市场竞争的加剧，转让双方协商确定获取超额收益的有效时限为 5 年，估计前 3 年保持目前的超额收益水平，后 2 年每年获取的超额收益降为 80 万元。假设折现率为 10%，所得税税率为 25%，利用以上资料评估"活力"商标当前的价值。

第 6 章

金融资产评估

> **学习目标**
> - 熟悉金融资产的概念;
> - 熟悉金融资产评估的程序及特点;
> - 熟练掌握债券评估的内容和方法;
> - 熟练掌握股票评估的内容和方法。
>
> **内容提要**
> 本章主要阐述了金融资产评估的主要内容和方法。金融资产是指可以在金融市场进行交易、具有现实价格和未来估价的金融工具的总称。本章以债券和股票为例,介绍了金融资产评估的市场法和收益法。
>
> **本章关键词**
> 金融资产 债券 股票 固定红利模型 红利增长模型

6.1 金融资产评估概述

6.1.1 金融资产的概念

金融资产是一切可以在有组织的金融市场上进行交易、具有现实价格和未来估价的金融工具的总称。金融资产的最大特征是能够在市场交易中为其所有者提供即期或远期的货币收入流量。金融资产是指一切代表未来收益或资产合法要求权的凭证,亦称金融工具或证券。金融资产主要包括库存现金、银行存款、应收账款、应收票据、贷款、其他应收款、应收利息、债权投资、股权投资、基金投资、衍生金融资产等。本章所涉及的金融资产主要是以股票和债券为代表的股权投资和债权投资。

6.1.2 金融资产评估的特点

由于金融资产是以对其他企业享有的权益而存在的,所以金融资产评估主要是对金融资产代表的权益进行评估。

(1) 金融资产评估是对资本的评估

金融资产的投资形式多种多样,可能是货币资金,可能是实物资产,也可能是无形资产等。但是,无论以哪一种资产取得被投资企业的权益,一旦该项资产转移到被投企业，即成为资本的象征。因此，对金融资产的评估实质上是对被投资企业资本的评估。

(2) 金融资产评估是对被投资企业获利能力和偿债能力的评估

投资者购买股票或债券的根本目的是获取投资收益。投资者能否取得收益，一方面取决于投资者对市场的判断及投资结构是否合理等自身因素；另一方面则取决于被投资单位的获利能力和偿债能力。对股票价值的评估主要考虑被投资企业的获利能力，对债券价值的评估则应考虑被投资企业的偿债能力。从这个角度讲，金融资产评估主要是对被投资企业获利能力和偿债能力的评估。

6.1.3　金融资产评估的程序

(1) 明确评估的具体内容

在进行金融资产评估时，首先应明确金融资产的种类、原始投资额、评估基准日余额、投资收益计算方法、历史收益额、金融资产占被投资企业实收资本的比例及相关的会计核算方法等。

(2) 进行必要的职业判断

这一环节主要判断金融资产预计可收回金额计算的正确性和合理性。包括判断金融资产账面金额的合法性、各期投资收益额计算的准确性、评估中使用的折现率等参数的合理性等。这些数据是对金融资产进行价值评估的基础，需要评估人员具有较强的职业判断能力。

(3) 选择适当的评估方法

根据股票和债券能否在证券市场上进行自由交易，可将其分为上市和非上市两类。对于上市交易的股票和债券，主要采用市场法对其进行价值评估；对于非上市的股票和债券，一般采用收益法进行价值评估。

(4) 测定评估值，得出评估结论

根据待估金融资产的自身特点，选择恰当的评估方法，通过分析判断，得出相应的评估结论。

6.2　债券评估

6.2.1　债券的概念

债券是政府、企业、银行等债务人为了筹集资金，按照法定程序发行的并向债权人承诺于指定日期还本付息的有价证券。根据发行主体的不同，债券可分为政府债券、公司债券和金融债券三种类型。对于发行主体而言，债券是一种筹资工具；对于购买主体而言，债券是一种融资工具。

6.2.2　债券投资的特点

债券投资具有如下特点。

(1) 投资风险较小

相对于股权投资而言，债券投资的风险较小。因为国家对发行债券有严格的规定，发行债券必须满足国家规定的基本要求。例如，政府发行国库券由国家担保；银行发行债券要以其信誉及一定的资产作为后盾；企业发行债券也有严格的限定条件，通常以其实力及发展潜力作为保证。当然，债券投资也有一定的风险，一旦债券发行主体出现财务困难，债券投资者就有可能发生损失。但是，即使债券发行企业破产，在破产清算时，债券持有者也有优先受偿权。所以，相对于股权投资，债券投资是有较高安全性的。

(2) 收益相对稳定

债权收益受债券面值和票面利率两个因素的制约。这两个因素都是事前约定的，通常比较稳定。只要发行主体在债券发行期间不发生重大财务困难，债券收益还是相当稳定的。

(3) 流动性较强

如果持有人购买的债券是可以上市交易的债券，其变现能力较强，可以随时在市场上交易变现。

6.2.3 债券投资的评估方法

按照债券能否在公开市场上进行自由交易，对其价值的评估应采用不同的方法。对于能够在公开市场上自由买卖的债券，市场价格就是该债券的评估值。对于那些不能在公开市场上进行交易的债券，则应采用一定的方法对其进行价值评估。

1. 已上市债券的评估

上市债券是指经政府管理部门批准，可以在证券市场上交易、买卖的债券。对于已上市债券的评估，一般采用市场法（现行市价法），按照评估基准日的收盘价确定债券的评估值。但在某些特殊情况下，如债券市场价格严重扭曲、不能代表实际价格时，就应采用非上市债券的评估方法对其进行价值评估。在采用市场法评估债券价值时，评估人员应在评估报告中说明所选用的评估方法和评估结论与评估基准日的关系，并说明该结论应随债券市场价格的变化予以调整。采用市场法确定债券价值的基本计算公式为

$$债券评估值 = 债券数量 \times 评估基准日债券的收盘价 \qquad (6-1)$$

【例 6 − 1】 被评估企业持有 2016 年发行的 5 年期国债 3 000 张，每张面值 100 元，年利率 3.65%，已上市交易。评估基准日该国债的市场交易价为 103.5 元，试计算该国债的评估值。

解　　　　　　　国债评估值 = 3 000 × 103.5 = 310 500(元)

2. 非上市债券的评估

对于不能在证券市场上公开交易的债券，无法按其市场价格确定评估值，对此类债券的评估通常采用收益法。所谓收益法，即在考虑债券风险的前提下，按适用的本金化率将债券的预期收益折算成现值，并计算出本利和的现值作为债券的评估值。根据非上市债券的付息方法，可将其分为分次付息、到期一次还本债券和到期一次还本付息债券两种，分别采用适当的方法进行价值评估。

(1) 分次付息、到期一次还本债券的评估

对于分次付息、到期一次还本的债券，适宜采用收益法，即计算本利和的现值确定评估值。基本计算公式如下：

$$P = \sum_{t=1}^{n}\left[R_t(1+r)^{-t}\right] + A(1+r)^{-n} \qquad (6-2)$$

式中：P——债券的评估值；

R_t——第 t 年的预期利息收益；

A——债券面值；

r——折现率；

t——评估基准日距收取利息日的期限；

n——评估基准日距到期还本日的期限。

债券评估的折现率由两部分构成：即无风险报酬率和风险报酬率。无风险报酬率通常以同期银行存款利率、国库券利率为准，而风险报酬率的大小则取决于债券发行主体的具体情况。国债、金融债券等有良好的担保条件，风险报酬率一般较低；企业债券应视企业的具体情况而定，如果企业经营业绩好，有还本付息的能力，则风险报酬率较低，反之较高。

【例6-2】 某评估公司受托对 A 企业拥有的 B 公司发行的债券进行评估。债券面值为 10 万元，3 年期，年利率为 6%，每年付息，到期还本。评估时该债券购入已满 1 年，第 1 年利息已入账。一年期国库券利率为 3%。据了解，B 公司经营业绩较好，2 年后具有还本付息的能力，投资风险较低，故以 1% 作为风险报酬率，所以债券的折现率为 4%。计算该债券的评估值。

解 $R_t = 100\,000 \times 6\% = 6\,000(元)$

$$P = \sum_{t=1}^{n}\left[R_t(1+r)^{-t}\right] + A(1+r)^{-n}$$
$$= 6\,000(1+4\%)^{-1} + 6\,000(1+4\%)^{-2} + 100\,000(1+4\%)^{-2}$$
$$= 6\,000 \times 0.961\,5 + 6\,000 \times 0.924\,6 + 100\,000 \times 0.924\,6$$
$$= 103\,776.6(元)$$

（2）到期一次还本付息债券的评估

到期一次还本付息债券是指平时不支付利息，到期后连本带利一次返还的债券。基本计算公式为

$$P = F(1+r)^{-n} \qquad (6-3)$$

式中：P——债券的评估值；

F——债券到期时的本利和；

r——折现率；

n——评估基准日距债券到期日的期限（以年或月为单位）。

债券本利和的计算分以下两种情况：

一种是采用单利计算，即

$$F = A(1+mi) \qquad (6-4)$$

另一种是采用复利计算，即

$$F = A(1+i)^m \tag{6-5}$$

式中：A——债券面值；
　　　m——计息期限；
　　　i——债券利息率。

【例6-3】 某被评估企业持有另一企业债券面值10万元，票面利率为6%，5年期，到期一次还本付息。评估时债券购入已满2年。根据评估人员调查测算，确定折现率为8%。分别按单利和复利两种方法计算该债券的评估值。

解 （1）按单利计算

$$F = 100\,000(1+6\%\times5) = 130\,000(元)$$
$$P = 130\,000(1+8\%)^{-3} = 130\,000\times0.793\,8 = 103\,194(元)$$

（2）按复利计算

$$F = 100\,000(1+6\%)^5 = 100\,000\times1.338\,2 = 133\,820(元)$$
$$P = 133\,820(1+8\%)^{-3} = 133\,820\times0.793\,8 = 106\,226.3(元)$$

6.3 股票评估

6.3.1 股票概述

1. 股票的概念

股票是股份公司发给股东的所有权凭证，是股东借以取得股利的一种有价证券。股票持有者即为该公司的股东，对该公司财产有要求权。

2. 股票的种类

股票可以按不同的方法和标准分类：按股东所享有的股利，可分为普通股和优先股；按票面是否表明持有者姓名，分为记名股票和不记名股票；按股票票面是否注明入股金额，分为有面值股票和无面值股票；按能否向股份公司赎回自己的财产，分为可赎回股票和不可赎回股票；按能否在公开市场上自由交易，分为上市股票和非上市股票。我国目前各公司发行的都是记名的、有面值的、不可赎回的普通股票，只有少量公司过去按当时的规定发行过优先股票。

3. 股票的价格

股票本身是没有价值的，仅是一种凭证。它之所以有价格，可以买卖，是因为它能给持有人带来预期收益。股票的价格包括票面价格、发行价格、账面价格、内在价格、市场价格和清算价格。

（1）股票的内在价格

股票的内在价格是一种理论价格或模拟市场价格。它是根据评估人员对股票未来收益的预测，经过折现后得到的股票价值。股票内在价格的高低取决于公司的财务状况、管理水平、发展前景及公司面临的风险等因素。

(2) 股票的市场价格

股票的市场价格是证券市场上买卖股票的价格。在证券市场比较完善的情况下，股票的市场价格基本上是市场对公司股票的客观评价，此时可以将市场价格作为股票的评估值。但是，在证券市场发育不健全、股票市场的投机成分较大时，股票的市场价格就不能完全代表其内在价值。因此，在对股票进行价值评估时，应当具体情况具体分析，不可盲目地将市场价值作为股票的评估值。

(3) 股票的清算价格

股票的清算价格是指公司清算时，公司的净资产与股票总数的比值，即每股股票所代表的真实价格。公司在清算情况下或由于经营不善等原因被清算时，应使用股票的清算价格。

4. 股票的价值

股票的价值是指股票期望提供的所有未来收益的现值，也正是本节所涉及的股票的评估价值。股票的评估价值与股票的内在价格、市场价格和清算价格有着密切的联系。

6.3.2 股票投资的特点

相对于其他投资方式而言，股票投资具有如下特点。

(1) 投资风险较大

通常我们所涉及的股票投资属于永久性的长期投资，即股票一经购买，便不能退还本金。而且，股东能否获利及获利能否达到预期，完全依赖于企业的经营状况。因而股票投资的收益具有较强的不确定性，多利多分，少利少分，无利不分，股东需对企业的亏损承担责任。

(2) 流动性强

在股票市场上，股东所持的股票可以按一定的规则交易转让，也可以作为抵押品上市交易，这使股票在某种程度上具有较强的流动性。这种流动性既有利于社会资金的有效配置和高效利用，又有利于股票发行企业的资本保持长期的稳定性。

(3) 具有一定的决策性

普通股的持有者根据其享有的权利，可以参加股东大会、参与董事长的选举，并且可以根据其持股份额参与公司的经营管理决策，持股数量达到要求的比例时甚至可居于公司的权力控制地位。

(4) 股票交易价格与面值的不一致性

股票的交易价格通常受到企业经营情况、国内外政治、经济、社会、心理等多方面因素的影响，这往往使股票的交易价格与账面价值产生一定差异。这种差异的产生是不可避免的，它在促使企业不断提高经济效益的同时，也使更多的投资者面临资本选择。

6.3.3 股票投资评估的方法

股票按能否在公开市场上自由交易，分为上市股票和非上市股票，下面分别介绍这两种股票的评估方法。

1. 上市股票的评估

上市股票是指企业公开发行的，可以在股票市场上自由交易的股票。在股市发育完全、

股票交易正常的情况下,由于上市股票有市场价格,故可以将其市场价格作为价值评估的基本依据。计算公式为

$$上市股票评估值 = 股票股数 \times 评估基准日该股票市场收盘价 \qquad (6-6)$$

【例6-4】 被评估企业拥有某公司上市股票5 000股,评估基准日该股票的收盘价为每股13.5元。试计算该股票的评估值。

解 　　　　上市股票评估值 = 5 000 × 13.5 = 67 500(元)

在股票市场发育不健全、股票交易不正常的情况下,股票的市场价格就不能完全反映股票的价值。此时对股票价值的评估就应以股票的内在价值为依据,结合发行单位的经营业绩、财务状况及获利能力等因素综合分析股票的价值。此类股票价值的评估可参照非上市股票评估的方法。

2. 非上市股票的评估

非上市股票是指不能在股票市场进行交易的股票。一般采用收益法对其进行价值评估,即综合分析股票发行企业的经营业绩、财务状况和所面临的风险等因素,合理预测股票投资的未来收益,并选择合理的折现率来确定评估值。

非上市股票分为优先股和普通股两种,评估时,应根据两种股票各自的特点采用不同的评估方法。

1) 优先股的评估

优先股是对公司利润和财产享有优先于普通股权利的股票,是一种既有股票特征又有债券特征的混合证券。优先股的性质介于股票和债券之间。正常情况下,优先股在发行时就已规定了股息率。对优先股的评估主要是判断发行主体是否有足够的税后利润用于优先股的股息分配。如果发行单位经营业绩良好,具有较强的支付能力,说明优先股基本具备了"准企业债券"的性质,此时评估人员就可以根据事先确定的股息率计算优先股的年收益额,然后进行折现或资本化处理。基本计算公式为

$$P = \sum_{t=1}^{\infty} \left[R_t (1+r)^{-t} \right] = \frac{A}{r} \qquad (6-7)$$

式中:P——优先股的评估值;

R_t——第t年的优先股的收益;

r——折现率;

A——优先股的年等额股息收益。

【例6-5】 被评估企业拥有A企业30 000股优先股股票,每股面值2.5元,年股息率为13%。评估时,国库券利率为7%,风险报酬率为5%。试计算该优先股股票的评估值。

解 　　　　$P = \dfrac{A}{r} = \dfrac{30\ 000 \times 2.5 \times 13\%}{(7\% + 5\%)} = 81\ 250(元)$

当非上市优先股有上市的可能、持有人又有转售意向时,优先股的评估值就不能按上述无限期收益法的公式计算确定。此类优先股评估值的基本计算公式为

$$P = \sum_{t=1}^{n} [R_t(1+r)^{-t}] + F(1+r)^{-n} \qquad (6-8)$$

式中:F——优先股的预期变现价格;

n——优先股的持有年限。

2) 普通股的评估

普通股是指在公司的经营管理和盈利及财产的分配上享有普通权利的股份,代表满足所有债权偿付要求及优先股东的收益权与求偿权要求后对企业盈利和剩余财产的索取权,它构成公司资本的基础,是股票的一种基本形式,也是发行量最大、最为重要的股票。可见,普通股股息和红利的分配是在优先股收益分配之后进行的,实际上是对公司剩余权益的分配。因此,对普通股预期收益的预测也就是对发行主体剩余权益的预测。在进行评估时,需要评估人员对发行主体的利润水平、发展前景、盈利能力、股利分配政策等情况有全面、客观的了解,并结合具体情况,采用适当的评估方法。

(1) 固定红利模型

固定红利模型是针对经营比较稳定的普通股的评估设计的。它根据企业经营及股利分配政策较稳定的特点,以假设的方式认定企业今后分配的红利将保持在一个固定的水平上,即假设未来股利不变。它的股利支付过程实际上是一个永续年金。股票价值的基本计算公式为

$$P = \frac{D_t}{r} \qquad (6-9)$$

式中:P——股票的评估值;

D_t——被评估股票下一年的红利额;

r——折现率。

【例6-6】 被评估企业拥有甲企业发行的非上市股票60 000股,每股面值1元。在被评估企业持股期间,每年股票收益率保持在14%左右。评估人员经过调查分析,发现甲企业生产经营稳定,在可预见的年份中,该股票可以保持12%的收益率。评估时使用的资本化率为10%。试计算该股票的评估值。

解
$$P = \frac{60\,000 \times 1 \times 12\%}{10\%} = 72\,000(元)$$

(2) 红利增长模型

红利增长模型适用于成长型企业股票价值的评估。成长型企业的发展潜力较大,投资收益会逐步提高。红利增长模型是假设股票发行企业未将企业的全部剩余收益作为红利分配给股东,而是留下一部分用于追加投资,扩大生产规模,增强企业的获利能力,从而使企业的利润随之增加,红利相应增长。根据成长型企业股利分配的特点,可按红利增长模型评估其股票的价值。计算公式为

$$P = \frac{D_t}{r - g} \quad (r > g) \tag{6-10}$$

式中：P——股票的评估值；

D_t——被评估股票下一年的红利额；

r——折现率；

g——股利增长比率。

股利增长比率 g 的测定有以下两种方法：第一种是历史数据分析法，该方法是在历年红利分配数据的分析基础上，利用算术平均法、几何平均法等统计方法，计算出股票红利历年的平均增长速度，作为确定 g 的基本依据；第二种是发展趋势分析法，即根据发行单位的股利分配政策，以企业剩余收益中用于再投资的比率与企业股本利润率的乘积确定 g。

【例 6-7】 被评估企业持有 ABC 公司 100 000 股普通股股票，每股面值 1 元。ABC 公司每年以净利润的 70% 用于发放股利，其余 30% 用于追加投资。被评估企业持股期间每年收益率在 10% 左右。根据评估人员的调查分析，ABC 公司属于成长型企业，对其股票价值的评估适用红利增长模型。已知 ABC 公司的股本利润率为 15%，评估时使用的折现率为 12%。试计算该股票的评估值。

解
$$P = \frac{100\ 000 \times 1 \times 10\%}{12\% - 30\% \times 15\%} = 133\ 333\ （元）$$

（3）分段式模型

在现实生活中，不论是固定股利模型还是固定增长率模型都是极端的、不常见的，很多公司的股利是不固定的。例如，在一段时间里高速增长，在另一段时间里正常固定增长或固定不变。在这种情况下，就要分段计算，才能确定其股票的价值。分段式模型的基本原理就是将股票的预期收益分为两段：第一段是能够较为客观预测股票收益的期间，即连续不断取得股利的持股期；第二段为不易清晰预测股票收益的期间，即第一段期末以后的全部收益期。评估时，分别计算两段的收益现值，相加后得出评估值。

【例 6-8】 被评估企业持有甲公司股票面值 300 000 元，持股期间，该股票的年收益率为 12%。评估人员调查分析后认为，该股票前 4 年的收益率可保持在 12%，从第 5 年起，收益率可提高到 16%，并将持续下去。评估时使用的折现率为 10%。试计算该股票的评估值。

解 股票的评估值 = 前 4 年收益的折现值 + 第 5 年后收益的折现值

$$= 300\ 000 \times 12\% \times (P/A, 10\%, 4) + \left(300\ 000 \times \frac{16\%}{10\%}\right) \times (1 + 10\%)^{-4}$$

$$= 36\ 000 \times 3.169\ 9 + 480\ 000 \times 0.683\ 0$$

$$= 114\ 116.4 + 327\ 840$$

$$= 441\ 956.4(元)$$

6.4 其他长期性资产的评估

6.4.1 其他长期性资产的构成

其他长期性资产是指除了流动资产、金融资产、固定资产、无形资产以外的各项资产,主要包括具有长期性质的长期待摊费用和其他长期资产。长期待摊费用是指企业已经支出,但摊销期限在一年以上（不含一年）的各项费用,如固定资产的大修理支出、股票发行费用、筹建期间费用（开办费）等。其他长期资产是指除了长期待摊费用以外的资产。

6.4.2 其他长期性资产的评估方法

由于企业的其他长期性资产除了特准储备物资、被冻结的存款、被冻结的物资及涉及诉讼的财产外,主要是指已经发生的费用的摊余价值,其实质只是一种预付费用。由于这种摊余价值不具有物质实体,因此不能单独对外交易或转让,只有当企业发生整体产权变更时,才会涉及对其的价值评估。所以,其他长期性资产能否作为评估对象取决于它能否在评估基准日以后带来经济利益。也就是说,只有当它能为新的产权主体产生利益时,才能界定其为评估对象。

在对其他长期性资产进行评估时,必须了解其合法性、合理性、真实性和准确性,了解费用支出和摊余情况,了解形成资产或权力的尚存情况。其评估值要在确保没有其他评估对象对其进行重复计算的情况下,根据评估目的实现后资产的占有情况和尚存情况而定。实际评估时,要根据其他长期性资产内容的不同选择不同的评估和处理方法。

1. 开办费

开办费是指企业在筹建期间发生的、不能计入固定资产或无形资产的各项费用。主要包括:筹建期间人员的工资、筹措资本的费用、员工培训费、企业注册登记的费用等。根据现行会计制度的规定,企业筹建期间发生的费用,应于开始生产经营起一次性计入开始生产经营当期的损益。因此,如果企业不是在筹建期间评估,就不存在开办费的问题;如果是对企业在筹建期间进行评估,则可按开办费的账面价值确定其评估值。

2. 其他长期待摊费用

其他长期待摊费用,如租入资产的改良支出、股票发行费用,对企业的影响可能延续到以后若干年。对这类资产的评估,应根据企业的收益状况、收益时间、货币时间价值及会计制度的规定等因素来确定。其中,货币的时间价值因素应根据新的产权主体未来收益时间的长短来确定,一年以内的通常不予考虑,超过一年的要根据具体内容、数额大小及市场行情的变化趋势加以确定。但从实践的角度来讲,由于这些费用对未来产生收益的能力和状况并不能准确界定,如果物价总水平波动不大,可以将其账面价值作为评估值或者按其发生额的平均数计算。

【例6-9】 A企业因产权变更需要对长期待摊费用进行评估。评估基准日长期待摊费用的账面余额为76万元,其中租入固定资产改良支出36万元,租赁协议中规定设备租期为4年,始租时间为2年前,已摊销20万元,尚有2年使用期。预付销售门市部房租40万元,已摊销 18 万元,账面余额 22 万元,租期 2 年,始租期为 1 年前,尚有 1 年使用期限。评估人员经过对企业具体情况的分析,以评估基准日后能否产生经济效益为评估标准,假设评估中使用的折现率为 10%,试计算该企业长期待摊费用的评估值。

解 根据租入设备期限为 4 年、改良支出总额为 36 万元、尚有 2 年使用期限可知,每年摊销额为 9 万元。根据预付 2 年房租共 40 万元、尚有 1 年使用期限可知,每年的租金为 20 万元。

$$长期待摊费用评估值 = 9 \times (1+10\%)^{-1} + 9 \times (1+10\%)^{-2} + 20 \times (1+10\%)^{-1}$$
$$= 9 \times 1.735\ 5 + 20 \times 0.909\ 1$$
$$= 15.62 + 18.18$$
$$= 33.80(万元)$$

6.5 金融资产评估案例分析——债券的评估

XYZ 评字(2008)年第 26 号

资产评估报告——对上海市嘉源公司拥有恒通企业 500 000 元债权的评估。

上海市嘉源公司拥有恒通企业 500 000 元债券,3 年期,年利率为 15%,每年付息,到期还本。企业所得税税率为 25%,嘉源公司于 2007 年 6 月 1 日购入该债券。

1. 评估基准日:2008 年 6 月 1 日。
2. 计价标准:本金和收益折现。
3. 评估方法:收益法。
4. 资料收集与分析:恒通企业发行的债券为非上市债券,公司经营业绩稳定,盈利前景较好,评估人员认为该投资较可靠。评估基准日的国债利率为 6%,经调查分析,评估人员认定风险报酬率为 4%。
5. 评估过程及结果

债券投资的税后净收益 $= 500\ 000 \times 15\% \times (1-25\%) = 56\ 250(元)$

折现率 $= 6\% + 4\% = 10\%$

评估值 $= 56\ 250(1+10\%)^{-1} + 56\ 250(1+10\%)^{-2} + 500\ 000(1+10\%)^{-2}$
$= 56\ 250 \times 1.735\ 5 + 500\ 000 \times 0.826\ 4$
$= 510\ 821.88(元)$

练习题

一、单项选择题

1. 上市交易的债券最适合运用( )进行评估。
   A. 价格指数法　　B. 市场法　　C. 收益法　　D. 成本法
2. 从理论上讲,风险报酬率是受( )影响。

A. 资金的机会成本 B. 资金的使用成本
C. 资金的经营成本 D. 资金的投资成本

3. 被评估债券 2005 年发行，面值 100 元，年利率为 10%，5 年期。2008 年评估时，债券市场上同种同期债券、面值 100 元的交易价格为 105 元，该债券的评估值最接近于（　　）元。
   A. 110   B. 98   C. 100   D. 105

4. 在股市发育不健全、交易不规范的情况下，股票的评估值应以股票的（　　）为基本依据。
   A. 票面价格   B. 市场价格   C. 内在价值   D. 发行价格

5. 股票的清算价格是指（　　）。
   A. 企业的净资产总额与企业股票总数的比值
   B. 企业的净资产总额与企业股票总数的比值再乘以一个折现系数
   C. 企业的资产总额与企业股票总数的比值
   D. 企业的资产总额与企业股票总数的比值再乘以一个折现系数

6. 固定红利模型是评估人员对被评估股票（　　）。
   A. 预期收益的一种假设 B. 预期收益的客观认定
   C. 历史收益的一种客观认定 D. 预期收益的一种估计

7. 非上市债券的风险报酬率主要取决于（　　）。
   A. 债券购买方的具体情况 B. 债券市场的状况
   C. 发行主体的具体情况 D. 股票市场的状况

8. 作为评估对象的长期待摊费用的确认标准是（　　）。
   A. 摊销方式 B. 是否已摊销
   C. 能否带来预期收益 D. 能否变现

9. 运用加和法评估企业价值时，下列不应再作为评估对象的是（　　）。
   A. 房租摊余价值 B. 预付费用
   C. 固定资产大修理费用 D. 书报费摊余价值

10. 对长期待摊费用等其他长期性资产的评估通常发生在（　　）。
    A. 资产转让时 B. 企业纳税时
    C. 企业财务检查时 D. 企业整体产权变动时

二、多项选择题

1. 金融资产评估的特点包括（　　）。
   A. 金融资产评估是对资本的评估
   B. 金融资产评估是对被投资企业偿债能力的评估
   C. 金融资产评估是对重置成本的评估
   D. 金融资产评估是对被投资企业获利能力的评估

2. 债券评估的折现率包含（　　）。
   A. 风险报酬率   B. 无风险报酬率   C. 债券利息   D. 企业收益率

3. 非上市债券作为一种投资工具，和股票投资相比，具有（　　）的特点。
   A. 投资报酬率高   B. 投资风险较小   C. 收益相对稳定   D. 流动性强

4. 股票的评估价值通常与股票的（　　）有关。
   A. 账面价值　　　　B. 内在价值　　　C. 清算价格　　　D. 市场价格
5. 股票评估的红利增长模型中，股利增长率 g 的计算方法有（　　）。
   A. 历史数据分析法　　B. 市场法　　　C. 发展趋势分析法　D. 重置核算法

三、评估题

1. 被评估企业持有甲企业 3 年期非上市债券，本金为 150 000 元，年利率为 12%，每年付息，到期还本。评估时该债券购入已满 1 年，利息已入账。同期的国库券利率为 8%，经测定的风险报酬率为 2%，从而确定评估中使用的折现率为 10%。试求该债券的价值。

2. 被评估企业持有 A 公司发行的优先股 10 000 股，每股面值 10 元，年股息率为 15%。同期国库券利率为 7%，经评估人员调查分析，确定风险报酬率为 5%，从而确定评估中使用的折现率为 12%。求该优先股的评估值。

3. 被评估企业持有乙公司非上市普通股 5 000 股，每股面值 100 元。持股期间，被评估企业每年的收益率保持在 10% 左右。乙公司每年以净利润的 65% 用于发放股利，其余 35% 用于追加投资。经评估人员调查分析，乙公司未来几年的净资产收益率将保持在 12% 左右。评估时，国库券利率为 5%，风险报酬率为 3%，从而确定折现率为 8%。试计算该普通股的价值。

第 7 章

流动资产评估

学习目标
- 熟悉流动资产的构成、分类及特点；
- 熟悉流动资产评估的程序及特点；
- 理解货币类流动资产的内容与评估思路；
- 熟练掌握实物类流动资产的内容与评估方法；
- 熟练掌握债权类流动资产的内容与评估方法。

内容提要

流动资产是企业拥有的周转速度快、变现能力强的一类特殊资产。流动资产评估包括实物类流动资产评估、货币类流动资产评估和债权类流动资产评估。实物类流动资产包括库存材料、在产品、产成品、库存商品和低值易耗品等，一般采用成本法或市场法进行评估。货币类流动资产主要包括现金、银行存款和短期借款。债权类流动资产主要包括应收账款、应收票据及预付账款。本章主要阐述了流动资产的概念、构成、特点及各类流动资产的评估方法。

本章关键词

流动资产　实物类流动资产　货币类流动资产　债权类流动资产

7.1 流动资产评估概述

7.1.1 流动资产概述

1. 流动资产及其构成

流动资产是指企业在生产经营活动中，在一年或超过一年的一个经营周期内变现或耗用的资产。包括货币资金、短期投资、应收及预付款项、存货及其他流动资产等。

（1）货币资金

货币资金包括现金、银行存款及其他货币资金。现金是指企业的库存现金，包括企业内部各部门用于周转使用的备用金。银行存款是指企业的各种不同类型的存款。其他货币资金是指除现金和银行存款以外的其他货币资金，包括外埠存款、银行本票存款、银行汇票存款、存出投资款、信用卡存款、信用证保证金存款等。

(2) 短期投资

短期投资是指企业购入的能够随时变现、持有时间不超过一年（含一年）的各项投资，包括股票、债券、基金等。

(3) 应收及预付款项

企业的应收及预付款项包括应收账款、应收票据、其他应收款及预付账款。应收账款是指企业因销售商品、提供劳务等应向购货单位或受益单位收取的款项，是购货单位所欠的短期债务。预付账款是指企业按照购货合同规定预付给供货单位的购货订金或部分货款。

(4) 存货

主要是指企业的库存材料、产成品、在产品、库存商品、包装物、低值易耗品等。

(5) 其他流动资产

企业除上述资产以外的流动资产，如一年内到期的长期投资。

2. 流动资产的分类

从资产评估的角度，一般将企业的流动资产按照其存在形态分为实物类流动资产、货币类流动资产、债权类流动资产3种类型。

(1) 实物类流动资产

实物类流动资产是指企业在生产经营过程中为销售或使用而准备的具有实物形态的流动资产，包括库存材料、在产品、产成品、库存商品、低值易耗品等。

(2) 货币类流动资产

货币类流动资产是指企业持有的货币资金及各项具有现金等价物性质的流动资产，包括现金、银行存款、短期投资等。

(3) 债权类流动资产

债权类流动资产是指企业持有的不具有实物形态的具有债权性质的流动资产，包括应收账款、应收票据、其他应收款及预付账款。

3. 流动资产的特点

相对固定资产而言，企业的流动资产主要存在以下3个显著特点。

(1) 周转速度快

流动资产的实物形态一般只经历一个生产周期（包装物和低值易耗品除外），便会改变原有的实物形态，其价值转移到产品价值中，构成产品成本的重要组成部分，在产品销售后回收。周转速度快是流动资产的一个显著特征，并且流动资产的每一次周转都会给企业带来增值。

(2) 形态多样化

流动资产的存在形式多种多样，在企业的一个生产周期中，流动资产相继经过购买、生产和销售3个阶段，相应地也就依次由货币形态转换为储备形态、生产形态、成品形态，最后又变为货币形态，不断地循环往复于企业生产经营的各个阶段。

(3) 变现能力强

变现能力强是流动资产的又一重要特征。各种形态的流动资产都可以在较短的时间内变卖或出售，是企业对外支付和偿还债务的重要保证。但是由于存在形态的不同，导致各项流动资产的变现速度也不相同。其变现能力由强到弱依次是：货币形态的流动资产、短期内可出售的存货和近期可变现的债权类资产、生产过程中的在产品及准备耗用的物资。一个企业拥有的流动资产越多,其对外支付和偿债的能力就越强,企业面临的财务风险也就越小。

(4) 存量波动大

由于企业总是不断地购买和出售流动资产,致使流动资产的存量和结构呈现较大的波动性。其影响因素主要是市场供求和生产消费的季节性变化。此外,还可能受到外部经济环境、经济秩序等因素的制约。

7.1.2 流动资产评估的特点

流动资产自身的特点决定了其价值评估的特点。由于流动资产的周转速度快、变现能力强、其账面价值与市场价格较为接近,导致流动资产价值评估与其他资产的评估相比,具有如下特点。

(1) 流动资产评估通常是单项资产评估

对流动资产的评估主要是以单项资产作为对象进行价值评估,因此不需要以其综合获利能力进行综合性价值评估。

(2) 合理选择评估基准日

由于流动资产具有流动性强和波动性大的特点,其存量和形态总是不断发生变化的,而对流动资产的评估是确定其在某一时点的价值,所以评估人员必须选择合理的评估基准时间。通常,评估基准日应尽可能选在会计期末,这样可以充分利用企业会计核算资料,提高评估的准确性和评估工作的效率。同时要求评估人员必须在规定的时点进行资产清查、登记和确定流动资产的数量和账面价值,避免重复和遗漏的现象发生。

(3) 既要认真进行资产清查,同时又要分清主次、掌握重点

由于流动资产具有数量大、种类多的特点,清查工作量大,所以流动资产清查应考虑评估的时间要求和评估成本。对流动资产评估往往需要根据不同企业的生产经营特点和流动资产分布的情况,对流动资产分清主次、重点和一般,选择不同的方法进行清查和评估,做到突出重点、兼顾一般。清查采用的方法有抽查、重点清查和全面检查。当抽查核实中发现原始资料或清查盘点工作可靠性较差时,应扩大抽查面,直至核查全部流动资产。

(4) 流动资产的账面价值基本可以反映其现值

由于流动资产周转速度快、变现能力强,在物价水平相对稳定的情况下,流动资产的账面价值基本可以反映其现值,所以一般不需要考虑功能性贬值,其有形损耗的计算只适用于低值易耗品和呆滞资产的评估。在特定情况下,可以采用历史成本作为其评估值。

(5) 对企业会计核算资料依赖程度高

企业在生产经营过程中,流动资产处于周转循环状态,其评估会影响企业的正常运转。同样,不断周转循环的流动资产又会影响评估的结果。因此,通常需要企业的配合,在相对静止状态下进行清查盘点和检测。另外,由于流动资产种类繁多,许多价格要素要通过会计资料获得。如前所述,在特定的情况下,对流动资产较适合采用历史成本法评估,这就必然使流动资产的评估对企业会计核算资料的依赖程度较高。

7.1.3 流动资产评估的程序

1. 确定评估对象和评估范围

进行流动资产评估前,首先要确定被评估资产的对象和范围,这是保证评估质量的重要

条件之一。被评估对象和评估范围应依据企业经济活动所涉及的资产范围而定，这一环节需要评估人员做好如下工作。

（1）明确流动资产的范围

进行流动资产评估，首先应当明确待评估流动资产的范围，分清流动资产与非流动资产的界限。既要防止将非流动资产的机器设备等划入评估范围，又要防止将属于流动资产的低值易耗品等作为非流动资产，以免重复和漏评。

（2）核查待评估流动资产的产权

在对企业的流动资产进行评估前，首先应当核实该资产的产权。存放在被评估企业的外单位委托加工材料、代为保管的材料物资等，尽管存放于该企业中，但由于其产权不属于该企业，故不应将其记入流动资产的评估范围。

（3）抽查核实被评估流动资产

评估人员应对被评估流动资产进行抽查核实，验证基础资料，必要时要进行全面清查，确保流动资产清单的记录数量与库存实际数量一致。

2. 对具有实物形态的流动资产进行质量检测和技术鉴定

对企业需要评估的材料、半成品、产成品等流动资产进行质量检测和技术鉴定，目的是了解这部分资产的质量情况，以便确定其是否还具有使用价值，并核对其技术情况的等级与被评估资产清单的记录是否一致。对待估流动资产的检测鉴定工作可由被评估企业的有关技术人员、管理人员与评估人员合作完成，也可参考独立第三方的专业报告，再由评估人员进行专业判断。

3. 对企业的债权情况进行分析

对于应收账款、应收票据和其他应收款等债权类流动资产，评估人员应当调查被评估企业的债务人在双方经济活动中的资信情况，以了解每项债权类资产的经济内容、发生时间及未清理原因等，综合分析确定各项债权回收的可能性、回收时间、回收费用和相关风险。

4. 合理选择评估方法

评估方法的选择：一是根据评估目的；二是根据不同种类流动资产的特点。对于实物类流动资产，通常采用市场法或成本法。对于存货类流动资产，如果其价格变动较大，则以市场价格为基础：对购入价格较低的存货，按现行市价进行调整；对购入价格较高的存货，除了考虑现行市场价格外，还要分析最终产品价格是否能够相应提高或存货本身是否具有按现行市价出售的可能性。对货币类流动资产，其清查核实后的账面价值本身就是现值，无须采用特殊方法进行评估，只是对外币存款应按评估基准日的外汇汇率进行折算。对于债权类流动资产，应采用可变现净值进行价值评估。对于其他流动资产，应区别不同情况，采用不同的评估方法。其中，有物质实体的流动资产，则应视其价值情形，采用与机器设备等相同或相似的方法进行评估。

5. 进行评定估算，出具评估结论

经过上述评估程序对有关流动资产进行评估后，即可得出相应的评估结论，评估人员应完成评估报告的撰写工作。在流动资产评估说明中，应对流动资产的清查程度和流动资产评估中的价格依据情况予以说明。

7.2 实物类流动资产的评估

实物类流动资产包括各种库存材料、在产品、产成品、库存商品、包装物、低值易耗品等,实物类流动资产评估是流动资产评估中的重要内容。

7.2.1 库存材料的评估

1. 库存材料的内容

企业中的材料,可以分为库存材料和在用材料两种。由于在用材料在生产过程中已经形成产成品或半成品,不再作为单独的材料存在,故材料评估主要是对企业库存材料的评估。库存材料包括各种主要材料、辅助材料、燃料、修理用备件、外购半成品等。

2. 库存材料评估的步骤

库存材料具有品种多、金额大、性质各异,以及计量单位、购进时间、自然损耗各不相同等特点。根据这些特点,在对库存材料评估时,应按下列步骤进行。

(1) 进行实物盘点,确认账实是否相符。在进行材料价值评估时,首先要进行实地清查,做到账实相符。另外,还应查明有无霉烂变质、损毁、呆滞等情况。

(2) 根据不同评估目的和待估材料的特点,选择恰当的评估方法。因为材料类流动资产属于生产过程中的消费性资产,其功能高低取决于自身特点,所以更多的是采用成本法或市场法。就这两种方法来说,当某种材料存在活跃市场、供求基本平衡的情况下,成本法和市场法可以相互替代使用。当不具备上述条件时,应分析使用。

(3) 运用存货管理的 ABC 方法,突出重点。由于企业的材料品种繁多、性质各异,所以在进行评估时,应按照一定的目的和要求,运用 ABC 分析法对材料进行排队,分清主次、抓住重点,着重对重点材料进行评估。

3. 库存材料评估的方法

由于库存材料购进的时间不同,所以在对库存材料进行价值评估时,应该根据材料的购进情况采用与之相适应的评估方法。

(1) 近期购进材料的评估

近期购进的材料由于库存时间较短,在市场价格变化不大的情况下,其账面价值与现行市价基本接近,可以取原账面成本作为评估值,即可以采用成本法。由于这部分材料的价格波动小,也可以采用市场法。

【例 7-1】 某企业对库存 A 材料进行价值评估,有关资料如下。

该材料是一个月前从外地购进,材料明细账的记载为:数量 2 000 千克,单价 500 元/千克,运杂费 1 000 元。根据材料消耗的原始记录和清查盘点,评估时 A 材料尚有 900 千克库存。经质量检测和技术鉴定,材料质量没有发生变化。试计算该材料的评估值。

解 根据上述材料,可以确定该材料的评估值如下。

$$A \text{ 材料的评估值} = 900 \times (500 + 1\,000/2\,000) = 450\,450(元)$$

运杂费数额较大时,评估时应将由被评估材料分担的运杂费计入评估值,运杂费数额较小时,评估时可以不考虑运杂费。

本例中,材料质量没有发生变化,如果因管理不善等原因导致材料变质,在计算评估值时相应的要考虑材料的贬值,此时材料的评估值为扣除材料失效、变质等相应的贬值额后的价值。假设加入条件:因保管等原因造成 A 材料的贬值率为 3%,则 A 材料的评估值 = $900 \times (500 + 1\,000/2\,000) \times (1 - 3\%) = 436\,936.5$(元)。

(2) 购进批次间隔时间长、价格变化较大材料的评估

对于这类材料,在评估时可以直接以市场价格计算评估值,也可以采用最接近市场价格的账面成本为基础计算其评估值。

【例 7-2】 某企业对库存 B 材料进行价值评估,有关资料如下。

本年 7 月 1 日对 B 材料进行价值评估。据材料明细账记载,该材料分两批购进:第一批购进时间为上年 9 月,购进 7 000 千克,单价 2 500 元/千克;第二批购进时间为本年 6 月,购进 4 500 千克,单价 3 100 元/千克。经盘点核实,B 材料尚有 800 千克库存,且未发生变质。试计算 B 材料的评估值。

解 B 材料的评估值 = $800 \times 3\,100 = 2\,480\,000$(元)

本例中,因评估基准日 7 月 1 日与本年 6 月购进时间较近,因而直接采用 6 月份购进材料价格作为评估值。如果近期内该材料价格变动很大,或者评估基准日与最近一次购进时间间隔期较长,其价格变动较大时,应采用评估基准日的市价。另外,由于材料分期购进,且购进价格各不相同,企业采用的存货计价方法不同,如先进先出法、加权平均法等,其账面余额也就不同。但需要注意:存货计价方法的差异不应影响评估结果,评估时关键是核查库存材料的实际数量,并按最接近市场的价格计算确定其评估值。

(3) 购进时间早、市场已脱销、无可供参考市场价格材料的评估

企业库存的某些材料可能由于购进的时间早,市场已经脱销,评估时无明确的市价可供参考或者使用。对这类材料的评估,可以通过以下方法进行:①寻找替代品的价格变动资料来修正材料价格;②在分析市场供需的基础上,确定该材料的供需关系,以此修正材料价格;③通过市场同类商品的平均物价指数进行评估。

【例 7-3】 某企业 2015 年 1 月购进原材料 A 共 500 吨,单价为 2 000 元/吨。由于当时该材料已经紧俏,价格较高,而且供应存在明显的季节性,2015 年 9 月进行评估时,市场上已经脱销。经清查核实,该材料的库存尚存 60 吨,因保管等原因造成的减值因素占材料原值的 3%。根据以下情况分别确定 A 材料的评估值。

解 ① 市场上有另一种材料 B 与企业材料 A 的功能相似,可作为替代品,材料 B 的现行市价为 1 200 元/吨,根据历史数据可知材料 B 与材料 A 的价格之比是 0.6:1。

材料 A 的评估值 = $60 \times 1\,200 \times 1/0.6 - 60 \times 2\,000 \times 3\% = 116\,400$(元)

② 通过分析市场供求趋势,材料 A 价格目前基本稳定,但需求略有下降,价格被拉低了 2% 左右。

材料 A 的评估值 = 60×2 000 ×(1−2%) − 60×2 000×3% = 114 000(元)

③ 按照同类商品的物价指数进行评估。据调查，同类商品的物价指数 2015 年 1 月为 100%，2015 年 9 月为 101.5%，即原材料 A 的价格上升了 1.5% 左右。

材料 A 的评估值 = 60×2 000×101.5%/100% − 60×2 000×3% = 118 200(元)

（4）呆滞材料的评估

呆滞材料是指从企业库存材料中清理出来，需要进行处理的材料。这部分材料积压时间较长，可能会因为自然力作用或保管不善等原因造成使用价值下降。所以对这类材料进行评估时，首先要对其数量和质量进行核实和鉴定，然后区别不同情况进行评估。对其中失效、变质、残损、报废和无用的，应通过分析计算，扣除相应贬值数额后确定评估值。

（5）破产企业材料的评估

破产企业库存材料的评估一般采用清算价格法。对于破产企业尚有使用价值的库存材料，其评估值的确定主要以资产拍卖时的变现价格为依据。材料的变现价格评估，首先要通过与市场售价作比较，评估出资产的评估价值，与交易双方协商，共同确定成交价格。一般情况下，成交价格要低于资产评估价格。

7.2.2 在产品的评估

在产品包括生产过程中尚未加工完毕的在制品和已加工完毕但不能单独对外销售的半成品（可对外销售的半成品视同产成品评估）。对在产品的评估一般可以采用成本法或市场法。

1. 成本法

成本法是根据技术鉴定和质量检测的结果，按评估时的相关市场价格及费用水平重置同等级在产品及半成品所需投入的合理的料、工、费计算评估值。这种评估方法主要适用于生产周期较长的在产品的评估。对于生产周期较短的在产品，主要以其实际发生的成本作为价值评估的依据。在没有变现风险的情况下，可根据其账面值进行调整。具体方法如下，可根据具体情况选择使用。

（1）根据价格变动系数调整原成本

这种方法主要适用于生产经营正常、会计核算水平较高、成本核算资料基本可靠的企业。根据价格变动系数调整原成本主要是以实际发生的原始成本为基础，根据评估日的市场价格调整成重置成本。具体步骤如下。

① 对被评估在产品进行技术鉴定，从总成本中剔除不合格在产品的成本。

② 分析原账面成本的构成，从总成本中剔除不合理的费用。

③ 分析原成本中材料成本从生产准备开始到评估基准日为止的市场价格变动情况，并测算出价格变动系数。

④ 分析原成本中的工资、制造费用等从生产开始到评估基准日有无大的变动，是否需要进行调整，如需调整，测算出调整系数。

⑤ 根据技术鉴定、原始成本构成的分析及价值变动系数的测算，调整成本，确定评估值，必要时从变现的角度修正评估值。

评估值基本计算公式如下。

在产品评估值 = 原合理材料成本×(1 + 价格变动系数) +
原合理工资、费用×(1 + 合理工资、费用变动系数)

需要说明的是，在产品成本包括直接材料、直接人工和制造费用三部分。制造费用属间接费用，直接人工尽管是直接费用，但也同间接费用一样较难测算，因此评估时可将直接人工和制造费用合并为一项费用进行测算。

（2）按社会平均消耗定额和现行市价计算评估值

这种方法主要适用于定额成本资料齐全、可靠的企业。该方法是按重置同类资产的社会平均成本确定被评估资产的价值。采用此种方法对在产品进行评估时需要掌握以下资料。

① 被评估在产品的完工程度。
② 被评估在产品有关工序的工艺定额。
③ 被评估在产品耗用物料的近期市价。
④ 被评估在产品在正常生产经营情况的合理工时及单位工时的费用标准。

评估值基本计算公式如下。

在产品评估值 = 在产品实有数量×(该工序单件材料工艺定额×
单位材料现行市价 + 该工序单件工时定额×正常工资费用)

对于工艺定额的选取，有行业平均物料消耗标准的，可按行业标准计算；没有行业统一标准的，按企业现行的工艺定额计算。

【例7-4】 某企业处于某一生产阶段的在产品300件，已知每件在产品铝材消耗量为400千克，铝材单价为5元/千克；在产品累计单位工时定额70小时，每小时的燃料和动力费定额0.8元、工资及附加费定额15元、车间经费定额3元、企业管理费用定额6元。根据以上资料评估该在产品的价值。

解 原材料成本 = 300×400×5 = 600 000(元)
工资成本 = 300×70×15 = 315 000(元)
燃料和动力成本 = 300×70×0.8 = 16 800(元)
费用成本 = 300×70×(3 + 6) = 189 000(元)
该项在产品的评估值 = 600 000 + 315 000 + 16 800 + 189 000 = 1 120 800(元)

（3）按在产品的完工程度计算评估值

因为在产品的最高形式为产成品，因此可以在计算产成品重置成本的基础上，按在产品完工程度计算确定在产品的评估值。

评估值基本计算公式如下：

在产品约当产量 = 在产品数量×在产品完工程度
某道工序在产品完工程度 = (上道工序的累计单位工时定额 +
该道工序的单位工时定额×50%)/
在产品单位工时定额×100%

在产品评估值 = 产成品重置成本 × 在产品约当产量

在产品约当产量、完工率可以根据其完成工序与全部工序比例、生产完成时间与生产周期比例确定。当然，确定时应分析完成工序、完成时间与其成本耗费的关系。另外，采用约当产量评估在产品价值时，需要注意在产品的材料成本。一般来说，许多工业企业的主要原料往往都是在生产过程的第一道工序一次投入，所以材料成本也就是按照在产品的实际数量而不是按约当产量。若在产品的原材料不是一次投入，而是随着生产过程陆续投入，则应将原材料成本调整为约当产量进行计算。

【例 7-5】 某企业有 A 在产品 500 件。该在产品的材料已投入 70%，完工程度为 50%，该产品的单位定额成本资料为：材料定额 3 000 元，工资定额 2 500 元，制造费用定额 1 800 元。试计算 A 在产品的评估值。

解 在产品材料的约当产量 = 500 × 70% = 350(件)
在产品工资和制造费用的约当产量 = 500 × 50% = 250(件)
A 在产品评估值 = 350 × 3 000 + 250 × (2 500 + 1 800) = 2 125 000(元)

2. 市场法

市场法是按同类在产品或半成品的市价，扣除销售过程中预计发生的费用后计算评估值。

一般情况下，如果被评估在产品的通用性能好，能作为产成品的部件或用于维修更换，其评估值会比较高。

此类在产品评估的计算公式为

$$在产品评估值 = 在产品实有数量 × 市场可接受的不含税的单价 - 预计销售过程中发生的费用$$

如果在调剂过程中有一定的变现风险，还要考虑风险调整系数。

对既不能继续用于生产，又无法通过市场调剂出去的专用配件等，则只能按废料回收价格进行评估。

此类在产品评估的计算公式为

$$在产品评估值 = 可回收废料的重量 × 单位重量现行的回收价格$$

【例 7-6】 某企业因产品技术落后而全面停产，准备与 X 公司合并，现对该企业的在产品进行评估。经盘查，按其在产品的状态和通用性可分为三类：第一类，各车间已经领用但尚未进行加工的原材料；第二类，已加工成部件，可通过市场销售且流动性较好的在产品；第三类，加工成的部件无法销售，又不能继续加工，只能报废处理的在产品。

对于第一类，可以根据实有数量、技术鉴定情况、现行市价计算其评估值；对于第二类在产品可以根据市场同类产品的现行价格、调剂过程中的费用、调剂的风险确定其评估值；对于第三类在产品则只能按废料的回收价格计算评估值。

解 根据评估资料可以计算各类在产品的评估值，如表 7-1、表 7-2、表 7-3 所示。

表7-1 尚未加工的原材料

单位：元

材料名称	编号	计量单位	实有数量	现行单位市价	按市价计算的资产价值
甲材料	A001	吨	800	450	360 000
乙材料	A002	吨	650	135	87 750
丙材料	A003	千克	1 300	70.5	91 650
合计					539 400

表7-2 可直接销售的在产品

单位：元

部件名称	编号	计量单位	实有数量	现行单位市价	按市价计算的资产价值
A	B001	件	2 400	36	86 400
B	B002	件	1 600	125	200 000
C	B003	件	750	73	54 750
D	B004	台	800	160	128 000
合计					469 150

表7-3 报废在产品

单位：元

在产品名称	计量单位	实有数量	可收回废料/（千克/件）	可收回废料数量/千克	收回价格/（元/千克）	评估值
G001	件	500	84	42 000	0.85	35 700
G002	件	1 500	35	52 500	0.6	31 500
合计						67 200

在产品评估值 = 539 400 + 469 150 + 67 200 = 1 075 750(元)

7.2.3 产成品和库存商品的评估

产成品是指企业已完工入库和虽未办理入库手续但已完工并经过质量检验合格的产品。库存商品主要是指商品流通企业购入但尚未销售的商品。对此类存货应依据其变现能力和市场可接受的价格进行评估，通常采用成本法和市场法。

1. 成本法

采用成本法对生产及加工工业的产成品进行评估，主要根据生产该项产成品全过程所发生的成本、费用确定其评估值。具体应用过程中，可分以下两种情况进行。

（1）评估基准日与产成品完工时间接近

当评估基准日与产成品完工时间较接近，成本变化不大时，可以直接按产成品的账面成本确定其评估值。计算公式为：

产成品评估值 = 产成品数量 × 产成品单位成本

（2）评估基准日与产成品完工时间间隔较长

当评估基准日与产成品完工时间相距较远，产成品的成本变化较大时，产成品评估值可按以下两种方法计算。

① 以合理的消耗定额和料、工、费的现行市价计算。

产成品评估值 = 产成品实有数量 × (合理材料工艺定额 × 单位材料现行价格 +
合理工时定额 × 单位小时合理工时工资、费用)

② 以物价变动系数对实际成本进行调整。

产成品评估值 = 产成品实际成本 × (材料成本比例 × 材料综合调整系数 +
工资、费用成本比例 × 工资、费用综合调整系数)

【例 7-7】 某资产评估事务所对甲企业进行资产评估。经核查，该企业产成品实有数量为 2 000 件，根据该企业的成本资料，结合同行业成本耗用资料分析，合理材料工艺定额为 400 千克/件，合理工时定额为 8 小时。评估时，生产该产品的材料价格上涨，由原来的 120 元/千克涨至 135 元/千克，单位小时合理工资、费用标准为 25 元/小时。

解 根据上述分析有关资料，可以确定甲企业产成品的评估值为

产成品评估值 = 2 000 × (400 × 135 + 8 × 25) = 108 400 000(元)

【例 7-8】 某企业产成品实有数量为 80 台，每台实际成本为 1 600 元，根据会计核算资料，生产该产品的材料费用与工资、其他费用的比例为 6:4。根据目前价格变动情况和其他相关资料，确定材料综合调整系数为 1.05，工资、费用综合调整系数为 1.18。

解 可以计算该产成品的评估值为

产成品评估值 = 80 × 1 600 × (60% × 1.05 + 40% × 1.18) = 141 056(元)

2. 市场法

市场法是指按不含价外税的可接受市场价格扣除相关费用后评估产成品价值的评估方法。在选择市场价格时，应考虑以下几个因素。

① 产成品的使用价值。评估人员应根据对产品的质量考察、技术鉴定，确认产品是否具有使用价值及产品的实际等级，以便选择合理的市场价格。

② 分析市场供需状况和被评估产成品的前景。

③ 应选择公开市场的近期交易价格，非正常交易价格不能作为评估依据。

④ 对存在不同程度残缺的产成品，可根据其损坏程度，通过调整系数予以调整。

采用市场法对产成品进行评估，在确定扣除成本、费用时，要注意如何处理产成品中待实现的利润和税金。对待实现的利润、税金的处理是一个不可忽视的问题，对这一问题要具体情况具体分析，视产成品评估的特定目的和评估性质而定。

如果评估的目的是出售，则以现行市价作为评估值，而无须考虑扣除其销售费用和税金，因为任何低于市场价格的评估值对于卖方都是不可接受的。另外，缴纳增值税的产成品的销项税额尽管是向买方收取，但并不构成产成品的价格，而买方支付给卖方的销项税额是其本身的进项税额，在他将买进的产品再卖出时，所实际支付的税额是销项税和进项税的差额，本身就意味着税款的扣除。

第 7 章 流动资产评估

如果是以投资为目的对产成品进行评估，应从市价中扣除各项税金和利润后作为其评估值，因为产成品作为投资者权益，是分配收益的依据。另外，产品在新的企业按市价销售后，流转税和所得税将流出企业，追加的销售费用应得到补偿。

在实际评估中，应根据产品的市场销售状况分别处理。对于十分畅销的产品，根据其出厂价减去销售费用和全部税金确定评估值；对于正常销售的产品，根据其出厂价减去销售费用、全部税金和适当数额的税后净利润确定评估值；对于勉强能销售出去的产品，根据其出厂价减去销售费用、全部税金和税后净利润确定评估值；对于滞销、积压、降价销售的产品，应根据其可收回净收益确定评估值。具体计算公式如下：

（1）畅销类产品的评估价计算公式

产成品评估值 = 产成品实有数量 ×（不含税出厂价 –
　　　　销售税金及附加 – 销售费用 – 所得税）

（2）正常销售产品的评估价计算公式

产成品评估值 = 产成品实有数量 ×（不含税出厂价 – 销售税金及附加 –
　　　　销售费用 – 所得税 – 适当税后利润）

（3）勉强能销售产品的评估价计算公式

产成品评估值 = 产成品实有数量 ×（不含税出厂价 – 销售税金及附加 –
　　　　销售费用 – 所得税 – 税后利润）

（4）滞销、积压、降价销售产品的评估价计算公式

产成品评估值 = 产成品实有数量 × 不含税出厂价 ×（1 – 折扣率）

【例 7-9】 甲企业的 A 产品连年来销售势头较好，属畅销类产品。现对 A 产品进行评估，评估基准日的账面价值为 90 048 元。经评估人员的核查，评估基准日 A 产品库存 26 800 件，单位成本 3.36 元/件，出厂价格为 4.68 元/件（含增值税），增值税税率 17%，A 产品的销售费率为 3%，销售税金及附加占销售收入的比例为 1.6%，利润率为 20%，所得税税率为 25%，试计算 A 产品的评估值。

解 A 产品的评估值 $= 26\ 800 \times \dfrac{4.68}{1.17} \times (1 - 3\% - 1.6\% - 20\% \times 25\%)$

$= 96\ 908.8$（元）

7.2.4 低值易耗品的评估

1. 低值易耗品的概念及分类

低值易耗品是指单项价值在规定限额以下或使用期限不满一年，但能多次使用且实物形态基本保持不变的劳动工具。不同行业对固定资产和低值易耗品的划分标准是不完全相同的，因此在评估过程中判断劳动资料是否为低值易耗品，原则上视其在企业中的作用而定，一般可尊重企业原来的划分标准。同时，低值易耗品又是特殊流动资产，与典型流动资产相

比,它具有周转时间长、不构成产品实体等特点。掌握低值易耗品的特点,是做好低值易耗品评估的前提。低值易耗品种类较多,为了准确评估其价值,可以对其进行必要的分类。一般按其用途和使用情况进行分类。

(1) 按低值易耗品用途分类

按其用途,可将低值易耗品分为一般工具、专用工具、替换设备、管理用具和劳动保护品等。这种分类的目的在于可以按大类进行评估,以简化评估工作。

(2) 按低值易耗品使用情况分类

按照使用情况,可分为在库低值易耗品和在用低值易耗品两类。这种分类则是考虑了低值易耗品使用的具体情况,直接影响评估方法的选用。

2. 低值易耗品的评估方法

(1) 在库低值易耗品的评估

对于在库低值易耗品,可以根据具体情况,采用与库存材料、库存商品评估相同的方法。

(2) 在用低值易耗品的评估

对于在用低值易耗品,一般采用成本法进行价值评估。基本计算公式为:

$$在用低值易耗品评估值 = 全新低值易耗品的成本价值 \times 成新率$$

对于全新低值易耗品的评估价值,在价格变动不大时,可以直接采用账面价值,也可以采用现行市价;在价格变动较大时,可以在账面价值基础上乘以物价变动指数。

由于低值易耗品的使用期限较短,所以一般不考虑其功能性损耗和经济性损耗。其成新率计算公式为:

$$成新率 = \left(1 - \frac{低值易耗品实际已使用月数}{低值易耗品预计使用月数}\right) \times 100\%$$

企业在进行会计核算时,出于计算成本、费用的需要,对低值易耗品采用了较为简化的摊销方法,其摊销情况并不能真实反映低值易耗品的真实耗损程度。因此,在确定低值易耗品的成新率时,应根据实际耗损程度确定,而不能完全按照其摊销方法确定。

【例7-10】 甲企业对某项低值易耗品进行价值评估。资料显示,该项低值易耗品原价1 400元,预计使用一年,现已使用8个月,该低值易耗品现行市价为1 800元,试计算其评估值。

解 低值易耗品评估值 = 1 800 × (1 - 8/12) = 600(元)

7.3 货币类流动资产与债权类流动资产的评估

7.3.1 货币类流动资产的评估

1. 现金和各项存款的评估

对于现金和各类银行存款而言,并不会因为时间的变化而发生差异。因此,对现金和各项存款的评估主要是对现金的清查和盘点，并与现金日记账和现金总账核对，实现账实相符，对各项银行存款进行清查确认，核实银行存款的实有数额，最后以核实后的实有数额作为评估值。如有外币存款，应按评估基准日的外汇汇率折算成等值人民币。在对现金和各项银行存款进行审核时应注意是否存在"白条抵库"、企业编制的"银行存款余额调节表"是否准确及"未达账项"的未达时间等问题。

2. 短期投资评估

短期投资是指企业购入的、持有期限不超过一年（含一年）、能够随时变现的各种有价证券，包括股票、债券、基金等。短期投资中的有价证券，大多数是在证券市场上公开挂牌交易的，对这部分有价证券，可按评估基准日的收盘价计算确定其评估值；对于不公开上市交易的有价证券，可按本金与持有期间的利息之和计算其评估值。

7.3.2 债权类流动资产的评估

1. 应收账款及预付账款的评估

企业的应收账款是指企业因销售商品、提供劳务等发生的应向有关债务人收取的款项。预付账款是指企业因采购货物预先支付给有关单位的款项。应收账款的收取对象是现金，预付账款的收取对象是有关货物。由于这部分资产存在一定的回收风险，因此在对其进行估算时，一般应从两方面进行：一是清查核实有关款项的账面数额；二是估计可能发生的坏账损失额。应收账款价值评估的基本计算公式为：

$$应收（预付）账款评估值 = 应收（预付）账款账面价值 - 已确定的坏账损失 - 预计可能发生的坏账损失$$

具体评估程序如下。

(1) 确定应收（预付）账款的账面价值

在对企业的应收账款进行评估时，除了进行账证核对、账表核对外，还应尽可能要求被评估单位按客户名单发函核对，查明每笔应收账款发生的时间、金额、债务人的基本情况，并进行详细记录，作为预计坏账损失的重要依据。另外，对机构内部独立核算单位之间的往来必须进行双向核对，以避免重复和漏记。

(2) 确认已发生的坏账损失

已发生的坏账损失是指评估基准日时债务人已经死亡或破产，以及有足够证据表明确实无法收回的应收账款。对于已确认的坏账损失，在评估其价值时，应从应收账款价值中扣除。

(3) 预计可能发生的坏账损失

根据被评估企业应收账款收回的可能性进行判断，预计可能发生的坏账损失。在评估工作中，可以根据企业与债务人的业务往来和债务人的信用情况将应收账款分为以下几类，按类分析坏账损失发生的可能性及数额，从而计算应收账款的评估值。

① 业务往来较多，债务人结算信用好。这类账款通常能够如期收回。

② 业务往来较少，债务人结算信用一般。这类账款收回的可能性很大，但收回时间不能完全确定。

③ 偶然发生业务往来，债务人结算信用不明。这类账款可能只收回一部分。

④ 有业务往来，但债务人结算信用差，有长期拖欠的不良记录。这类账款一般无法

收回。

以上分类方法既是对应收账款发生坏账损失可能性的判断,又是定量分析预计坏账损失的基础。对预计坏账损失的估计方法主要有坏账比例法和账龄分析法。

① 坏账比例法是按坏账占全部应收账款的比例来判断不可收回的坏账损失数额。坏账比例通常根据企业前若干年(一般为3~5年)的实际坏账损失额与相应的应收账款的发生额之比来确定。计算公式为:

$$坏账比例 = 评估前若干年发生的坏账数额 / 评估前若干年应收账款余额 \times 100\%$$

$$预计坏账损失额 = 评估基准日应收账款账面余额 \times 坏账比例$$

【例7-11】 对某企业的应收账款进行评估。截至评估基准日,应收账款经核实后的账面余额为763 500元,资料显示,评估前5年的应收账款余额合计为6 400 000元,实际发生的坏账损失合计为384 000元,试计算应收账款的评估值。

解 坏账比例 = 384 000/6 400 000 × 100% = 6%
预计坏账损失额 = 763 500 × 6% = 45 810(元)
应收账款评估值 = 763 500 - 45 810 = 717 690(元)

② 账龄分析法是根据应收账款入账时间的长短,分析应收账款可收回的金额及坏账损失的数额。一般来说,应收账款账龄越长,发生坏账损失的可能性就越大。因此,可将应收账款按账龄的长短分成不同的组别,按组估计发生坏账损失的可能性,进而估计坏账损失的金额。

【例7-12】 对某企业进行资产评估,经核实,应收账款实有数额为689 400元,相关数据见表7-4,试计算该企业应收账款的评估值。

表7-4 坏账分析计算表

单位:元

拖欠时间	应收金额	预计坏账率/%	坏账金额
未到期	397 000	1	3 970
半 年	106 500	7	7 455
一 年	87 600	15	13 140
两 年	64 300	35	22 505
三年及以上	34 000	80	27 200
合 计	689 400	—	74 270

解 根据表7-4中数额计算可得

应收账款评估值 = 689 400 - 74 270 = 615 130(元)

除了坏账损失外，应收账款的评估还应考虑相关的费用。需要注意的是，评估完成后，"坏账准备"科目的值应为零。因为"坏账准备"是应收账款的备抵账户，是企业按照《企业会计制度》的规定，根据应收账款发生坏账损失的可能性采用一定方法计提的。而对应收账款进行评估时，是按照实际可收回的可能性进行的，所以在评估结果中不再考虑坏账准备的数额。

2. 应收票据的评估

票据是由付款人或收款人签发，由付款人承兑，到期无条件付款的一种书面凭证。应收票据是企业因销售商品、提供劳务而收到的尚未兑现的各种票据，是指企业持有的经债务人书面承诺，具有法定形式和已确定收款期限的债权凭证。目前我国企业所使用的应收票据主要是商业汇票，按承兑人的不同可分为商业承兑汇票和银行承兑汇票。商业汇票可依法背书转让，也可以向银行申请贴现。票据贴现，是指票据持有人在票据到期前向银行申请贴付一定利息，把票据债权转让给银行的信用活动。按是否带息，商业汇票可分为带息和不带息两种。不带息票据的评估值等于其票面金额；带息票据的评估值等于本金（票面金额）加利息。

对应收票据的评估可以采用以下两种方法。

（1）按应收票据的贴现值计算

在票据单独转让的情况下，应收票据的评估值为按评估基准日到银行申请贴现的贴现值。基本计算公式为：

$$应收票据评估值 = 票据到期价值 - 贴现息$$

$$贴现息 = 票据到期价值 \times 贴现率 \times 贴现期$$

【例 7-13】 A 企业向甲企业销售一批商品，货款金额 900 万元，采用商业汇票结算，付款期限为 6 个月。A 企业于 3 月 10 日开出汇票，并经甲企业承兑。汇票到期日为 9 月 10 日。现对 A 企业进行评估，基准日为 6 月 10 日。由此确定贴现期为 90 天，贴现率按月息 6‰计算。试计算 A 企业应收票据的评估值。

解　贴现息 $= 900 \times 6‰ \times \dfrac{90}{30} = 16.2$（万元）

应收票据评估值 $= 900 - 16.2 = 883.8$（万元）

（2）按票据的本利和计算

在采用加和法评估企业价值的情况下，应收票据应按照票据的面值加上应计的利息作为评估值。基本计算公式为：

$$应收票据评估值 = 本金 \times (1 + 利息率 \times 时间)$$

【例 7-14】 某企业拥有一张付款期限为 3 个月的商业汇票，出票日期为 2015 年 4 月 10 日，本金 80 万元，月息为 10‰，评估基准日为 2015 年 6 月 10 日。试计算应收票据的评估值。

解 　　　　应收票据评估值 $= 80 \times (1 + 10‰ \times \dfrac{60}{30}) = 81.6$（万元）

以上是计算应收票据评估值的常用方法。但是如果被评估的应收票据是在规定期限内尚未收回的票据，由于会计处理上已将不能如期收回的应收票据转入应收账款账户，所以对这部分应收票据的评估应按照应收账款的评估方法进行。

3. 待摊费用和预付费用的评估

（1）待摊费用的评估

待摊费用是企业已经支付或发生，但应由本月和以后各月份负担的费用。待摊费用主要包括以下几类。

① 属于预付费用性质的，如预付保险费用和租金等。

② 属于均衡成本性质的，如一次大量领用的低值易耗品，按受益期摊销。

③ 属于无形资产性质的，如职工技术培训费用，因为无相应的无形资产科目，也反映在待摊费用中。

④ 属于特殊性质的，如融资租赁费用，要分期摊入成本。

待摊费用本身不是资产，而是已耗用资产的反映。它的支出可以形成一定形态的有形资产、无形资产或享受某些服务的权利。因此，对于待摊费用的评估，实际上是确定其实体资产或权益的价值，而不能只考虑其账面金额。如果实体资产或权益已不存在，无论该项待摊费用账面价值多大，其评估值应为零。

也就是说，对待摊费用的评估，原则上应按其形成的具体资产的价值来确定。例如，某企业的待摊费用中，发生的待摊修理费用2万元，但是在机器设备评估时，已经考虑到进行大修理会延长设备的使用寿命，从而使机器的评估值增大。也就是说，2万元待摊修理费用已经在机器设备的评估值中得以体现，因此这部分反映在待摊费用中的价值就无须体现。另外需要注意的一点是，只有在采用加和法评估企业价值时，才涉及对待摊费用的评估。

（2）预付费用的评估

预付费用是企业在评估日之前已经支付，但在评估日之后才能产生效益的款项，如预付的保险金和租金、预付的报纸杂志订阅费等。因此，可以将预付费用看作是未来取得服务的权利。预付费用的评估主要依据其未来可产生效益的时间来进行。如果预付费用的效益已在评估日前全部体现，只因发生数额过大而采用分期摊销的方法，这部分预付费用则不应在评估中作价。只有那些在评估日之后仍能发挥作用的预付费用，才是评估的对象。

【例7–15】　某评估公司于2012年3月31日对甲企业的待摊费用和预付费用进行单项评估。相关资料如下。

① 预付一年的保险金24万元，已摊销6万元。

② 待摊销的低值易耗品16.8万元，现行市价为21万元。

③ 预付房租60万元，已摊销24万元，租约的起止时间为2010年3月31日到2015年3月31日。

④ 以前年度应结转但因成本过高而未转的费用74万元。

根据上述材料，确定甲企业的待摊、预付费用的评估值。

解 ① 预付保险金的评估值。

$$每月应摊销数额 = \frac{24}{12} = 2(万元)$$

$$剩余保险金评估值 = 2 \times 9 = 18(万元)$$

② 未摊销的低值易耗品按现行市场价格确定评估值为 21 万元。

③ 预付租金的评估值。

$$每年应摊销租金 = \frac{60}{5} = 12(万元)$$

$$剩余租金评估值 = 12 \times 3 = 36(万元)$$

④ 以前年度应转未转的费用，因为已经不能再产生效益，故其评估值为零。

评估结果为

$$18 + 21 + 36 = 75（万元）$$

7.4 流动资产评估案例分析

7.4.1 流动资产评估案例一

XYZ评字（2014）第15号

资产评估报告——对大连市金钟制药厂部分流动资产价值的评估

大连市国有资产管理局：

根据贵局2014年5月26日资评立字13号资产评估立项通知书和厂方的委托，本会计师事务所已于2014年6月1日对该厂申报评估的部分流动资产价值实施了评估。现将评估结果报告如下。

1. 评估目的

大连市金钟制药厂（甲方）拟与天津市蓝天制药厂（乙方）合并，经主管部门批准，乙方被甲方兼并，对乙方投入合并经营企业的部分流动资产价值进行评估。

2. 评估基准日

2014年6月1日。

3. 评估方法

乙方投入甲方的流动资产包括以下内容。

① 库存现金87 500元。其中白条抵库3 500元，由于原负责人已调离而无法追回，另有无法追回的职工欠款27 000元。

② 银行存款115 800元。

③ 产成品账面价值276 000元，库存商品350 000元。经评估人员调查检测，该产成品和库存商品的价格无重大变化，质量没有发生损坏。

④ 应收账款余额178 500元。经调查核实，已有一户债务人下落不明，欠款共计31 500元，另有欠款逾期超过3年的债务人2户，金额共计67 000元。

流动资产账面价值合计 1 007 800 元。

乙方投入甲方的流动资产采用市场法和账龄分析法进行价值评估。

分析计算：

① 库存现金 87 500 元中，白条抵库和工人欠款因无法追回，应视为坏账损失，从库存现金中扣除。库存现金评估值 = 87 500 - 3 500 - 27 000 = 57 000（元）。

② 银行存款不作调整，评估值为 115 800 元。

③ 由于产成品和库存商品的价格和质量没有发生变化，所以采用原账面价值作为评估值，即 276 000 + 350 000 = 626 000（元）。

④ 应收账款 178 500 元中，下落不明及欠款逾期 3 年以上的企业所欠货款，应视为坏账损失，从应收账款余额中扣除。应收账款评估值 = 178 500 - 31 500 - 67 000 = 80 000（元）。

⑤ 乙方投入甲方流动资产评估值 = 57 000 + 115 800 + 626 000 + 80 000 = 878 800（元）。

4. 评估结果

乙方投入甲方的流动资产价值为 878 800 元，比原账面价值减少 129 000 元，降值率为 12.8%。

7.4.2 流动资产评估案例二

ABC 评字（2014）第 15 号

资产评估报告——对北京市朝阳区天河公司部分流动资产价值的评估

北京市朝阳区国有资产管理办公室：

根据贵局 2014 年 12 月 20 日资评立字 08 号资产评估立项通知书和企业的委托，本资产评估有限公司已于 2014 年 12 月 31 日对该企业申报评估的部分流动资产价值实施评估。现将资产评估情况及评估结果报告如下。

1. 评估目的

为北京市朝阳区天河公司拟与北京市海淀区连华服装厂联合经营，对北京市朝阳区天河公司投入联营企业的部分流动资产价值进行评估。

2. 评估基准日

2014 年 12 月 31 日。

3. 评估方法

天河公司投入联营企业的流动资产包括：库存商品 1 000 件，购入时单价 170 元，记为 170 000 元，原材料 50 吨，购入时单价 2 400 元，记为 120 000 元，合计 290 000 元。

对天河公司投入联营企业的流动资产采用市场法进行评估。

经评估人员市场调查确定，评估基准日库存商品每件的单价为 200 元，单位价格上涨 17.65%，原材料每吨 2 100 元，单位价格下降 12.5%。

经计算：

库存商品评估值 = 1 000 × 200 = 200 000（元）

原材料评估值 = 50 × 2 100 = 105 000（元）

投入联营企业的流动资产总值为 305 000 元。

经评估人员质量检查和技术鉴定，上述流动资产没有发生质量变化，其价格可以按照现行市价计算确定。

4. 评估结果

天河公司投入联营企业的流动资产价值为305 000元，比账面价值增加15 000元，增值率为5.17%，其中库存商品价值增加30 000元，增值率为17.65%，原材料价值减少15 000元，降值率为12.5%。

练习题

一、单项选择题

1. 采用成本法评估低值易耗品时，成新率的确定应以（　　）为依据。
   A. 已摊销数额　　　　　　　B. 尚未摊销数额
   C. 实际耗损程度　　　　　　D. 已使用月数

2. 对上市有价证券进行评估时，一般按评估基准日该有价证券的（　　）计算评估值。
   A. 最高价　　B. 最低价　　C. 收盘价　　D. 中间价

3. 将外币存款折算为人民币时，应按（　　）折算。
   A. 评估基准日外汇牌价　　　B. 当年最低外汇牌价
   C. 当月平均外汇牌价　　　　D. 当年平均外汇牌价

4. 2015年6月1日对某企业库存甲材料进行评估。该材料分两批购进，2014年3月购入600千克，单价1 300元，已领用500千克，结存100千克，2015年5月购入200千克，单价1 200元，尚未领用。该企业对库存材料采用先进先出法核算。该材料的评估值为（　　）元。
   A. 360 000　　B. 370 000　　C. 380 000　　D. 390 000

5. 对某企业的应收账款进行评估。截至评估基准日止，该企业的应收账款余额为1 650 000元，该企业前5年的应收账款累计余额为8 730 000元，处理坏账累计额1 309 500元。按坏账比例法确定该企业预计坏账损失的评估值为（　　）元。
   A. 165 000　　B. 247 500　　C. 470 000　　D. 250 000

6. 对某项在用低值易耗品进行评估。该低值易耗品原价1 200元，使用寿命为1年，按照五五摊销法，账面余额为600元，评估时已使用9个月，该低值易耗品的现行市场价格为1 000元，由此确定该低值易耗品的评估值为（　　）元。
   A. 1 200　　B. 1 000　　C. 600　　D. 250

7. 某企业4月初预付6个月的房屋租金120万元，当年6月1日对该企业评估时，此项预付费用的评估值为（　　）万元。
   A. 100　　B. 80　　C. 60　　D. 40

8. 计算应收账款评估值的基本公式是：应收账款评估值=（　　）。
   A. 应收账款账面余额－已确定坏账损失－预计坏账损失
   B. 应收账款账面余额－坏账准备－预计坏账损失
   C. 应收账款账面余额－已确定坏账损失－坏账损失
   D. 应收账款账面余额－坏账损失－坏账准备

9. 一般来说，应收账款评估后，其对应的"坏账准备"科目余额为（　　）。
　　A. 应收账款的 0.3%～0.5%　　B. 按账龄分析确定
　　C. 0　　D. 评估确定的坏账数额

二、多项选择题

1. 产成品及库存商品的评估方法主要有（　　）。
　　A. 成本法　　B. 市场法　　C. 年金法　　D. 分段法
2. 评估库存材料的变现价值要考虑的因素有（　　）。
　　A. 被评估材料的变现风险　　B. 被评估材料的变现费用
　　C. 被评估材料的成本　　D. 市场价格的选择
3. 对购进时间长、市场已脱销、没有准确市场现价的库存材料评估时，可以（　　）。
　　A. 在市场供需分析的基础上，确定该项材料的供需关系，并以此修正账面价值得到其评估值
　　B. 以材料的账面价值作为评估值
　　C. 通过市场同类商品的平均物价指数对账面价值进行调整得到其评估值
　　D. 利用替代品的价格资料调整分析其评估价值
4. 关于流动资产的评估，下列说法正确的是（　　）。
　　A. 通常情况下，货币类流动资产以账面原值作为评估值最为合理
　　B. 债权类流动资产按可变现净值进行评估
　　C. 评估流动资产一般不需要考虑资产的功能性贬值因素
　　D. 实物类流动资产的评估方法通常采用成本法和市场法
5. 企业流动资产评估的内容包括（　　）。
　　A. 外埠存款　　B. 库存的外单位委托加工的材料
　　C. 处在生产过程中的在产品　　D. 代为其他企业保管的材料物资

三、评估题

1. 现对某企业的在产品进行评估，资料如下：该在产品账面总成本为 600 万元，经评估人员质量检查和技术鉴定后，发现该系列在产品中 A 类在产品有 500 件废品，账面单位成本为 50 元，估计可收回的废料价值共计 3 000 元。该系列在产品的成本中，材料成本占 70%，生产所用材料的价格自生产准备日起到评估基准日止上涨了 12%。试计算该系列在产品的价值。
2. 对甲企业的在产品进行评估，该类在产品共 70 件，生产用材料已经投入 80%，完工程度 50%。该在产品制成的产成品单位材料定额为 1 500 元，工资定额为 400 元，其他费用定额 200 元。试计算该在产品的价值。
3. 对 A 企业的产成品进行评估。该产成品实有数量 100 台，单位成本 45 元。根据 A 企业会计核算资料，生产该产品的材料费用与工资、其他费用的比例为 70∶30，根据目前市场价格变动情况和其他相关资料，确定材料综合调整系数为 1.05，工资、费用综合调整系数为 1.12。试计算该产成品的价值。
4. 某企业向丙企业售出一批材料，采用商业汇票结算，价款 1 000 万元，期限 6 个月。该企业于 1 月 20 日开出汇票，并经丙企业承兑，汇票到期日为 7 月 20 日。评估人员于 4 月 20 日对该企业进行评估，由此确定贴现期为 90 天，贴现率按月息 8‰计算。试计算该商业票据的价值。

第8章

资源资产评估

> **学习目标**
> - 熟悉自然资源的分类和资源资产特性;
> - 熟悉并理解资源资产价值评估分类及评估影响因素;
> - 了解森林资源评估范围和程序;
> - 熟悉并掌握森林评估分类与主要方法;
> - 熟悉矿业权评估三大基本方法及适用范围。
>
> **内容提要**
> 本章在介绍资源资产的基本概念、分类和特性的基础上,阐述了资源资产评估的基本原理、评估影响因素和评估现实意义,重点介绍了我国资源资产评估中较成熟的森林资源资产评估及矿业权评估的基本原理与具体方法。
>
> **本章关键词**
> 自然资源 自然资源价值 资源资产价值评估 森林资源评估 矿产资源评估

8.1 资源资产评估概述

8.1.1 资源资产概述

1. 自然资源的内涵与分类

资源是人类在其生存与发展过程中所应用的物质。尽管在某一具体阶段的经济活动中,所应用的物质不一定全部来自对自然界的索取,但追根溯源,这些生产出来的产品都离不开自然资源的转化。因此,自然资源是人类从事经济活动的基本物质基础。

自然资源的分类根据不同的目的有多种不同的划分方式,常见的分类方式有两种。一是按照其是否可以再生划分,不可再生资源包括:矿产资源、土地资源、油气资源等;可再生资源包括:森林资源、水资源、光能资源、风能资源、野生动物资源等,如表 8-1 所示。

二是按照其表现出来的自然状态和形式划分,如森林资源、草场资源、湿地资源、野生动物资源、矿产资源、水资源、海洋资源、土地资源等。

表 8-1　按照资源是否可再生划分资源类型

不可再生资源	可再生资源
矿产资源、土地资源、油气资源等	森林资源、水资源、光能资源、风能资源、野生动物资源等

2. 资源资产的特性

自然资源在作为资产时，与其他资产一样具有资产所共有的属性：是由企业或投资者拥有或控制的，能以货币计量的经济资源，可以合理预计未来可获取的经济利益。

自然资源在作为资产时还有以下 4 个特有的属性，在资源资产评估时是需要纳入考虑的因素。

（1）整体性

古人所谓"天人合一"，人与自然界乃至地球、宇宙是一个整体，并且地球的不同资源系统之间相互联系、相互作用、相互制约，局部地区资源的破坏，最终会对其他资源造成影响和危害。例如，过度开采地下水资源，将导致地表植被破坏，草场森林资源消失、沙化等。就如同人体的一个癌细胞一样，不加控制会扩散，最终危害人体健康。因此，对资源资产价值评估时，须关注自然资源系统的整体性和相互依存性。

（2）生态性

生态性是指资源资产具有生态服务功能特性，能够提供舒适性服务。例如，森林资源具有涵养水源功能、净化水质功能；绿色植被固碳释氧功能、保持水土功能、防风固沙功能、生物多样性功能、泉水湿地滨河区等景观游憩功能。广义的资源资产评估应包括对资源资产的这些生态服务功能价值的评估。本章指的是狭义的资源资产评估，即对资源资产的经济价值评估。

（3）有限性

"我们只有一个地球"，从太空宇航员的视角看，它在宇宙中是这样的渺小和脆弱，这同时也就意味着人类从地球获取的资源是有限的。当人类社会发展过程对资源的利用超出了当代人可以运用的底线，就是提前借用了后代的环境与资源，出现生态资源赤字。例如，水资源和草场资源都是可以再生的，然而如果对水资源超采或对草场资源畜牧超载，对这些资源的开发利用超出了其自身的再生速度，最终导致的是资源数量减少甚至耗尽。

（4）稀缺性

这是针对可耗竭资源而言的。例如，矿产资源、油气资源、土地资源不可再生，在人类开发利用过程中处于数量递减的稀缺状态。因此，在对这类资产评估时，随时间的流逝，其价值呈不断上升趋势。

8.1.2　影响资源资产价值评估的因素

（1）社会经济发展因素

对比落后国家漠视资源资产价值，发达国家重视资源资产价值，即表明了社会经济发展因素对资源资产价值有很大的影响，人们对于资源资产价值的认识及重视程度是随着生活水平的提高而提高的，因而自然资源价值的高低是动态变化发展的。

（2）生态环境压力因素

随着工业化、城市化水平的不断提高，人口的迅速增长，资源的不合理开发与利用引发的生态环境问题,如森林乱砍滥伐和矿产资源过度开发等,导致资源稀缺、环境污染、水源涵养能力弱化、地下水位急剧下降、水土流失严重等一系列生态环境问题。生态环境的退化,导致资源的持续利用和资源再生能力下降,使区域社会经济发展与生态环境容量之间的矛盾越来越尖锐。资源资产价值不可避免地受到影响。

(3) 地域影响因素

资源资产在不同地区呈现出的有限性和稀缺性不同,这对资源资产价值评估有相应的影响。

8.1.3 资源资产价值评估分类

资源资产价值评估包括狭义和广义两种。狭义的资源资产评估是评估其常见的经济功能价值,如评估林木价值、林地价值;评估矿业资源开发利用产生的价值;评估农业用地价值;评估牧业用地价值等。这类价值是有形的、物质性的资源价值,从外部看得见。

广义的资源资产价值评估是评估资源资产特殊的生态功能价值,如评估涵养水源功能价值、评估净化水质功能价值、评估绿色植被固碳释氧、保持水土、防风固沙及生物多样性及景观的游憩功能价值。这类价值是无形的、潜在的,属于舒适性服务价值,往往容易被忽视。

本章所指的资源资产评估以狭义评估为主。

8.1.4 资源资产评估的现实意义

对资源资产价值进行评估具有重要的意义。

首先,从宏观上看,经济活动与自然资源的利用密不可分,将资源资产价值纳入国民经济核算体系,能够弥补传统国民经济核算的局限性,正确反映经济活动对自然资源存量与流量的影响。

其次,从微观上看,评估资源资产价值主要是为资源资产投入产出经营、产权转让、出租、抵押、环境保护及资源可持续利用等提供专业的服务。

8.2 森林资源资产评估

8.2.1 森林资源的概述

1. 森林资源的含义

参考《中国大百科全书》和《中华人民共和国森林法实施条例》,森林资源有狭义和广义之分。狭义的森林资源是一般意义上的森林含义,即以乔木为主体的森林植物组成。广义的森林资源是指森林生态系统中的森林(乔木林和竹林)、林木(树木和竹子)、林地及其依托在森林、林木、林地生存的动物、植物、微生物。其中,森林包括乔木林和竹林;林木包括树木和竹子;林地包括郁闭度0.2以上的乔木林地及竹林地、灌木林地、疏林地、采伐迹地、火烧迹地、未成林造林地、苗圃地和县级以上人民政府规划的宜林地。森林、林木、林地与在此基础上生存的生物群落已经组成了森林生态系统,不可分割,因此目前一般采用森林资源广义的概念。

2. 森林资源的主要特性

（1）森林资源具有可再生性

森林资源既可以通过人类的栽培再生，也可以在没有人为因素的情况下自然再生。但是，在自然再生情况下，生长周期很长，因而对森林资源的开发利用不可超过其再生速度，否则将导致资源稀缺甚至耗竭。

（2）森林资源是一个完整的生态系统

森林资源与其他资源一样具有系统性，林木、林地与其内生存的动植物、微生物等形成一个共生共荣的整体，相互依存；并且森林资源与其他资源系统相互联系、相互作用，共同组成地球的生态自然环境。因此，不合理利用森林资源，不仅会影响森林系统的功能与结构，甚至会影响整个地球生态系统。

（3）森林资源具有多种生态功能

森林资源系统除了提供木材等经济功能之外，还具有涵养水源、调节气候、固碳释氧净化空气、保持水土防风固沙及生物多样性及森林景观游憩等多种生态功能。

3. 森林资源资产分类

（1）按其形态划分

可分为为林木资产、林地资产、森林景观资产及与森林资源相关的其他资产，如林产品资源资产、林内动植物资源资产等。

（2）按经营管理形式划分

可分为公益性森林资源资产和经营性森林资源资产，包括用材林资产、经济林资产、薪炭林资产、防护林资产及特种用途林资产。

（3）按其更新再生是否有人为因素划分

可分为天然林和人工林。

8.2.2 森林资源资产评估概述

1. 森林资源资产评估内涵

根据我国 2007 年 1 月 1 日起施行的《森林资源资产评估管理暂行规定》，森林资源资产评估是指评估人员依据相关法律、法规和资产评估准则，在评估基准日，对特定目的和条件下的森林资源资产价值进行分析、估算，并发表专业意见的行为和过程。

1996 年 12 月发布实施的《森林资源资产评估技术规范（试行）》规定：森林资源资产评估是根据特定的目的、遵循社会客观经济规律和公允的原则，按照国家法定的标准和程序，运用科学可行的方法，以统一的货币单位，对具有资产属性的森林资源实体以至预期收益进行的评定估算。它是评估者根据被评估森林资源资产的实际情况、所掌握的市场动态资料和对现在和未来进行多因素分析的基础上，对森林资源资产所具有的市场价值进行评定估算。

森林资源资产评估工作，由财政部门和林业主管部门按照各自的职责进行管理和监督。

2. 评估遵循的原则

（1）基本原则

森林资源资产评估必须遵循公平性原则、科学性原则、客观性原则、独立性原则、可行性原则等基本原则。

（2）前提性原则

森林资源资产评估要遵循产权利益主体变动原则，即以被评估森林资源资产的产权利益主体变动为前提或假设前提，确定被评估资产基准日时点上的现行公允价值。产权利益主体变动包括利益主体的全部改变、部分改变和假设改变。

（3）操作性原则

森林资源资产评估要遵循资产持续经营原则、替代性原则和公开市场等操作性原则。

持续经营原则是指评估时需根据被评估森林资源资产按目前的林业用途、规模继续使用或有所改变的基础上继续使用，相应确定评估方法、参数和依据。替代性原则是指评估作价时，如果同一森林资源资产或同种森林资源资产在评估基准日可能实现的或实际存在的价格或价格标准有多种，则应选用最低的一种。公开市场原则（公允市价原则）是指森林资源资产评估选取的作价依据和评估结论都可在公开市场存在或成立。森林资源资产交易条件公开并且不具有排他性。

3. 评估项目实行核准制和备案制

（1）国有林区森林资源资产评估项目

东北、内蒙古重点国有林区森林资源资产评估项目，实行核准制，由国务院林业主管部门核准或授权核准。

其他地区国有森林资源资产评估项目，涉及国家重点公益林的，实行核准制，由国务院林业主管部门核准或授权核准。对其他国有森林资源资产评估项目，实行核准制或备案制，由省级林业主管部门规定。对其中实行核准制的评估项目，由省级林业主管部门核准或授权核准。

（2）非国有森林资源资产评估项目

非国有森林资源资产评估项目涉及国家重点公益林的，实行核准制，由国务院林业主管部门核准或授权核准。其他评估项目是否实行备案制，由省级林业主管部门决定。

4. 评估范围

根据《中华人民共和国森林法》、《国有资产评估管理办法》（国务院令第91号）、《中共中央、国务院关于加快林业发展的决定》（中发［2003］9号）等法律法规，以及《森林资源资产评估管理暂行规定》，国有森林资源资产占有单位有下列情形之一的，应当进行资产评估：

① 森林资源资产转让、置换；
② 森林资源资产出资进行中外合资或者合作；
③ 森林资源资产出资进行股份经营或者联营；
④ 森林资源资产从事租赁经营；
⑤ 森林资源资产抵押贷款、担保或偿还债务；
⑥ 收购非国有森林资源资产；
⑦ 涉及森林资源资产诉讼；
⑧ 法律、法规规定需要进行评估的其他情形。

对于非国有森林资源资产是否进行资产评估，由当事人自行决定，法律、法规另有规定的除外。对于森林资源资产有下列情形之一的，可根据需要进行评估：

① 因自然灾害造成森林资源资产损失；

② 盗伐、滥伐、乱批滥占林地人为造成森林资源资产损失；

③ 占有单位要求评估。

5. 评估机构和人员

（1）从事国有森林资源资产评估业务的资产评估机构

从事国有森林资源资产评估业务的资产评估机构，应具有财政部门颁发的资产评估资格，并有2名以上（含2名）森林资源资产评估专家参加，方可开展国有森林资源资产评估业务。

森林资源资产评估专家由国家林业局与中国资产评估协会共同评审认定。经认定的森林资源资产评估专家进入专家库，并向社会公布。

资产评估机构出具的森林资源资产评估报告，须经2名注册资产评估师与2名森林资源资产评估专家共同签字方能有效。签字的注册资产评估师与森林资源资产评估专家应对森林资源资产评估报告承担相应的责任。

（2）非国有森林资源资产的评估

非国有森林资源资产的评估，按照抵押贷款的有关规定，凡金额在100万元以上的银行抵押贷款项目，应委托财政部门颁发资产评估资格的机构进行评估；金额在100万元以下的银行抵押贷款项目，可委托财政部门颁发资产评估资格的机构评估或由林业部门管理的具有丙级以上（含丙级）资质的森林资源调查规划设计、林业科研教学等单位提供评估咨询服务，出具评估咨询报告。

上述森林资源调查规划设计、林业科研教学单位提供评估服务的人员须参加国家林业局与中国资产评估协会共同组织的培训及后续教育。

（3）资产评估机构及人员应遵守的原则

资产评估机构和森林资源资产评估专家从事评估业务应当遵守保密原则，保持独立性。与评估当事人或者相关经济事项有利害关系的，不得参与该项评估业务。

评估机构和评估人员必须自觉遵守中国资产评估协会制定的资产评估行业标准和操作规范，并以我国森林资源资产评估技术规范作为森林资源资产评估操作的基本规范，评估机构和评估人员在实际评估过程中，因为具体情况不同而采用本规范之外的或不同的处理方式和方法时，须在资产评估报告书中详细说明。

8.2.3 森林资产评估程序与资产核查

1. 森林资源资产评估程序

森林资源资产评估按下列程序进行：评估立项、评估委托、资产核查、资料收集、评定估算、提交评估报告书、验证确认、建立项目档案。

（1）评估立项

森林资源资产占有单位发生森林资源资产产权变动或其他情形需要进行评估时，应按国家有关规定，向有关部门提交森林资源资产评估立项申请书并随附有关资料。

立项申请书的内容主要包括：森林资源资产占有单位名称、地址、隶属关系、评估目的、评估对象与范围、要求评估的时间、评估的基准日等。附件主要有：该项经济行为审批机关批准文件、县级以上人民政府颁发的有效的产权证明（林权证等）。

(2) 评估委托

森林资源资产评估立项经批准后，资产占有单位方可委托森林资源资产评估机构进行资产评估。评估委托应提交评估委托书、有效的森林资源资产清单和其他有关材料。

① 评估委托书的内容包括：评估目的、评估对象与范围、评估基准日、评估时间、评估要求等。

② 有效的森林资源资产清单，是指以具有相应级别调查设计资格证书的森林资源调查规划设计单位当年调查，并经上级林业主管部门批准使用的森林资源规划设计调查（二类调查）、作业设计调查（三类调查）成果，或按林业资源管理部门要求建立并逐年更新至当年，且经补充调查修正的森林资源档案资料编制，并由林业主管部门认定的森林资源资产清单。森林资源资产清单以小班为单位编制。评估有效期内将采伐的林木资产清单必须依据作业设计调查成果编制。

③ 其他有关资料
- 森林资源资产评估立项审批文件；
- 森林资源资产林权证书；
- 林业基本图、林相图、作业设计调查图；
- 作业设计每木检尺记录；
- 有特殊经济价值的林木种类、数量和质量材料；
- 当地森林培育、森林采伐和基本建设等方面的技术经济指标；
- 林木培育的账面历史成本资料；
- 有关的小班登记表复印件；
- 按照评估目的必须提交的其他材料，如森林景观资产资料等。

评估机构要对委托方所提供的森林资源资产清单的编制依据、资料的完整性和时效性进行核验，核验合格后方可接受委托，并与委托方签署森林资源资产评估业务委托协议。

(3) 资产核查

资产评估机构受理委托后，应对委托方提交的资产清单进行核查，核查符合要求方可进行评估。

(4) 资料收集

在进行评定估算前，森林资源资产评估机构必须收集掌握当地有关的技术经济指标资料，主要有：

① 营业生产技术标准、定额及有关成本费用资料；
② 木材生产、销售等定额及有关成本费用资料；
③ 评估基准日各种规格的木材、林副产品市场价格及其销售过程中税、费征收标准；
④ 当地及附近地区的林地使用权出让、转让和出租的价格资料；
⑤ 当地及附近地区的林业生产投资收益率；
⑥ 各树种的生产过程表、生产模型、收获预测等资料；
⑦ 使用的立木材积表、原木材积表、材种出材率表、立地指数表等测树经营数表资料；
⑧ 其他与评估有关的资料。

(5) 评定估算

在有关资料达到要求的条件下，评估机构对委托单位被评估森林资源资产价值进行评定和估算。

（6）提交评估报告书

资产评估机构对评定估算结果进行分析确定，撰写评估说明，汇集资产评估工作底稿，形成森林资源资产评估报告书，并提交给委托方。

（7）验证确认

委托单位收到评估机构资产评估结果报告后，应报委托单位行政主管部门审查。国有森林资源资产评估结果经林业行政主管部门审查同意后，报同级国有资产管理行政主管部门验证确认。

（8）建立项目档案

评估工作结果后，评估机构应及时将有关文件及资料分类汇总，登记造册，建立项目档案，按国家有关规定和评估机构档案管理制度进行管理。

2. 森林资源资产核查

森林资源资产的实物量是价值量评估的基础，评估机构在森林资源资产价值量评定估算前，必须对委托单位提交的有效森林资源资产清单上所列资产的数量和质量进行认真核查，要求账面、图面、实地三者一致。

森林资源资产数量、质量的核查，必须由具有森林资源调查工作经验的中、高级技术职称的林业专业技术人员负责进行。

1）核查项目

森林资源资产的核查项目，主要包括权属、林地或森林类型的数量、质量和空间位置等内容。具体项目如下。

（1）林地

所有权、使用权、地类、面积、立地质量等级、地利等级等。

（2）林木

① 用材林。用材林又分为幼龄林、中龄林和近、成、过熟林三类，核查涉及权属、树种组成、林龄、平均树高、平均胸径、立木蓄积等指标。

② 经济林。权属、种类及品种、年龄、单位面积产量。

③ 薪炭林。权属、林龄、树种组成、单位面积立木蓄积量。

④ 竹林。权属、平均胸径、立竹度、均匀度、整齐度、年龄结构、产笋量。

⑤ 防护林。除核查与用材林相应的项目外，还要增加与评估目的有关的项目。

⑥ 特种用途林。除核查与其他林种相应的项目外，还要增加与评估目的有关的项目。

⑦ 未成林造林地上的幼林。权属、树种组成、造林时间、平均高、造林成活率、造林保存率。

2）核查方法

森林资源资产的核查分为抽样控制法、小班抽查法和全面核查法。评估机构可按照不同的评估目的、评估种类、具体评估对象的特点和委托方的要求选择使用。

（1）抽样控制法

本方法以评估对象为抽样总体，以95%的可靠性，布设一定数量的样地进行实地调查，要求总体蓄积量抽样精度达到90%以上。林地的核查，首先依据具有法定效力的资料，核对其境界线是否正确，然后在林业基本图或林相图上直接量算或采用成数抽样的办法核查各类土地和森林类型的面积,主要地类的抽样精度要求达到95%以上(可靠性95%)。

如委托方提交的资产清单中各类土地、森林类型的面积和森林蓄积量在估测区间范围内,则按照资产清单所列的实物数量、质量进行评估。若超出估测区间,则该资产清单不符合评估要求,应通知委托方另行提交新的森林资源资产清单。

(2) 小班抽查法

本方法采用随机抽样或典型选样的方法分林地及森林类型、林龄等因子,抽出若干比例小班进行核查。核查的小班个数依据评估目的、林分结构等因素来确定。对抽中小班的各项按规定必须进行核查的因子进行实地调查,以每个小班中80%的核查项目误差不超出允许值,视为合格。

小班核查因子的允许误差范围采用林业部《森林资源调查主要技术规定》的A级标准。核查小班合格率低于90%,则该资产清单不能用作资产评估,应通知委托方另行提交资产清单。

(3) 全面核查法

本方法对资产清单上的全部小班逐个进行核查。对即将采伐的小班设置一定数量的样地进行实测,必要时进行全林每木检尺。

核查小班内各核查项目的允许误差按小班抽查法的规定执行。对经核查超过允许误差的小班,通知委托方另行提交资产清单。

8.2.4 森林资源资产评估方法

1. 林木资产评估

1) 林木资产评估主要方法

森林资源资产评估以总体、森林类型或小班为单位进行评定估算。林木资产评估要根据不同的林种,选择适用的评估方法和林分质量调整系数进行评定估算。评估方法主要有以下几种。

① 市价法。是以被评估森林资源资产现行市价或相同、类似森林资源资产现行市价为基础进行评定估算的评估方法。

② 收益现值法。是通过估算被评估森林资源资产在未来的预期收益,并采用适宜的折现率(一般采用林业行业投资收益率)折算成现值,然后累加求和,得出被评估资产价值的评估方法。

③ 成本法。是以被评估森林资源资产的重置成本为基础进行评定估算的评估方法。

④ 清算价格法。是根据林业企事业单位清算时森林资源资产的变现价格确定评估价的评估方法。

⑤ 其他方法。主要指经林业部、国家国有资产管理局认可的其他评估方法。

林木资产评估应根据评估方法的适用条件、评估对象、评估目的选用一种或几种方法进行评定估算,综合确定评估价值。具体方法如表8-2所示。

表 8-2　林木资产评估具体方法

方法大类	具体方法
① 市价法	包括市场价倒算法、现行市价法
② 收益现值法	包括收益净现值法、收获现值法、年金资本化法
③ 成本法	包括序列需工数法、重置成本法
④ 清算价格法	

各种具体方法详述如下。

(1) 市场价倒算法

市场价倒算法是用被评估林木采伐后取得木材的市场销售总收入，扣除木材经营所消耗的成本（含有关税费）及应得的利润后，剩余的部分作为林木资产评估价值。其计算公式为

$$E = W - C - F$$

式中：E——评估值；

W——销售总收入；

C——木材经营成本（包括采运成本、销售费用、管理费用、财务费用及有关税费）；

F——木材经营合理利润。

(2) 现行市价法

现行市价法是以相同或类似林木资产的现行市价作为比较基础，估算被评估林木资产评估价值的方法。其计算公式为

$$E = K \cdot K_b \cdot G \cdot M$$

式中：E——评估值；

K——林分质量调整系数；

K_b——物价指数调整系数；

G——参照物单位蓄积的交易价格（元/立方米）；

M——被评估林木资产的蓄积量。

(3) 收益净现值法

收益净现值法是将被评估林木资产在未来经营期内各年的净收益按一定的折现率折为现值，然后累计求和得出林木资产评估价值的方法。其计算公式为

$$E_n = \sum_{i=n}^{U} \frac{(A_i - C_i)}{(1+P)^{i-n+1}}$$

式中：E_n——n 年生林木资源资产评估值；

A_i——第 i 年的收入；

C_i——第 i 年的年成本支出；

U——经营期；

P——折现率（根据当地营林平均投资收益状况具体确定）；

n——林分年龄。

(4) 收获现值法

收获现值法是利用收获表预测被评估林木资产在主伐时纯收益的折现值，扣除评估后到

主伐期间所支出的营林生产成本折现值的差额，作为林木资产评估价值的方法。其计算公式为

$$E_n = K \times \frac{A_U + D_a(1+P)^{U-a} + D_b(1+P)^{U-b} + \cdots}{(1+P)^{U-a}} - \frac{\sum_{n=1}^{U} C_i}{(1+P)^{i-n+1}}$$

式中：E_n——n 年生林木资源资产评估值；
　　　K——林分质量调整系数；
　　　A_U——标准林分 U 年主伐时的纯收入（指木材销售收入扣除采运成本、销售费用、管理费用、财务费用、有关税费、木材经营的合理利润后的部分）；
　　　D_a、D_b——标准林分第 a、b 年的间伐纯收入；
　　　C_i——第 i 年的营林生产成本；
　　　U——经营期；
　　　n——林分年龄；
　　　P——利率。

（5）年金资本化法

年金资本化法是将被评估的林木资产每年的稳定收益作为资本投资的效益，按适当的投资收益率估算林木资产评估价值的方法。其计算公式为

$$E = \frac{A}{P}$$

式中：E——评估值；
　　　A——年平均纯收益（扣除地租）；
　　　P——投资收益率（根据当地营林平均投资收益状况具体确定）。

（6）序列需工数法

序列需工数法是以现时工日生产费用和林木资产经营中各工序的平均需工数估算林木资产重置价值的方法。其计算公式为

$$E_n = K \times \sum_{i=1}^{n} N_i \times B \times (1+P)^{n-i+1} + \frac{R \times [(1+P)^n - 1]}{P}$$

式中：E_n——n 年生林木资源资产评估值；
　　　K——林分质量调整系数；
　　　N_i——第 i 年的需工数；
　　　B——评估时以工日为单位计算的生产费用；
　　　P——利率；
　　　R——地租；
　　　n——林分年龄。

（7）重置成本法

重置成本法是按现时工价及生产水平，重新营造一块与被评估林木资产相类似的林分所需的成本费用，作为被评估林木资产评估价值的方法。计算公式为

$$E_n = K \times \sum_{i=1}^{n} C_i (1+P)^{n-i+1}$$

式中：E_n——n年生林木资源资产评估值；
　　　K——林分质量调整系数；
　　　C_i——第i年以现时工价及生产水平为标准计算的生产成本，主要包括各年投入的工资、物质消耗、地租等；
　　　n——林分年龄；
　　　P——利率。

(8) 历史成本调整法

在会计核算基础较好、账面资料比较齐全时，用账面历史成本调整法。历史成本调整法是以投入时的成本为基础，根据投入时与评估时的物价指数变化情况确定被评估林木资产评估价值的方法。计算公式为

$$\text{林木资产评估值} = K \times \sum_{i=1}^{n} C_i \frac{B}{B_i} (1+P)^{n-i+1}$$

式中：C_i——第i年投入的实际成本；
　　　B——评估时的物价指数；
　　　B_i——投入时的物价指数；
　　　K、n、P同前标注。

(9) 清算价格法

清算价格法先按现行市价法或其他评估方法进行估算，再按快速变现的原则，根据市场的供需情况确定一个折扣系数，然后确定被评估林木资产的清算价格。该方法适用于企事业单位破产、抵押、停业清理的林木资产评估。计算公式为

$$\text{林木资产清算价格} = D_0 \times E_w$$

式中：D_0——折扣系数；
　　　E_w——林木资产评估价值。

2) 各种林木的资产评估

(1) 用材林（含薪炭林）林木资产评估

用材林林木资产评估一般按森林经营类型分龄组进行。幼龄林一般选用现行市价法、重置成本法和序列需工数法。中龄林一般选用现行市价法、收获现值法。在使用收获现值法时必须要有能反映当地生产过程的生长过程表或收获表。在没有这些数表时，也可利用当地的调查材料，拟合当地的林木平均生长过程，以取得预测值。近、成、过熟林主要选用现行市价法中的市场价倒算法。

用材林林木资产评估时，要充分注意各龄组评估值之间的衔接。

(2) 经济林林木资产评估

经济林林木资产评估一般选用现行市价法、收益现值法和重置成本法。在选用收益现值法时应考虑经济林经营的经济寿命期、各生长发育阶段的经济林产品的产量和成本的差异、经济寿命期末的林木残值。在选用重置成本法时应以盛产期前为重置期确定重置成本。进入盛产期后，还应根据收获年数确定调整系数（折耗系数）。

(3) 防护林林木资产评估

防护林是以国土保安、防风固沙、改善农业生产条件等防护功能为主要目的的森林。

防护林资产评估包括林木的价值和生态防护效益的评定估算，林木价值评估一般选用市价法、收益现值法和重置成本法。在选用收益现值法进行评估时必须以按防护林经营时所能获得的实际经济收益为基础。生态防护效益要通过实际调查确定标准和参数。

(4) 竹林林木资产评估

竹林是由各类竹子构成的森林。竹林林木资产由地上立竹和地下竹鞭构成。

竹林林木资产评估一般选用现行市价法、年金资本化法，新造未成熟的竹林可采用重置成本法。在采用年金资本化法时必须考虑大小年对竹材和竹笋产量及经济收入的影响。

(5) 特种用途林林木资产评估

特种用途林是以保存特种资源、保护生态环境、国防、森林旅游、科学实验等为主要经营目的的森林。特种用途林资产主要指能带来经济收益的风景林、实验林、母树林、名胜古迹和革命纪念林等。

① 实验林林木资产评估。实验林是以提供教学或科学研究实验场所为主要目的的森林。实验林资产评估一般选用现行市价法、收获现值法和收益净现值法。在采用收获现值法和收益净现值法时，收益的预测必须在满足原经营目的条件下进行。

② 母树林林木资产评估。母树林是以培育优良种子为主要目的的森林。母树林林木资产评估一般参照经济林林木资产评估的方法进行。在估算时应充分考虑母树林木材价值较高的特点。

③ 风景林、名胜古迹和革命纪念林的资产评估按照森林景观资产评估方法进行。

2. 林地资产评估

林地是指国家法律确认的用于林业用途的土地，包括林地、疏林地、未成林造林地、灌木林地、采伐迹地、火烧迹地、苗圃地和国家规划的宜林地。

林地资产评估是对某一时日一定面积林地使用权的价格进行评定估算。当林地使用权发生变动或其他情形需单独确定林地使用权的价格时，应进行林地资产评估。

林地资产评估有以下 5 种评估方法。

(1) 林地现行市价法

现行市价法是以具有相同或类似条件林地的现行市价作为比较基础，估算林地评估值的方法。现行市价法适用于各类林地资产评估。其计算公式、基本原理与林木资产现行市价法相同。

(2) 年金资本化法

年金资本化法是将被评估林地资产每年相对稳定的地租收益作为资本投资收益，按适当的投资收益率估算林地评估值的方法。年金资本化法适用于林地年租金相对稳定的林地资产评估。其计算公式为

$$林地评估值 = \frac{R}{P}$$

式中：R——林地年平均地租收益；
P——投资收益率。

(3) 林地使用权转让计算方法

当林地使用权有期限转让时，按以下公式计算林地使用权价格。

$$林地使用权有期限转让价格 = \frac{B_U[(1+P)^n - 1]}{(1+P)^n}$$

式中：B_U——林地评估值（使用权无期限转让评估值）；

P——利率；

n——林地使用权转让年数。

（4）林地期望价法

林地期望价法以实行永续采伐为前提，从无林地造林开始计算，将无穷多个轮伐期的纯收益全部折为现值累加求和，作为林地的评估值。林地期望价法适用于用材林、薪炭林、防护林、疏林地、未成林造林地、灌木林地、采伐迹地、火烧迹地和国家规划的宜林地资产的评估。

（5）林地费用价法

林地费用价法是以取得林地所需的费用和把林地维持到现在状态所需的费用来估算林地评估值的方法，一般适用于苗圃地等林地资产评估。

3. 森林景观资产评估

森林景观资源是指具有游览、观光、休闲等价值的森林资源。森林景观资产是指通过经营能带来经济收益的森林景观资源，主要包括风景林（含森林公园）、森林游憩地、部分名胜古迹和革命纪念林、古树名木等。

森林景观资产评估主要选择现行市价法、收益现值法（包括年金资本化法、条件价值法）、重置成本法3种方法，并同时结合景区评价等级和相关设施等进行综合评定估算。

（1）现行市价法

现行市价法是以相同或类似森林景观资产的市场价格作为比较基础，使用景观质量调整系数、物价指数调整系数来调整估算评估对象价值的方法。

森林景观质量调整系数需考虑景观等级、景区平均收入、年游客人数等因素综合确定。

（2）年金资本化法

年金资本化法主要适用于有相对稳定收入的森林景观资产的价值评估。其计算公式与林地评估值年金资本化法基本相同。

（3）条件价值法

条件价值法是通过对游客进行森林风景区门票费支付意愿进行调查，从而获得森林景观资产评估值的评估方法。

（4）重置成本法

重置成本法是用现有条件下重新取得与被评估对象相类似的森林景观资产所需的成本费用，作为被评估森林景观资产价值的评估方法。其重置价值主要考虑林木、林地和旅游设施的重置价值。其基本原理与林木资产评估重置成本法相近。

4. 整体林业企事业单位资产评估

整体林业企事业单位资产评估是对独立林业企事业法人单位和其他具有独立经营获利能力的经济实体的全部资产和负债所进行的资产评估。

整体资产评估范围一般应为该林业企事业单位的全部资产。资产包括经营性资产和非经营性资产及森林资源资产。

对整体林业企事业单位资产评估时，森林资源资产评估按上述评估方法进行，非森林资源资产的评估按国家有关规定进行。

阅读材料

森林资产评估中调整系数 K 值和利率 P 值的确定原则

在林木资产评估中，由于林木和由林木组成的林分不是规格产品，它们的市场价格随着林木生长状态、立地条件及所处地理位置（地利等级）的不同而发生变化。各种评估方法测算出的评估值都是某一状态下的林分的价格。要将这些价格落实到每个具体的小班，就必须通过一个林分质量调整系数 K 将现实林分与参照林分的价格联系起来。K 值的大小对评估的结果有较大的影响。

K 值的确定必须先考虑林分的生长状况、立地质量和经济质量（地利等级），分别求出各因素的调整系数 K_i，最后综合确定总的林分质量调整系数 K。可以用下式表达。

$$K = f(K_1, K_2, K_3, K_4)$$

① 林分生长状况调整系数 K_1 和 K_2。通常以现实林分中主要的生长状态指标（株数、树高、胸径、蓄积等）与参照林分的生长状态指标相比较后确定。

② 林分立地质量调整系数 K_3。通常按地位指数级、地位级或立地类型确定。

③ 地利等级调整系数 K_4。地利等级是林地的采、集、运生产条件的反映，一般按采、集、运的生产成本来确定。地利等级调整系数可按现实林分与参照林分在采伐时立木价（以市场价倒算法估算）的比值来计算。

货币具有时间价值，森林资源资产的经营由于其经营周期长达数十年，在其经营成本中所投入资金的时间价值——利息通常占经营成本的绝大部分，利率的高低将对评估结果产生极大的影响。

资金市场上的商业利率由经济利率（纯利率）、风险率、通货膨胀率三部分构成。在森林资源资产评估中由于其涉及的成本均为重置成本，即现实物价水平上的成本，其收入与支出的物价是在同一个时点上，不存在通货膨胀因素。因此，在森林资源资产评估中采用的利率仅含经济利率和风险率两个部分。

（1）经济利率

也称纯利率，随资金市场的供需关系而变化。世界上许多国家确定经济利率的方法是：将一个稳定的政府发行国债的年利率（风险率为0）扣除当年的通货膨胀率，剩余部分则为经济利率，大约为3.5%。我国政府政策性贷款利率也接近这个水平。

（2）风险率

营林生产的风险主要由造林失败、火灾、病虫害、风灾、雪灾、旱灾等自然灾害及人畜破坏产生。根据营林生产的实际，商品林经营中年风险率一般不超过1%。

森林资源资产评估中的利率必须根据当地森林经营的实际，慎重确定。考虑森林资源资产经营纯收益率不高，确定利率时宜参照国际平均水平和国家森工基建基金贷款利率水平。

8.3 矿产资源资产评估

2008年8月,国土资源部发布实施了《矿业权评估管理办法(试行)》;同年8月中国矿业权评估师协会发布了《中国矿业权评估准则》,并于2008年9月1日全面实施,具体包括《矿业权评估技术基本准则》、《矿业权评估程序规范》、《矿业权评估业务约定书规范》、《矿业权评估报告编制规范》、《收益途径评估方法规范》、《成本途径评估方法规范》、《市场途径评估方法规范》、《矿业权价款评估应用指南》和《确定评估基准日指导意见》九项内容;之后不久中国矿业权评估师协会发布了《矿业权评估参数确定指导意见》。这些系列管理办法、准则、规范的发布实施,标志着我国矿业权评估进入了新的发展阶段。

8.3.1 矿产资源资产及其价值评估概述

1. 我国矿产资源的矿业权制度

我国的《矿产资源法》明确规定矿产资源属于国家所有,国家实行探矿权、采矿权有偿取得制度,并可依法转让。探矿权、采矿权通常合称矿业权,矿业权是一种特许经营国家所有的矿产资源的权利,即依法取得的勘查、开采等一系列生产经营活动的权利。

矿业权包括探矿权和采矿权。探矿权是指在依法取得勘查许可证规定的范围内,勘查矿产资源的权利;采矿权在是指依法取得采矿许可证规定的开采范围内,开采矿产资源和获得其所开采的矿产品的权利。

2. 矿产资源资产价值与矿业权评估

矿产资源作为资产其价值包括两部分:一是矿产资源作为原料的自身价值;二是矿业权价值。对于第一部分价值,即如何评估体现矿产资源自身价值,在我国还是一个有待进一步深入研究的问题;而对于第二部分价值——矿业权价值,在矿业市场出让等过程中是必须要评估的。

因此,本节讨论的矿产资源资产评估是围绕矿业权评估进行的。

3. 矿业权评估机构与从业人员

《矿业权评估师执业资格制度暂行规定》有如下规定。

① 凡中华人民共和国公民,遵纪守法并具备以下条件之一者,可申请参加矿业权评估师执业资格考试:

- 取得地质、采矿等工程类或经济、法律类专业大专学历,具有10年相关工作经历;
- 取得地质、采矿等工程类或经济、法律类专业本科学历,具有8年相关工作经历;
- 取得地质、采矿等工程类或经济、法律类专业硕士学位,具有5年相关工作经历;
- 取得地质、采矿等工程类或经济、法律类专业博士学位,具有2年相关工作经历;
- 人事部和国土资源部规定的其他条件。

② 矿业权评估师可以从事下列范围内的业务:

- 矿业权出让评估业务;
- 矿业权转让评估业务;
- 矿业权评估咨询;
- 国土资源部规定的其他业务。

2008年发布实施的《矿业权评估管理办法（试行）》对矿业权评估机构与执业人员有如下规定。

① 国家实行矿业权评估师资格管理制度、矿业权评估机构资质管理制度，从事矿业权评估的个人、机构应当取得相应的资格、资质。

② 矿业权评估师资格报考人员应当符合人力资源和社会保障部、国土资源部规定的条件，考试通过经公示无异议后，取得矿业权评估师资格。

③ 矿业权评估师执业应当专职受聘于一个矿业权评估机构，成为中国矿业权评估师协会会员，并在该协会办理执业注册。

④ 对于取得矿业权评估师资格的下列人员，不得办理执业注册：
- 国家公务人员；
- 事业单位公职人员；
- 社会团体专职人员；
- 不具有完全民事行为能力的人员；
- 其他法律法规另有规定的人员。

关于矿业权评估机构的规定如下。

① 申报登记矿业权评估机构资质应当同时具备以下条件：
- 经工商行政管理机关登记的合伙制或公司制的中介机构；
- 合伙制中介机构中执业矿业权评估师不得少于3名，合伙人中执业矿业权评估师不得少于2名；公司制中介机构中执业矿业权评估师不得少于4名，出资人中执业矿业权评估师不得少于3名；
- 中介机构专职从业人员中应当有采矿、选冶、地质、经济、法律专业人员，专业人员应当有中级以上职称或本科以上学历。

② 符合上述规定条件的中介机构申报登记矿业权评估资质，由中国矿业权评估师协会核准并公示无异议后，办理登记手续，取得矿业权评估资质。

③ 申报登记矿业权评估机构资质的中介机构不得与政府机关、事业单位和社会团体存在人事挂靠或附属关系。

8.3.2 矿业权评估方法

根据2008年8月中国矿业权评估师协会发布的《中国矿业权评估准则》，矿业权评估目前普遍采用的评估方法有以下三大类，如表8-3所示。

表8-3 矿业权评估方法分类表

主要方法	具体方法
收益途径评估方法	折现现金流量法、折现剩余现金流量法、剩余利润法、收入权益法、折现现金流量风险系数调整法
成本途径评估方法	勘察成本效用法、地质要素评序法
市场途径评估方法	可比销售法、单位面积探矿权价值评判法、资源品级探矿权价值估算法

矿产勘察工作分为预查、普查、详查和勘探4个阶段。详查、勘探阶段，勘察精度高，所获信息数据参数较为翔实；勘查初始阶段的预查、普查，勘察精度较低，所获信息少，准

确度偏低。应依据矿产勘察精度的高低不同,选择不同的评估方法。

1. 收益途径评估方法

收益途径是基于预期收益原则和效用原则,通过计算待估矿业权所对应的矿产资源储量开发获得预期收益的现值,估算待估矿业权价值的技术路径。该评估方法包括折现现金流量法、折现剩余现金流量法、剩余利润法、收入权益法和折现现金流量风险系数调整法 5 种。

(1) 折现现金流量法

折现现金流量法,即 DCF 法(Discounted Cash Flow),通常应用于项目投资分析和资产估值领域。矿业权评估中的折现现金流量法是将矿业权所对应的矿产资源勘查、开发作为现金流量系统,将评估计算年限内各年的净现金流量,以与净现金流量口径相匹配的折现率折现到评估基准日的现值之和,作为矿业权评估价值。

该方法通常适用于精度高的详查及以上勘查阶段的探矿权评估和赋存稳定的沉积型大中型矿床的普查探矿权评估;还适用于拟建、在建、改扩建矿山的采矿权评估,以及具备折现剩余现金流量法适用条件的生产矿山的采矿权评估。其基本计算公式为

$$\text{矿业权评估价值} = \sum_{t=1}^{n} \frac{(CI - CO)_t}{(1+\gamma)^t}$$

式中:CI——年现金流入量;
　　　CO——年现金流出量;
　　　γ——折现率;
　　　t——年序号($t = 1, 2, \cdots, n$);
　　　n——评估计算年限。

折现现金流量法评估矿业权的基本程序如下。
① 收集分析资料,确定评估基准日。
② 确定截止到基准日的矿床可采储量。
③ 确定矿山合理的生产规模和相应的生产服务年限。
④ 选取合理的评估技术经济参数,尤其是贴现率的选择。
⑤ 评估计算出该矿业权的价值。

从程序看,矿业权评估与其他资产评估大同小异,但评估所需参数的选取确定,相对其他资产而言较为复杂。其参数选取主要源自地质勘查报告、矿山可行性研究报告、矿山设计书、矿山企业财务资料及行业有关统计资料等,常用的参数有固定资产投资、固定资产折旧、流动资金投入、矿产资源补偿费、资源税等税金等,以及具有矿山特殊性的参数选取,如矿床可采储量、矿山生产能力、矿山服务年限、矿产品销售收入等。中国矿业权评估师协会已发布最新《矿业权评估参数确定指导意见》,在此不详述,以下同。

(2) 折现剩余现金流量法

折现剩余现金流量法,即 DRCF 法(Discounted Remained Cash Flow),是将矿业权所对应矿产资源勘察、开发作为现金流量系统,将评估计算年限内各年的净现金流量逐年扣减与矿产资源开发收益有关的开发投资合理报酬后的剩余净现金流量,以与剩余净现金流量口径相匹配的折现率,折现到评估基准日的现值之和,作为矿业权评估价值。适用范围与折现现金流量法相同,计算公式如下。

$$矿业权评估价值 = \sum_{t=1}^{n} \frac{(CI - CO - I_P)_t}{(1+\gamma)^t}$$

式中：CI——年现金流入量；

CO——年现金流出量；

I_P——与矿产资源开发收益有关的开发投资合理报酬；

γ——折现率；

t——年序号（$t = 1, 2, \cdots, n$）；

n——评估计算年限。

（3）剩余利润法

剩余利润法是通过估算待估矿业权所对应矿产资源开发各年预期利润，扣除开发投资应得利润之后的剩余净利润，按照与其相匹配的折现率，折现到评估基准日的现值之和，作为矿业权评估价值。计算公式为

$$矿业权评估价值 = \sum_{t=1}^{n} \frac{(E - E_i)_t}{(1+\gamma)^t}$$

式中：E——年净利润（净利润 = 销售收入 - 总成本费用 - 销售税金及附加 - 企业所得税）；

E_i——开发投资利润（E_i = 当年资产净值 × 投资利润率）；

$(E - E_i)_t$——第 t 年的剩余利润额；

γ——折现率；

t——年序号（$t = 1, 2, \cdots, n$）；

n——评估计算年限。

该方法主要适用于正常生产的矿山的采矿权评估。对于勘查程度较高的探矿权评估也可以选用。

（4）收入权益法

收入权益法是基于替代原则的一种间接估算采矿权价值的方法，是通过采矿权权益系数对销售收入现值进行调整，作为采矿权价值。计算公式为

$$采矿权评估价值 = \sum_{t=1}^{n} \left[\frac{SI_t}{(1+\gamma)^t} \right] \times K \qquad (8-15)$$

式中：SI_t——年销售收入；

K——采矿权权益系数；

γ——折现率；

t——年序号（$t = 1, 2, \cdots, n$）；

n——评估计算年限。

评估模型中采矿权权益系数，是采矿权评估价值与销售收入现值之比，主要反映矿山成本水平。一般可以通过统计已评估的采矿权价值结果得到取值范围，具体取值应在分析地质构造复杂程度、矿体埋深、开采方式、开采技术条件、矿山选冶（洗选）难易等后确定。

该方法适用于矿产资源储量规模和矿山生产规模均为小型的或服务年限较短的生产矿山

的采矿权评估等。

（5）折现现金流量风险系数调整法

折现现金流量风险系数调整法，是针对地质勘查程度较低的稳定分布的大中型沉积矿产的探矿权价值评估而设定的一种评估方法。首先根据毗邻区矿产勘察开发的情况，采用折现现金流量法或折现剩余现金流量法估算出评估对象的基础价值，然后采用矿产开发地质风险系数进行调整得到探矿权评估价值。

矿产开发地质风险系数是针对地质勘察工作程度不足而设定的，反映因地质勘察工作程度不足所存在的地质可靠性低、开发风险高等情形。该系数一般通过对地质、采矿、选矿等因素进行半定量分析确定。

$$探矿权评估价值 = P_n(1 - R)$$

式中：P_n——采用折现现金流量法或折现剩余现金流量法估算的探矿权基础价值；

R——矿产开发地质风险系数。

2. 成本途径评估方法

成本途径是指基于贡献原则和重置成本的原理，即现时成本贡献于价值的原理，以成本反映价值的技术路径。矿业权成本途径评估法是对有关、有效的勘查工作重置成本进行修正或调整，估算矿业权价值的一类评估方法。此方法包括勘查成本效用法和地质要素评序法。

成本途径评估方法适用于矿产资源预查和普查阶段的探矿权评估，但不适用于赋存稳定的沉积型大中型矿床中勘察程度较低的普查阶段的探矿权评估。

（1）勘察成本效用法

勘察成本效用法是采用效用系数对地质勘察重置成本进行修正，估算探矿权价值的方法。

效用系数是为了反映成本对价值的贡献程度，设定的对重置成本进行溢价或折价的修正系数，是勘察工作加权平均质量系数和勘察工作布置合理性系数的乘积。

该方法适用于投入少量地表或浅部地质工作的预查阶段的探矿权评估，或者经一定勘察工作后找矿前景仍不明朗的普查探矿权评估。

（2）地质要素评序法

地质要素评序法是基于贡献原则的一种间接估算探矿权价值的方法。该方法是将勘察成本效用法估算所得的价值作为基础成本，对其进行调整，得出探矿权价值。调整的根据是评估对象的找矿潜力和矿产资源的开发前景。该方法所需要的各地质要素的价值指数等调整系数一般采用专家协助评判方式进行。

该方法主要用于普查阶段的探矿权评估，也用于能够满足要求的预查阶段的探矿权评估。

3. 市场途径评估方法

市场途径是指根据替代原理，通过分析、比较评估对象与市场上已有矿业权交易案例的异同，间接估算评估对象价值的技术路径。矿业权评估市场途径评估方法包括可比销售法、单位面积探矿权价值评判法、资源品级探矿权价值估算法。

（1）可比销售法

可比销售法是指基于替代原则，将评估对象与在近期相似交易环境中成交，满足各项可比条件的矿业权的地、采、选等各项技术、经济参数进行对照比较，分析其差异，对相似参照物的成交价格进行调整估算评估对象的价值。

可比因素及调整系数通常包括：可采储量、矿石品位（质级）、生产规模、产品价格、矿体赋存开发条件、区位基础设施条件、资源储量、物化探异常、地质环境与矿化类型。不同的地质勘察工作阶段，选取不同的可比因素，其计算公式也不同。

该方法通常适用于各勘察阶段的探矿权及采矿权价值评估。

(2) 单位面积探矿权价值评判法

单位面积探矿权价值评判法是探矿权粗估法之一，是在收集国内地质勘察相关统计资料，矿产资源储量动态信息，上市公司公开披露的地质信息报告，招、拍、挂公开披露的地质资料，公开市场类似矿业权交易情况信息，有关部门和组织发布或矿业权评估师掌握的有关信息的基础上，综合分析评估对象实际情况，分析确定单位面积探矿权价值，从而估算评估对象价值的一种方法。其基本计算公式为

$$P = S \times P_a^1 \tag{8-17}$$

式中：P——评估对象的评估价值；

S——评估对象勘查区面积；

P_a^1——单位面积探矿权价值。

该方法通常适用于勘查程度较低、地质信息较少的探矿权价值评估。

【例 8-1】 澳大利亚的西澳洲，将一勘察区的单位矿权面积定为 1 750～2 750 澳元，勘察面积为 60 平方千米，用粗估法估算勘察区的探矿价值。（该例引自：《矿业权评估指南》修订小组. 矿业权评估指南. 北京：中国大地出版社，2006：77）。

解 分析：单位矿权面积定为 1 750～2 750 澳元，则平均为 2 250 澳元，采用矿业产权粗估法——单位面积探矿权价值评判法，故西澳洲该勘察区探矿价值为

$$P = 1\ 750 \times 60 = 10.5(万澳元)$$
$$P = 2\ 750 \times 60 = 16.5(万澳元)$$
$$(10.5 + 16.5) \div 2 = 13.5(万澳元)$$

则西澳洲该勘察区探矿权价值为 10.5 万～16.5 万澳元之间，平均为 13.5 万澳元。

---

(3) 资源品级探矿权价值估算法

资源品级探矿权价值估算法是探矿权粗估法之一，是在了解勘察区内金属矿产资源的品位和质级数据或有关信息的基础上，与已知矿产地的品位质级价值进行比较，分析确定单位资源品级价值，然后分析并合理确定矿业权价值占资源毛价值的比例，从而估算矿业权价值的一种评估方法。国外称其为"原始价值粗估法"。计算公式为

$$P = Q_d \cdot \varepsilon \cdot \omega \cdot c \tag{8-18}$$

式中：P——评估价值；

Q_d——资源储量；

ε——单位资源品级价值；

ω——资源品级;

c——矿业权价值占资源毛价值的比例。

该方法通常适用于勘察程度较低、地质信息较少的金属矿产探矿权价值评估。

【例 8-2】 在某金矿资源的勘察区内,某国际矿产资源公司在其招股说明书中将推测资源的品级价值定为 4 046 元/千克,对已查明的资源判定为 8 128 元/千克,该区推测资源量为 3.40 吨;另一金矿公司在招股说明书中称,金矿资源品级价值在 3 048~19 305 元/千克之间,平均为 7 722 元/千克。试估算该勘察区的探矿权价值。(该例参考:《矿业权评估指南》修订小组.矿业权评估指南.北京:中国大地出版社,2006:76。)

解 分析:如果取已查明资源品级价值的 2/3 为评估底数,则为 5 148~5 418 元/千克,故评估师判定为 5 283 元/千克,计算过程如下。

$$7\,722 \times \frac{2}{3} = 5\,148(元/千克)$$

$$8\,128 \times \frac{2}{3} = 5\,418.67(元/千克)$$

$$\frac{(5\,148 + 5\,418.67)}{2} = 5\,283(元/千克)$$

探矿权价值占资源毛价值的比例取 2%,故该勘察区的探矿权价值为

$$3\,400 \times 5\,283 \times 2\% = 359\,244\ (元)$$

练习题

一、单项选择题

1. 从事国有森林资源资产评估业务的资产评估机构,必须有 2 名及以上的( )。参加,方可开展国有森林资源资产评估业务。
   A. 森林资源资产评估专家
   B. 森林资源资产评估师
   C. 森林资源调查规划设计及林业科研教学单位的评估人员

2. 清算价格法通常适用于企事业单位破产、抵押、停业清理的( )。
   A. 林木资产评估
   B. 林地资产评估
   C. 森林景观资产评估

3. 收益途径评估方法中,常用的折现现金流量法适用于( )。
   A. 勘察精度高的详查和勘探阶段矿业权评估
   B. 勘察精度较低的勘察初始阶段矿业权评估
   C. 各勘察阶段的矿业权评估

4. 采用成本途径评估方法评估探矿权价值,通常适用于( )。

A. 勘察精度较高的详查和勘探阶段矿业权评估
B. 勘察精度较低的预查和普查阶段矿业权评估
C. 各勘察阶段的矿业权评估

二、多项选择题

1. 在森林资产评估中采用的利率一般包括（　　）。
   A. 经济利率（纯利率）　　B. 风险率　　C. 通货膨胀率　　D. 收益率
2. 林地资产评估的主要方法包括（　　）。
   A. 现行市价法　　　　　　　　　　B. 林地期望价法
   C. 年金资本化法　　　　　　　　　D. 林地费用价法
3. 国有森林资源资产占有单位有下列情形之一的，应当进行资产评估（　　）。
   A. 森林资源资产转让、置换
   B. 森林资源资产出资进行中外合资/合作或者股份经营/联营
   C. 森林资源资产从事租赁经营或者抵押贷款、担保或偿还债务
   D. 涉及森林资源资产诉讼等
4. 矿业权评估师可以从事的业务范围有（　　）。
   A. 矿业权出让评估业务　　　　　　B. 矿业权转让评估业务
   C. 矿业权评估咨询　　　　　　　　D. 国土资源部规定的其他业务
5. 矿业权包括（　　）。
   A. 探矿权
   B. 采矿权
   C. 地方政府管理部门授予的其他权利
   D. 中央政府管理部门授予的其他权利
6. 矿业权评估常用的评估方法有（　　）。
   A. 收益途径评估方法　　　　　　　B. 成本途径评估方法
   C. 市场途径评估方法　　　　　　　D. 权益途径评估方法
7. 矿业权市场途径评估方法包括（　　）。
   A. 可比销售法
   B. 单位面积探矿权价值评判法
   C. 资源品级探矿权价值估算法
   D. 地质要素评序法

第 9 章

企业价值评估

学习目标
- 理解企业价值评估中涉及的基本概念、基本原则、基本评估途径和方法；
- 了解企业价值评估的范围及企业价值评估中的基本注意事项；
- 掌握加和法在企业价值评估中的具体运用及不足；
- 掌握收益法（年金法、分段法）的应用范围、条件及具体评估方法；
- 掌握企业价值收益法评估参数确定的原则、步骤及适用条件；
- 掌握市场法在企业价值评估中的具体应用。

内容提要
　　本章主要介绍了企业价值评估中涉及的基本概念和 3 种主要评估方法，以及企业价值评估中的基本注意事项，以便掌握企业价值评估的基本方法和技巧。

本章关键词
　　企业价值评估　收益法（年金法、分段法）　市场法　成本法

9.1　企业价值评估概述

9.1.1　企业与企业价值

1. 企业的基本概念

　　一般而言，企业是指以盈利为目的、由各种要素资产组成的具有持续经营能力的自负盈亏的法人实体。现代企业不仅是一个经济组织，它的存在还必须接受一定法律法规的约束。

　　企业作为一类特殊的资产，具有自身的特点。

　　（1）盈利性

　　企业存在的最终目的就是盈利，为达到盈利的目的，企业需要以其生产能力和生产目标为主线，将各种要素结合起来并形成相应的生产经营结构和功能。

　　（2）整体性

　　虽然构成企业的各个要素具有不同的性能，但是在特定的系统目标下它们构成的企业整体可以被整合成为具有良好功能的资产综合体。当然，即使构成企业的各个要素资产的个体功能都完整无缺，如果它们之间的功能不匹配，它们组合而成的企业整体功能也未必很好。企业强调各个要素资产的整体性。

（3）持续经营与环境适应性

在生产过程中，企业的要素资产不仅要有良好的匹配性和整体性，还必须能够适应不断变化的外部环境，并且及时作出调整，包括生产经营方向、生产经营规模，即保持企业生产结构、产品结构与市场结构的协调，以达到各种要素资产的协调。

（4）权益的可分性

作为生产经营能力载体和获得能力载体的企业具有整体性的特点，而与载体相对应的企业权益却具有可分性的特点。企业的权益可分为股东全部权益和股东部分权益。

2. 企业价值的基本概念

企业价值可以从不同的角度去理解。从政治经济学的角度，企业的价值由凝结在企业中的社会必要劳动时间决定；从会计学的角度看，企业价值由建造企业的全部支出构成；从市场学的角度，企业的价值由企业的获利能力决定；从财务管理的角度，企业价值是企业未来现金流量的折现值，即所谓的企业内在价值；从市场交换的角度，企业价值是企业在市场上的货币表现；从资产评估的角度，企业价值是企业在特定时期、地点和条件约束下所具有的持续获利能力。如果从资产评估的角度，企业价值需要从两方面来界定和考虑：第一，资产评估揭示的是评估对象在交易假设前提下的公允价值，企业作为一类特殊资产，在评估中其价值也应该是在交易假设下的公允价值，即企业在市场上的公允价值表现；第二，由企业特点所决定，企业在市场上的货币表现实际上是企业所具有的获利能力可实现部分的货币化和资本化。

中国资产评估协会发布的《企业价值评估指导意见（试行）》（2004）（以下简称《指导意见》）第三条规定："本指导意见所称企业价值评估，是指注册资产评估师对评估基准日特定目的下企业整体价值、股东全部权益或部分权益价值进行分析、估算并发表专业意见的行为和过程。"

以上定义有3个特点：一是企业价值评估是一种"行为和过程"；二是企业价值评估的对象包括企业整体价值、股东全部权益价值和部分权益价值；三是企业价值评估的结果是通过分析、估算而得出的。

9.1.2 企业价值评估

1. 企业价值评估的概念

《指导意见》中对企业价值评估进行了明确定义，指出企业价值评估是指注册资产评估师对评估基准日特定目的下企业整体价值、股东全部权益价值和部分权益价值进行分析、估算并发表专业意见的行为和过程。该定义明确了两个问题：一是强调企业价值评估是一种行为和过程。将评估结论及获得评估结论的过程结合起来，既强调了企业价值评估中依据充分的必要性，同时对正确理解评估结论提出了新的要求。二是明确企业价值的构成。企业价值评估的结论，从构成来说，包括企业整体价值、股东全部权益价值和部分权益价值。

2. 企业价值评估的基本假设

企业价值评估是一种分析和估算的过程及行为。企业价值评估的基本假设如下。

① 企业持续经营假设。这是企业价值评估的最基本的假设。持续经营假设下的企业价值评估是指企业未来的获利能力，企业的获利能力也是企业价值的根本来源。

② 能够对企业未来的收益进行测算，并用货币来计量。

③ 与企业获益相关的风险可以被预测。

3. 企业价值评估的范围

企业价值评估是现代市场经济的产物，它适应频繁发生的企业改制、公司上市、企业购并和跨国经营等经济活动的需要而产生和发展。由于评估对象的特殊性和复杂性，使其成为一项涉及面较广、技术性较强的资产评估业务。

企业价值评估的一般范围是为进行企业价值评估所应进行的具体工作规范，通常是指企业产权所涉及的具体资产范围，包括企业经营权主体自身占用及经营的部分和企业产权权力所能控制的部分，如在全资子公司、控股子公司、非控股子公司中的投资部分。在具体界定企业价值评估的一般范围时，应根据以下数据资料进行：

① 企业价值评估申请报告及上级主管部门批复文件所规定的评估范围；
② 企业有关产权转让或产权变动的协议、合同、章程规定的企业资产变动的范围；
③ 企业有关资产产权证明、账簿、投资协议、财务报表；
④ 其他相关资料。

在对企业价值评估的一般范围进行界定之后，并不能将所界定的企业资产范围直接作为企业价值评估中进行评估的具体资产范围，因为企业价值基于企业整体盈利能力，而判断企业价值，就是要正确分析和判断企业的盈利能力。企业是由各类单项资产组合而成的资产综合体，这些单项资产对企业盈利能力的形成具有不同的贡献。其中，对企业盈利能力的形成做出贡献、发挥作用的资产就是企业的有效资产，而对企业盈利能力的形成没有做出贡献，甚至削弱了企业的盈利能力的资产就是企业的无效资产。企业的盈利能力是企业的有效资产共同作用的结果，要正确揭示企业价值，就要将企业资产范围内的有效资产和无效资产进行正确界定与区分，将企业的有效资产作为评估企业价值的具体资产范围。这种区分，是进行企业价值评估的重要前提。

4. 企业价值评估的基本方法

企业价值评估是一项综合性的资产、权益评估，是对特定目的下企业整体价值、股东全部权益价值和部分权益价值进行分析、估算的过程。企业价值评估的方法主要有3种：加和法——是从历史成本的角度评估企业价值；收益法——是从企业未来收益的角度评估企业的价值；市场法——是从目前市场价格的角度评估企业价值。

2004年12月30日中国资产评估协会发布了《企业价值评估指导意见书（试行）》，从基本要求、评估要求、评估方法和评估披露等方面对注册资产评估师执行企业价值评估业务提出了新的要求，并于2005年4月1日起开始实施。意见书明确提出收益法、市场法、成本法是企业价值评估的3种基本方法。这三种方法不仅是国际公认的三大价值评估方法，也是我国价值评估理论和实践中普遍认可、采用的评估方法。就具体的评估项目而言，由于评估目的、评估对象、资料收集情况等相关条件不同，要恰当地选择一种或多种评估方法。

要选择适合于目标企业价值评估的方法，首先应从不同的角度对方法进行比较分析，以明确各种方法之间的差异性。下面从方法原理、方法的前提条件、方法的适用性和局限性对成本法、市场法、收益法进行比较分析。

1）各方法的原理

成本法是在目标企业资产负债表的基础上，通过合理评估企业各项资产价值和负债，从而确定评估对象价值。理论基础是在条件允许的情况下，任何一个精明的潜在投资者，在购置一项资产时所愿意支付的价格不会超过建造一项与所购资产具有相同用途的替代品所需要的成本。主要方法为重置成本（成本加和）法。

收益法的基础是经济学中的预期效用理论。一项资产的价值是利用它所能获取的未来收益的现值，其折现率反映了投资该项资产并获得收益的回报率，即对于投资者来讲，企业的价值在于预期企业未来所能产生的收益。这一理论认为，资本带来一系列的未来收入，因而资本的价值实质上是对未来收入的折现值，即未来收入的资本化。收益法通过将被评估企业预期收益资本化或折现至某特定日期来确定评估对象价值，其理论基础是经济学原理中的贴现理论，即一项资产的价值是利用它所能获取的未来收益的现值，其折现率反映了投资该项资产并获得收益的风险的回报率。

企业价值评估市场法是基于一个经济理论和常识都认同的原则，类似的资产应该有类似的交易价格。该原则的一个假设条件是，如果类似的资产在交易价格上存在较大差异，则在市场上就可能产生套利交易的情况，市场法就是基于该理论而得到应用的。在对企业价值的评估中，市场法充分利用市场及市场中参考企业的成交价格信息，并以此为基础，分析和判断被评估对象的价值。市场法将评估对象与可参考企业或者在市场上已有交易案例的企业、股东权益、证券等权益性资产进行对比以确定评估对象价值，其应用前提是假设在一个完全市场上相似的资产一定会有相似的价格。市场法中常用的方法是参考企业比较法、并购案例比较法和市盈率法。

收益法和成本法都着眼于企业自身发展状况，不同的是收益法关注企业的盈利潜力，考虑未来收入的时间价值，是立足现在、放眼未来的方法。因此，对于处于成长期或成熟期并具有稳定持久收益的企业较适合采用收益法。成本法则是切实考虑企业现有资产负债，是对企业目前价值的真实评估，所以在涉及一个仅进行投资或仅拥有不动产的控股企业，以及所评估的企业的评估前提为非持续经营时，适宜用成本法进行评估。

市场法不同于收益法和成本法，它将评估重点从企业本身转移至行业，完成了评估方法由内及外的转变。市场法较之其他两种方法更为简便和易于理解，其本质在于寻求合适标杆进行横向比较，在目标企业属于发展潜力型同时未来收益又无法确定的情况下，市场法的应用优势凸显。

2）各方法的前提条件

运用成本法进行企业价值评估应具备的前提条件有3个：一是进行价值评估时目标企业的表外项目价值，如管理效率、自创商誉、销售网络等，对企业整体价值的影响可以忽略不计；二是资产负债表中单项资产的市场价值能够公允客观地反映所评估资产的价值；三是投资者购置一项资产所愿意支付的价格不会超过具有相同用途所需的替代品所需的成本。

若选择收益法进行企业价值评估，应具备以下3个前提条件：一是投资主体愿意支付的价格不应超过目标企业按未来预期收益折算所得的现值；二是目标企业的未来收益能够合理的预测，企业未来收益的风险可以客观地进行估算，也就是说目标企业的未来收益和风险能合理地予以量化；三是被评估企业应具持续的盈利能力。

采用市场法进行企业价值评估需要满足3个基本前提条件：一是要有一个活跃的公开市场，公开市场指的是有多个交易主体自愿参与且他们之间进行平等交易的市场，这个市场上的交易价格代表了交易资产的行情，即可认为是市场的公允价格；二是在这个市场上要有与评估对象相同或者相似的参考企业或者交易案例；三是能够收集到与评估相关的信息资料，同时这些信息资料应具有代表性、合理性和有效性。

3) 各方法的适用性和局限性

成本法以资产负债表为基础，相对于市场法和收益法，成本法的评估结果客观依据较强。一般情况下，在涉及一个仅进行投资或仅拥有不动产的控股企业，以及所评估的企业的评估前提为非持续经营时，适宜用成本法进行评估。但由于运用成本法无法把握一个持续经营企业价值的整体性，也难以衡量企业各个单项资产间的工艺匹配及有机组合因素可能产生出来的整合效应，因而在持续经营假设前提下，不宜单独运用成本法进行价值评估。

收益法以预期的收益和折现率为基础，因而对于目标企业来说，如果目前的收益为正值，具有持续性，同时在收益期内折现率能够可靠估计，则更适宜用收益法进行价值评估。通常，处于成长期和成熟期的企业收益具有上述特点，可用收益法。基于收益法的应用条件，有下述特点的企业不适合用收益法进行价值评估：处于困境中的企业、收益具有周期性特点的企业、拥有较多闲置资产的企业、经营状况不稳定及风险问题难以合理衡量的私营企业。

市场法最大的优点在于具有简单、直观便于理解、运用灵活的特点。尤其是当目标公司未来的收益难以作出详尽的预测时，运用收益法进行评估显然受到限制，而市场法受到的限制相对较小。此外，站在实务的角度上，市场法往往更为常用或通常作为运用其他评估方法所获得评估结果的验证或参考。但是运用市场法评估企业价值也存在一定的局限性：首先，因为评估对象和参考企业所面临的风险和不确定性往往不尽相同，因而要找到与评估对象绝对相同或者类似的可比企业难度较大；其次，对价值比率的调整是运用市场法极为关键的一步，这需要评估师有丰富的实践经验和较强的技术能力。

4) 价值评估方法选择的原则

价值评估方法的选择不是主观随意、没有规律可循的，无论是哪一种方法，评估的最终目的是相同的，因而各种方法之间有着内在的联系。结合前文对价值评估方法的比较分析，可以总结出选择企业价值评估方法的一些原则。

(1) 依据相关准则、规范的原则

企业价值评估的相关准则和规范是由管理部门颁布的，具有一定的权威性和部分强制性。例如，在2005年4月1日实施的《企业价值评估指导意见书（试行）》第二十三条中规定："注册资产评估师应当根据评估对象、价值类型、资料收集情况等相关条件，分析收益法、市场法和成本法三种资产评估基本方法的适用性，恰当选择一种或多种资产评估基本方法"；第三十四条中指出："以持续经营为前提对企业进行评估时，成本法一般不应当作为唯一使用的评估方法"；第二十五条中指出："注册资产评估师应当根据被评估企业成立时间的长短、历史经营情况，尤其是经营和收益稳定状况、未来收益的可预测性，恰当考虑收益法的适用性"。显然，这些条款对选择企业价值评估方法具有很强的指导意义。

(2) 借鉴共识性研究成果的原则

价值评估方法选择的一些共识性研究成果是众多研究人员共同努力的结果，是基于价值评估实践的一些理论上的提炼，对于选择合理的方法用于价值评估有较大的参考价值。例如，在涉及一个仅进行投资或仅拥有不动产的控股企业或所评估的企业的评估前提为非持续经营，应该考虑采用成本法。以持续经营为前提进行企业价值评估，不宜单独使用成本法。在企业的初创期，经营和收益状况不稳定，不宜采用成本法进行价值评估。一般来说，收益法更适宜于无形资产的价值评估。此外，如果企业处于成长期或成熟期，经营、收益状况稳定并有充分的历史资料为依据，能合理地预测企业的收益，这时采用收益法较好。在参考企业或交易案例的资料信息较完备、客观时，从成本效率的角度来考虑，适合选择市场法进行价值评估。

(3) 客观、公正的原则

客观性原则要求评估师在选择价值评估方法时应始终站在客观的立场上，坚持以客观事实为依据的科学态度，尽量避免用个人主观臆断来代替客观实际，尽可能排除人为的主观因素，摆脱利益冲突的影响，依据客观的资料数据，进行科学的分析、判断，选择合理的方法。公正性原则要求评估人员客观的阐明意见，不偏不倚地对待各利益主体。客观、公正原则不仅具有方法选择上的指导意义，而且从评估人员素质的角度对方法选择作了要求。

(4) 成本效率的原则

评估机构作为独立的经济主体之一，也需要获取利润以促进企业的生存、发展，因而在选择评估方法时，要考虑各种评估方法耗用的物质资源、时间资源及人力资源，在法律、规范允许的范围内及满足委托企业评估要求的前提下，力求提高效率、节约成本。只有如此，才能形成委托企业和评估机构互动发展的双赢模式，更有利于评估机构增强自身实力，提高服务水平。

(5) 风险防范的原则

企业价值评估的风险可以界定为："由于评估人员或者机构在企业价值评估的过程中对目标企业的价值作了不当或错误的意见而产生的风险"。根据这一定义，企业价值评估中的风险可分为外部风险和内部风险。外部风险是指评估机构的外部因素客观上阻碍和干扰评估人员对被评估企业实施必要的和正常的评估过程而产生的风险。内部风险是指由于评估机构的内部因素导致评估人员对拟评估企业的价值作了不当或错误的意见而产生的风险。显然，企业价值评估方法的选择作为价值评估中的一个环节，可能会由于方法选择的不当带来评估风险。基于此，在选择评估方法时要有较强的风险防范意识，综合考虑各种因素，分析可能产生的评估风险，作出客观、合理的价值评估方法选择。

5. 企业价值评估的特点

1) 企业价值评估与单项资产评估汇总的区别

企业价值评估是一种整体性的评估活动，它与单项资产评估的汇总是有区别的。

(1) 两者所确定的评估价值的含义不同

决定企业价值高低的因素是企业的整体获利能力。企业价值评估是将企业作为一个整体的不可分割的资产整体，通过对其未来获利能力的分析来获得企业评估价值，其经济含义是企业收益的未来现值。而对企业的单项资产进行评估，然后利用加总的方法获得企业全部资产的重估价值，其经济含义仅仅是在现行价格水平下重新建构企业所有单项资产所需要的成本，不能真正反映企业价值。

(2) 两者所反映的评估目的不同

具体来说，当企业将其全部资产作为一般生产要素出售、变卖或者投资时，则采用单项资产评估的方式；当企业将其所有资产作为一个整体进行投资、转让、兼并等时，则应采用整体价值评估方式制定。

(3) 两者所运用的评估方法不同

从评估的方法上看，单项资产评估可以根据评估对象的特点和实际需要来确定评估方法，但是企业价值评估一般都采取收益法和市场法进行评估。

(4) 两者所得到的评估结果不同

从评估结果来看，企业价值评估具有很大的不确定性。由于企业价值评估和单项资产评估在评估价值含义、评估方法等方面存在差异，两种评估的结果亦会有所不同。其不同之处主要表现在企业的组织成本体现了公司中人的价值，同时它还涵盖了客户关系的价值，这一组织成本类似于我们所说的商誉，企业价值评估包含了这些不可确指的无形资产——商誉的价值或者企业整体资产的经济性贬值。此外，在用收益法进行企业价值评估时，未来收益和折现率的预测依赖于预测技术的科学性和适应性、原始数据的可靠性，以及所选参数的客观、完整程度，而这些都具有很大的不确定性，并因此造成了企业价值评估的不确定性。

以上通过企业作为整体评估与单项资产评估汇总获得评估值的区别说明了企业价值评估的特点。然而，企业整体评估与单项资产评估汇总确定企业资产评估价值的方法尽管有着明显的差异，但它们并不是没有联系，相反，它们的联系很密切。从单项资产评估汇总确定企业资产评估价值的角度来说，企业资产数量越多，质量越高，评估值越高。而资产的数量、质量则是决定企业获利能力的重要因素。当然，资产结构、管理水平、科技贡献、人员素质也是影响企业获利的因素。上述条件都是企业获得收益所必需的。在这种情况下，企业的资产收益率与社会（更多的是与行业）平均资产收益率相同，则单项资产评估汇总确定的企业资产评估值与整体企业评估值趋于一致。如企业资产收益率低于社会（或者同行业）平均资产收益率，单项资产评估汇总确定的企业资产评估价值就会比整体企业评估值高；反之，如果企业资产收益率高于社会（或者同行业）平均收益率，整体企业价值评估会高于单项资产评估汇总的价值，超过的部分则是企业商誉的价值。商誉价值是企业中人员素质、管理机制等超出一般企业水平的价值体现。

2) 企业价值评估与传统"企业整体资产评估"的区别

传统的"企业整体评估"是对企业资产负债表所列示资产及负债的评估，它严重地影响了企业价值评估的定位，并限制了企业价值评估方式方法的发展。其偏颇与限制具体体现在以下几个方面。

① 会计处理方面的问题直接影响了评估价值，评估师的大量工作变成了审计工作。

② 由于企业的每项资产必须分别进行评估，评估机构为控制经营成本，设备、房产、土地等单项资产评估往往聘用不了解资产评估的专业技术人员去完成，因而严重影响了评估的执业水平。同时，企业的房产和土地的价值评估业务似乎应该必须由专门的房产价值和土地价值的评估人员来承担，从而导致企业整体价值被肢解，影响了企业评估价值的准确性。

③ 由于评估往往仅以企业提供的会计报表为准，造成了对账外资产的忽视和遗漏。

④ 由于会计报表所列示的各单项资产评估价值加总后不一定能体现企业的整体价值，其评估价值不能用来作为发行定价的参考。证监会实行的是另一套股票发行定价机制，资产评估报告只能用来设立公司，资产评估行业错失了巨大的证券发行市场。

⑤ 同样是因会计报表所列示的各单项资产评估价值加总后不一定能体现企业的整体价值，资产评估报告只能作为委托方完成国有资产管理部门相关手续的文件，而不能为企业股权交易提供有用的定价参考，不能满足股权交易市场的有效需求。

⑥ 企业价值评估逾越了传统财务报表中涉及的项目，而将外部环境分析（包括政治环境、产业政策、信贷政策、区域政策、环保政策、交通条件甚至地理位置等）、行业分析、产品与市场分析、业务流程分析、组织结构和权限分析、人力资源分析、信用分析、管理层经营绩效分析和财务评价（常见的有偿债能力、现金流量状况和发展潜力分析）等纳入评估体系。

⑦ 企业价值评估是资产评估的组成部分，但又不同于传统的单项资产评估、整体资产评估。单项资产评估包括流动资产、机器设备、建筑物及在建工程、土地使用权、长期投资及无形资产的评估；整体资产评估是以各个企业或者企业内部的经营单位、分支机构作为一个经营实体，依据未来预期收益来评估其市场价值，它更多地考虑资产之间组合方式的协同效应带给企业价值的增值。

6. 企业价值评估的作用

（1）企业价值最大化管理的需要

企业价值评估在企业经营决策中极其重要，它能够帮助管理当局有效改善经营决策。企业财务管理的目标是企业价值最大化，企业的各项经营决策是否可行，必须看这一决策是否有利于增加企业价值。企业价值评估可以用于投资分析、战略分析和以价值为基础的管理；可以帮助经理人员更好地了解公司的优势和劣势。通过对企业价值的评估，管理者应重视以企业价值最大化管理为核心的财务管理。通过对企业价值的评估，了解企业的真实价值，作出科学的投资与融资决策，不断提高企业价值，增加所有者财富。

（2）企业并购的需要

在现实经济生活中，往往出现把企业作为一个整体进行转让、合并等情况，如企业兼并、购买、出售、重组联营、股份经营、合资合作经营、担保等，这些都涉及企业整体价值的评估问题。在这种情况下，要对整个企业的价值进行评估，以便确定合资或转卖的价格。然而，企业的价值或者说购买价格，绝不是简单地由各单项经公允评估后的资产价值和债务的代数和。因为人们买卖企业或兼并的目的是为了通过经营这个企业来获取收益，决定企业价格大小的因素相当多，其中最基本的是企业利用自有的资产去获取利润能力的大小。所以，企业价值评估并不是对企业各项资产的评估，而是一种对企业资产综合体的整体性、动态的价值评估。而企业一般资产评估则是指对企业某项资产或某几项资产的价值的评估，是一种局部的和静态的评估。

（3）量化企业价值、核清家底、动态管理

对每一位公司管理者来说，知道自己公司的具体价值，并清楚计算价值的来龙去脉至关重要。在计划经济体制下，企业一般关心的是有形资产的管理，对无形资产常忽略不计。在市场经济体制下，无形资产已逐渐受到重视，而且越来越被认为是企业的重要财富。在国外，一些高新技术产业的无形资产价值远高于有形资产，我国高新技术产业的无形资产价值亦相当可观。希望清楚了解自己家底以便加强管理的企业家，有必要通过评估机构对企业价值进行公正的评估。

（4）董事会、股东会了解生产经营活动效果的需要

公司财务管理的目标是使公司价值最大化，公司各项经营决策是否可行，取决于这一决策是否有利于增加公司价值。

我国现阶段会计信息失真，会计信息质量不高，在实质上影响了企业财务状况和经营成

果的真实体现。会计指标体系不能有效地衡量企业创造价值的能力,会计指标基础上的财务业绩并不等于公司的实际价值。企业的实际价值并不等于企业的账面价值。

(5) 企业价值评估是投资决策的重要前提

企业在市场经济中作为投资主体的地位已经明确,但要保证投资行为的合理性,必须对企业资产的现时价值有一个正确的评估。我国市场经济发展到今天,在企业各种经济活动中以有形资产和专利技术、专有技术、商标权等无形资产形成优化的资产组合作价入股已很普遍。合资、合作者在决策中,必须对这些无形资产进行量化,由评估机构对无形资产进行客观、公正的评估,评估的结果既是投资者与被投资单位投资谈判的重要依据,又是被投资单位确定其无形资产入账价值的客观标准。

(6) 企业价值评估是扩大、提高企业影响,展示企业发展实力的手段

随着企业的形象问题逐渐受到企业界的重视,通过名牌商标的宣传,已经成为企业走向国际化的重要途径。企业拥有大量的无形资产,给企业创造了超出一般生产资料、生产条件所能创造的超额利润,但其在账面上反映的价值是微不足道的。所以,企业价值评估及宣传是强化企业形象、展示发展实力的重要手段。

7. 企业价值评估的程序

企业价值评估一般可以按照以下程序进行。

(1) 明确评估目的和评估基准日

接受资产评估委托时,首先要弄清评估目的,由于评估目的的不同,在选择评估方法上及评估结果也会有所不同。

评估基准日是反映评估价值的时点定位,一般应该考虑选择某一个结算日的终止日。

(2) 明确评估对象

明确评估对象包括两方面的内容:一是确定被评估资产的范围和数量;二是资产的权益。就被评估资产的范围和数量来说,要明确哪些资产要评估,哪些资产不属于被评估范围。

(3) 制定评估工作计划

工作计划包括:

① 整个评估工作的人员构成及分工;

② 现场要准备的资料,主要包括企业应该提供的资料和现场勘察资料;

③ 工作进程安排等。

(4) 资料的收集、整理和分析

这个过程主要是对资料加以归纳、分析和整理,并加以补充和完善。

(5) 按照被评估企业的情况选择合理的评估方法

根据资产的特点、评估目的选择合适的方法以评估被估资产的价值。

(6) 讨论和纠正评估值

评估过程完成后,应与包括委托者、评估人员等各部门进行讨论,对评估过程加以说明及解释,未尽事宜进一步磋商。

(7) 产生结论、完成评估报告

完成上述过程后,即可形成评估报告。

9.2 企业价值评估的加和法

加和法也称账面价值调整法、资产基础法或者成本法。加和法实际上是通过对企业账面价值的调整得到企业价值。其理论基础也是"替代原则",即任何一个精明的潜在投资者,在购置一项资产时所愿意支付的价格不会超过建造一项与所购资产具有相同用途的替代品所需的成本。成本法以企业单项资产的再取得成本为出发点,有忽视企业的获利能力的可能性,而且在评估中很难考虑那些未在财务报表上出现的项目,如企业的管理效率、自创商誉、销售网络等,因此以持续经营为前提对企业进行评估时,成本法(资产基础法)一般不应当作为唯一使用的评估方法。

在具体运用成本法评估企业价值时,人们通常又称之为资产加和法。成本法具体是指将构成企业的各种要素资产的评估值加总求得企业价值的方法。企业重建并不是对被评估企业的简单复制,而主要是对企业生产能力和盈利能力的重建。因此,企业价值评估的成本法是紧紧围绕企业的盈利能力进行的。

加和法的具体操作是在合理评估企业各项资产和负债的基础上确定企业价值。该方法首先是将企业资产负债表中的各项资产的账面价值调整为市场价值,然后通过加总投资者索取权的价值来估算出企业价值,或者通过加总资产价值,再扣除无息流动负债(即不包括欠非投资人的负债,如应付票据)和递延税款来计算。采用这种方法,是将被评估企业视为一个生产要素的组合体,在对各项资产清查核实的基础上,逐一对各项可确指资产进行评估,并确认企业是否存在商誉或经济性损耗,将各单项可确认资产评估值加总后再加上企业的商誉或减去经济性损耗,就可以得到企业价值的评估值。其计算公式为

$$企业整体资产价值 = \sum 单项可确指资产评估值 + 商誉(或 - 经济性损耗) \quad (9-1)$$

从评估公式(9-1)来看,采用成本加和法评估企业价值一般需要以下几个步骤。

(1) 确定纳入企业价值评估范围的资产,逐项评估各单项资产并加总评估值

首先是对企业可确指资产逐项进行评估,因此确定企业价值评估范围尤为重要。从产权的角度看,企业价值评估的范围应该是全部资产。从有效资产的角度看,在对企业整体评估时,需将企业资产范围内的有效资产与对整体获利能力无贡献的无效资产进行正确的界定与区分。对企业持续经营有贡献的资产应以继续使用为假设前提,评估其有用价值。

(2) 确定企业的商誉或经济性损耗

由于企业单项资产评估后加总的价值无法反映各单项资产间的有机组合因素产生的整合效应,无法反映未在会计账目上表现的无形资产,也无法反映企业经济性损耗。因此,还需要用适当的方法分析确定企业的商誉或经济性损耗。

(3) 企业的负债审核

用成本法评估企业价值,而评估目标又是确定企业净资产价值时,就需要对企业负债进行审核。对于企业负债的审核包括两个方面内容:一是负债的确认,二是对负债的计量。从总体上讲,对企业负债的审核,基本上要以审计准则和方法进行,以正确揭示企业的负债情况。

(4) 确定企业整体资产评估价值，验证评估结果

将企业各单项资产评估值加总，再加上企业的商誉或减去经济性损耗，就得到企业整体资产评估价值。对用成本加和法评估企业价值的结果，还应运用企业价值评估的其他方法（通常是收益法）进行验证，以验证成本法评估结果的科学性、合理性。2004年中国资产评估协会发布的《企业价值评估指导意见（试行)》指出，以持续经营为前提对企业价值进行评估时，成本法一般不应当作为唯一使用的评估方法。

成本法实际上是对企业账面价值的调整得到企业价值，之所以要对账面价值进行调整，是因为会计上所编制的资产负债表中的各项资产的账面价值往往与市场价值有一些差异。造成这种差异的主要原因有通货膨胀、贬值等因素（通货膨胀会引起账面价值低于市场价值，过时贬值会引起账面价值高于市场价值，两种影响往往会有相互抵消的作用，以致即使存在明显的通货膨胀和过时贬值，账面价值和市场价值仍然有可能非常接近）。资产负债表中的每项资产的价值，特别是那些寿命较长的资产的价值，会受到通货膨胀的影响，使市场价值往往会大于账面所记载的价值，因而要评估市场价值就必须要调整账面价值，调整的一般方法是价格指数调整法。过时贬值是由于技术进步，某些资产在其寿命期限内还没有提取完折旧就已经过时了，其账面价值远超过其市场价值，因而需要对贬值额进行扣除，估计贬值额的方法与成本法中的功能性贬值额计算方法相同。经过这两方面调整的资产账面价值反映了资产的重置成本。另外，资产评估师还可以在管理人员的协助下，估计每项资产的变卖价格，以此来调整账面价值。

在对构成企业的各单项资产进行评估时，应该考虑各单项资产之间的匹配情况及各单项资产对于整体企业的贡献。下面列举了对企业某些单项资产评估应注意的问题。

① 现金。除对现金进行点钞核数外，还要通过对现金及企业运营的分析，判断企业的资金流动能力和短期偿债能力。

② 应收账款及预付款。从企业财务的角度，应收账款及预付款都构成企业的资产。而从企业资金周转的角度，企业的应收账款必须保持在一个合理比例。企业的应收账款占销售收入的比例及账龄的长短大致可以反映一个企业的销售情况、企业产品的市场需求及企业的经营能力等，并为企业预期收益的预测提供参考。

③ 存货。通过对企业的存货进行评估，可以了解企业的经营情况，至少可以了解企业产品在市场中的竞争地位。畅销产品、正常销售产品、滞销产品和积压产品的比重，将直接反映企业在市场上的竞争地位，并为企业预期收益预测提供基础。

④ 机器设备与建筑物。机器设备和建筑物是企业进行生产经营和保持盈利的基本物质基础。设备的新旧程度、技术含量、维修保养状况、利用率等，不仅决定机器设备本身的价值，也对企业未来的盈利能力产生重大影响。按照机器设备及建筑物对企业盈利能力的贡献率评价其现时价值，是持续经营假设前提下运用加和法评估企业单项资产的主要特点。

⑤ 长期投资。资产评估人员运用成本法进行企业价值评估，应当根据相关项目的具体资产、盈利状况及其对评估对象价值的影响程度等因素，合理确定是否将其单独评估。

⑥ 无形资产。企业拥有无形资产的多寡，以及研制开发无形资产的能力，是决定企业市场竞争能力及盈利能力的决定性因素。在评估过程中，要弄清每一种无形资产的盈利潜力，以便为企业预期收益预测打下坚实的基础。

在对企业各个单项资产实施评估并将评估值加和后，就可以此作为基础，运用成本法评

估出企业价值。

【例9-1】 表9-1是某企业某年6月30日的资产负债表。该表反映出该企业的两类投资者：债权人和股东。假定该资产负债表中各项资产的账面价值与市场价值相差得不多，不需要进行账面价值的调整。有两种方法计算市场价值：一是投资人索取价值的加和法；二是加总资产价值，然后减去流动负债中的非投资人索取权价值法。具体计算列示在表9-2中。投资人索取权价值包括短期负债、长期负债、股东权益，将这些项目加和得到一个估计值15 120.00万元。应付账款和应付费用是企业经营过程中应付而未付的成本，并不是对企业的投资，因而也就不属于投资人索取权价值的构成部分，不能加总到企业价值中去。

表9-1 某企业某年6月30日资产负债表

单位：万元

流动资产	14 280.00	流动负债	7 920.00
现金	1 440.00	短期负债	2 640.00
应收账款	5 760.00	银行借款	1 680.00
存货	6 840.00	长期负债的流动部分	960.00
预付账款	240.00	应付账款	4 800.00
		应付费用（包括工资和应付税款）	480.00
非流动资产	6 120.00		
		非流动负债	4 080.00
		长期负债	4 080.00
金融资产	0.00		
无形资产	0.00	股东权益	8 400.00
固定资产净值	6 120.00	股本	8 280.00
固定资产总值	10 800.00	未分配利润	120.00
累计折旧	4 680.00		
资产总计	20 400.00	负债和股东权益总计	20 400.00

表9-2 用资产负债表法进行企业价值评估

单位：万元

投资人索取权加和法		总资产减非投资人索取权价值法	
短期负债	2 640.00	总资产	20 400.00
银行借款	1 680.00	减：	
长期负债的流动部分	960.00	应付账款	4 800.00
长期负债	4 080.00	应付费用（包括工资和应付税款）	480.00
股本	8 280.00		
未分配利润	120.00		
总计	15 120.00	总计	15 120.00

尽管通过用企业资产的重置成本或变卖价值来代替账面价值的方法可以考虑通货膨胀和过时贬值等因素对企业价值的影响，使得调整后的账面价值能够更准确地反映市场价值，但是这种方法仍然存在两个主要的缺点：一是难以判断调整后的账面价值是否较为准确地反映

了市场价值；二是调整过程没有考虑那些有价值但在资产负债表中没有反映的资产项目，如企业的组织资本。组织资本主要是指企业的商誉，具体表现形式多种多样，主要包括：经理与职员之间融洽的工作关系、企业在客户中的声誉（包括各种品牌知名度）、因掌握有特殊技能或与客户的特殊关系而产生的获利丰厚的投资机会，强大的商品供销及服务网络等形式。组织资本的一个重要特点是很难从企业价值中分离出来单独出售。

由于账面价值调整法忽略了组织资本价值，因而该种方法尤其不适用于一般具有较大组织资本价值的高科技企业和服务性企业。对于账面价值和市场价值差异不大的水、电等公共设施经营类企业或组织资本价值很小的企业则较为适用。

在企业价值评估中，由于历史原因，成本法成为了我国企业价值评估实践中的首选方法和主要方法，但成本法在企业价值评估中也存在着各种利弊。有利之处主要是将企业的各项资产逐一进行评估然后加和得出企业价值，简便易行。不利之处主要在于：一是模糊了单项资产与整体资产的区别。凡是整体性资产都具有综合获利能力，整体资产是由单项资产构成的，但却不是单项资产的简单加总。企业中的各类单项资产，需要投入大量的人力资产及规范的组织结构来进行正常的生产经营，成本加和法显然无法反映组织这些单项资产的人力资产及企业组织的价值。因此，采用成本法确定企业评估值，仅仅包含了有形资产和可确指无形资产的价值，无法体现作为不可确指的无形资产——商誉。二是不能充分体现企业价值评估的评价功能。企业价值本来可以通过对企业未来的经营情况、收益能力的预测来进行评价。而成本法只是从资产购建的角度来评估企业的价值，没有考虑企业的运行效率和经营业绩，在这种情况下，假如同一时期的同一类企业的原始投资额相同，则无论其效益好坏，评估值都将趋向一致。这个结果是与市场经济的客观规律相违背的。

9.3 企业价值评估的收益法

9.3.1 企业价值评估收益法概述

收益法是指通过估算被评估资产未来预期收益，并用适当的折现率折现，以其现值之和作为被评估资产价值的一种评估方法。用收益法进行企业整体资产评估时，主要涉及三个评估技术参数，即年纯收益、折现率和收益期限。

1. 收益法的思路

运用收益法进行企业价值评估，就是根据企业未来预期收益的具体形式、持续时间等，按适当的方式和折现率或资本化率将其换算成现值，并以此收益现值作为企业价值评估的评估方法。收益途径及其方法只适用于持续经营假设前提下的企业现值评估。

《指导意见》第二十六条规定："收益法中的预期收益可以用现金流量、各种形式的利润或现金红利等口径表示。"

运用收益法对企业进行价值评估，关键在于对以下3个问题的解决。

（1）恰当选择企业的收益额

企业的收益能以多种形式出现，包括净利润、净现金流、息前净利润和息前净现金流等。选择何种形式或口径的收益作为企业价值评估中的企业收益，可能会在一定程度上影响评估人员对企业获利能力的判断，进而会影响评估人员对企业价值的最终判断。恰当选择企业的收益额，同时要求评估人员注意企业收益额与折现率口径保持一致的问题。恰当选择企业的收益额从本意来讲，是为了客观合理地反映企业的获利能力，进而相对合理准确地评估企业价值。由于不同形式或口径的企业收益的性质和内涵是有一定差别的，在不考虑折现率因素的前提下，不同形式和口径的企业收益，其折现价值的内涵和性质也是有差别的。例如，净利润或净现金流量折现或还原为净资产价值（所有者权益），净利润或净现金流量＋长期负债利息（1－所得税税率）折现或还原为投资资本价值（所有者权益＋长期负债），净利润或净现金流量＋利息（1－所得税税率）折现或还原为总资产价值（所有者权益＋长期负债＋流动负债）。

另外一个问题就是收益额预测由谁完成。目前主要有3种观点：一种观点认为收益额的预测应由注册资产评估师完成；另一种观点认为收益额的预测应由企业管理层完成；第三种观点认为，收益额的预测由企业管理层进行，注册资产评估师通过相关分析、判断和验证，以确信预测的合理性。三种观点分歧的焦点在于，企业价值评估中收益额预测的责任究竟由谁来承担。正如主张第三种观点的学者在有关论文中指出的，注册资产评估师的责任是对被评估企业、委托方或其他相关当事方的管理层准备和提供的关于未来收益的预测材料进行验证，在此基础上确信预测的合理性。一旦发现重大不合理的假设或结果，评估机构应向管理层提出调整建议，由管理层作出调整，最后仍由管理层来签署认同所有最终的预测数据，对有关预测的真实性负责。首先，科学预测是保证评估结论科学有效的基础，将预测的工作和责任转嫁给企业管理层，是工作职责和义务的缺失；其次，企业管理层预测所考虑的因素、出发点与评估师收益预测不同，这就导致企业管理层只能预测短期收益，而评估师可以预测未来较长时期收益。因此，需要企业为其提供的相关资料真实性承担责任，也可以利用企业管理层提供的收益预测，但评估师必须对这些预测加以分析，独立作出判断。科学预测收益是评估师不可推卸的责任。

（2）合理预测企业收益

合理预测企业的收益并不一定要评估人员对企业的将来收益进行精确计算，这种要求是不现实和不可能的。但是，由于企业收益的预测水平和合理性直接影响评估师对企业盈利能力的判断，进而影响评估人员对企业最终评估值的判断。所以，评估人员在评估中应全面考虑影响企业盈利能力的因素，对企业的收益作出客观、合理及合乎逻辑的预测。

（3）选择合适的折现率

折现率作为潜在投资者的期望投资回报率，它的选择直接关系到对企业未来取得收益的风险的判断。由于不确定性的客观存在，对企业未来收益的风险进行判断至关重要。能否对企业取得未来收益的风险作出恰当的判断，从而选择合适的折现率，不仅对企业的最终评估值具有较大影响，而且还会影响对企业评估价值的价值类型的选择。选择合适的折现率包括两个方面的内容：一是保证折现率的值与被评估企业获得预期收益面临的风险相匹配；二是所选择的折现率的口径与企业收益额的口径的一致。

2. 收益法实施的步骤

① 收集被评估企业历史财务数据并进行分析，对非经常的项目、非经营性资产、溢余资产进行调整，得到正常化的财务数据。

② 收集用于进行资本化计算的收益。通常用评估基准日前一年财务年度或前12个月的经过正常化调整的收益进行资本化计算。在某些情况下，预测的下一年的收益或未来几年的

平均收益被用来作为进行资本化计算的收益。

③ 计算资本化率。

④ 将收益资本化以计算待估价值。

⑤ 就非经营性资产和溢余资产的价值进行评估,并对待估价值进行相应调整。

9.3.2 收益法的具体评估思路

1. 企业永续经营假设前提下的收益法

(1) 年金法

企业价值评估的年金法,是将已处于均衡状态,其未来收益具有充分的稳定性和可预测性的企业的收益进行年金化处理,然后再把已年金化的企业预期收益进行收益还原,估测企业的价值。一般使用于未来预期收益相对稳定、所在行业发展相对稳定的企业的价值评估。

年金法计算公式为

$$P = \frac{A}{r} \tag{9-2}$$

式中:P——企业价值评估值;

A——企业年金收益;

r——折现率及资本化率。

由于企业预期收益并不能表现为年金形式,评估人员如果要运用年金法评估企业价值,还需要对被评估企业的预期收益进行综合分析,确定被评估企业的预期年金收益。将企业未来若干年的预期收益进行年金化处理而得到企业年金是若干种分析预测企业年金收益方法中的一种。如果采用将企业未来若干年的预期收益进行年金化处理而得到企业年金的方法,年金法的公式 (9-1) 又可以写成

$$P = \sum_{t=1}^{n} [R_t(1+r)^{-t}] \Big/ \sum_{t=1}^{n} [(1+r)^{-t}] \Big/ r \tag{9-3}$$

式中:$\sum_{t=1}^{n} [R_t(1+r)^{-t}]$——企业前 n 年预期收益折现值之和;

$\sum_{t=1}^{n} [(1+r)^{-t}]$——年金现值系数;

r——折现率及资本化率。

用于企业价值评估的年金法,是将已处于均衡状态,其未来收益具有充分的稳定性和可预测性的企业未来若干年的预测收益进行年金化处理,然后将已年金化的企业预期收益进行收益资本化,估算企业的价值。将企业相对稳定的、可预测的未来若干年预期收益进行年金化处理,仅仅是评估人员分析判断未来预期收益的一种方式。如果评估人员并不能确信通过年金化处理而得到这个企业年金可以反映出被评估企业的未来预期收益能力和水平,这个企业年金就不可以直接作为企业价值评估的收益额,而需要通过其他方法估测适于被评估企业评估的收益额。

【例 9-2】 假设某企业永续经营,不改变经营方向、经营模式和管理模式,待估企业预计未来 5 年的预期收益额为 80 万元、90 万元、100 万元、90 万元、95 万元,折现率及资本化率均为 10%,试用年金法估测该企业的价值。

解 $P = \sum_{t=1}^{n}[R_t(1+r)^{-t}] / \sum_{t=1}^{n}[(1+r)^{-t}]/r$

$= (80 \times 0.9091 + 90 \times 0.8264 + 100 \times 0.7513 + 90 \times 0.6830 + 95 \times 0.6209)/$
$\quad (0.9091 + 0.8264 + 0.7513 + 0.6830 + 0.6209)/10\%$

$= (72.728 + 74.376 + 75.13 + 61.47 + 58.9855)/3.7907/10\%$

$= 342.6895/3.7907/10\%$

$= 904.03(万元)$

(2) 分段法

分段法是将持续经营的企业的收益预测分为前后段。将企业的收益预测分为前后两段的理由在于:在企业发展的前一个期间,企业处于不稳定状态,因此企业的收益是不稳定的;而在该期间之后,企业处于均衡状态,其收益是稳定的或按某种规律进行变化。对于前段企业的预期收益采取逐年预测并折现累加的方法。而对于后段的企业收益,则针对企业具体情况并按企业的收益变化规律,对其后段的预期收益进行折现和还原处理。将企业前后两段收益现值加在一起便构成企业的收益现值。

假设以评估基准日后的第二段收益取得了年金收益形式,分段法的计算公式可写为

$$P = \sum_{t=1}^{n}[R_t(1+r)^{-t}] + \frac{R_{n+1}}{r}(1+r)^{-n} \quad (9-4)$$

假设从 $n+1$ 年后的后段,企业预期年收益将按照某一固定比例 g 增长,则分段法的计算公式可以写为

$$P = \sum_{t=1}^{n}[R_t(1+r)^{-t}] + \frac{R_n(1+g)}{r-g}(1+r)^{-n} \quad (9-5)$$

【例 9-3】 承上例,待估企业预计未来 5 年的预期收益额为 80 万元、90 万元、100 万元、90 万元、95 万元。据推断,从第六年开始,企业的年收益额将维持在 200 万元的水平,假设折现率及资本化率均为 10%,试用分段法估测该企业的价值。

解 $P = \sum_{t=1}^{n}[R_t(1+r)^{-t}] + \frac{R_{n+1}}{r}(1+r)^{-n}$

$= (80 \times 0.9091 + 90 \times 0.8264 + 100 \times 0.7513 +$
$\quad 90 \times 0.6830 + 95 \times 0.6209) + 200/10\% \times 0.6209$

$= 342.6895 + 1241.8$

$= 1584.4895(万元)$

2. 企业有限持续经营假设前提下的收益法

(1) 关于企业有限持续经营假设的适用

对企业而言,它的价值在于其所具有的持续经营的盈利能力。一般而言,对企业价值的评估应该在持续经营的前提下进行。只有在特殊的情况下,才能在有限持续经营前提下对企业价值进行评估。

企业有限持续经营假设是从最有利于回收企业投资的角度,争取在不追加资本性投资的前提下,充分利用现有企业的资源,最大限度地获取投资收益,直到企业无法持续经营为止。

(2) 有限持续经营前提下企业价值评估收益法的评估思路

对于有限持续经营假设前提下企业价值评估的收益法,其评估思路与分段法类似。首先,将企业在可预期的经营期内的收益加以评估并折现;其次,估算企业在经营期限后的残余资产的价值并进行折现;最后,将两者相加。其计算公式为

$$P = \sum_{t=1}^{n} [R_t(1+r)^{-t}] + P_n \times (1+r)^{-n} \tag{9-6}$$

式中:P_n——第 n 年时企业资产的变现值;其他符号含义同前。

在运用收益法进行企业价值评估时,具体的技术方法和思路还有很多,评估人员可以遵循收益法的基本原理,结合被评估企业的具体情况采用具体的评估方法。

9.3.3 企业的收益及预测

企业收益的预测大致可以分为:对企业收益现状的分析和判断、未来可预测若干年的预期收益预测、企业未来持续经营条件下长期预期收益趋势的判断。

1. 企业收益预测的基础

企业收益预测的基础有两个问题:一是预期收益预测的出发点,这个出发点是以企业被评估时的收益状况,即企业的实际收益为出发点还是以别的什么为出发点。企业价值评估的预期收益的基础,应该是在正常经营条件下,排除影响企业盈利能力的偶然因素和不可比因素之后的企业正常收益。二是如何客观地把握新的产权主体的行为对企业预期收益的影响。由于企业的预期收益既是企业存量资产运作的函数,同时也是未来新的产权主体经营管理的函数。从这个角度讲,对企业预期收益的预测一般只能以企业的现实存量资产为出发点,可以考虑存量资产的合理改进乃至重组,但必须反映企业的正常盈利能力。

2. 企业收益预测的基本步骤

企业收益的预测大致可分为以下几个步骤:评估基准日企业收益审核(计)和调整、企业预期收益趋势的总体分析和判断、企业预期收益预测。

(1) 评估基准日企业收益审核(计)和调整

其主要包括两方面的工作:一是对审计后的财务报表,特别是对损益表和现金流量表进行非正常因素调整,把企业评估基准日的利润和现金流量调整到正常状态下的数量,为企业预期收益的趋势分析奠定基础;二是研究审计报表后的附注和相关揭示,对在相关报表中揭示的影响企业预期收益的非财务因素进行分析,并在该分析的基础上对企业的收益进行调整,使之能较好地反映企业的正常盈利能力。

(2) 企业预期收益趋势的总体分析和判断

这是在对企业评估基准日实际收益或正常收益的审核（计）和调整基础上，结合被评估企业提供的企业预期收益预测和评估机构调查收集到的有关信息进行。

(3) 企业预期收益预测

这是在前两个步骤完成以后，运用具体的技术方法和手段预测企业的预期收益。在一般情况下，企业的收益预测也分为两个阶段：一是对企业未来3～5年的收益预测；二是对企业未来3～5年后的隔年收益预测。对于处于发展期、其收益尚不稳定的企业而言，对其收益预测的分段应是首先判断出企业在何时步入稳定期，其收益呈现稳定性；而后将其步入稳定期的前一年作为收益预测分段的时点。这需要评估人员在与企业管理人员进行充分沟通和占有大量资料并加以理性分析的基础上进行。

企业未来3～5年收益预测是利用评估基准日被调整的企业收益，结合影响企业收益实现的主要因素在未来预期变化的情况，采用适当的方法进行。不论采用何种预测方法，首先都应该进行预测前提条件的设定，科学合理地预测企业收益的前提条件是必需的，然后着手对企业未来3～5年的预期收益进行预测。预测的主要内容有：对影响被评估企业及其所属行业的特定经济及竞争因素的估计；未来3～5年市场的产品或服务的需求量或被评估企业市场占有份额的估计；未来3～5年销售收入的估计；未来3～5年成本费用及税金的估计；完成上述生产经营目标需追加投资及技术、设备更新改造因素的估计；未来3～5年预期收益的估计等。关于企业的收益预测，评估人员应把企业或其他机构提供的有关资料作为参考，根据可收集到的数据资料，在经过充分分析论证的基础上作出独立的预测判断。

不论采用何种方法预测企业收益，都需要注意以下几个问题：一定收益水平是一定资产运作的结果，在企业收益预测时应保持企业预测收益与其资产及其盈利能力之间的对应关系；企业的销售收入或营业收入与产品销售量（服务量）及销售价格的关系会受到价格需求弹性的限制，不能不考虑价格需求弹性而想当然地价量并长；在考虑企业销售收入的增长时，应对企业所处产业及细分市场的需求、竞争情况进行分析，不能在不考虑产业及市场的具体竞争情况下对企业的销售增长作出预测；企业销售收入或服务收入的增长与其成本费用的变化存在内在的一致性，评估人员应根据实际情况，科学合理地预测企业的收入及各项成本费用的变化；企业的预期收益与企业所采用的会计政策、税收政策关系极为密切，评估人员不可以违背会计政策与税收政策，以不合理的假设作为预测的基础，企业收益预测应与企业未来实行的会计政策和税收政策保持一致。

通常运用损益表或现金流量表的形式表现企业收益的结构，企业的收益预测是利用损益表或现金流量表的已有栏目或者项目，通过对影响企业收益的各种因素变动情况的分析，在评估基准日企业收益水平的基础上，对表内各项目进行合理预算、汇总分析得到的所测年份的隔年企业收益。

企业收益预测借鉴的收益预测表，如测算的收益层次和口径与该表有差异，可在该表的基础上进行适当的调整，如表9-3所示。

表 9 – 3　企业 20×1—20×4 年收益预测表

单位：万元

项　　目	20×1 年	20×2 年	20×3 年	20×4 年
一、产品销售收入				
减：产品销售税金				
产品销售成本				
其中：折旧				
二、产品销售利润				
加：其他业务利润				
减：管理费用				
财务费用				
三、营业利润				
加：投资收益				
营业外收入				
减：营业外支出				
四、利润总额				
减：所得税				
五、净利润				
加：折旧和无形资产摊销				
减：追加资本性支出				
六、净现金流量				

9.3.4　折现率和资本化率及其估测

折现率是将未来有期限收益还原或转化为现值的比率。资本化率是将未来非有限期收益转化为现值的比率。资本化率在资产评估业务中有着不同的称谓：资本化率、还原利率等。折现率和资本化率在本质上是相同的，都属于投资报酬率。任何一项投资的报酬率均由两部分组成：一是无风险报酬率；二是风险投资报酬率。无风险报酬率取决于资本的机会成本。这个机会成本通常以政府发行的国库券利率和银行储蓄利率作为参照依据，而风险报酬率的高低则取决于投资的风险，风险大的投资，要求的风险报酬率就高。折现率与资本化率既可以是完全相等的一个数值，也可以是两个不同的数值。

累加法、资本资产定价模型和加权平均资本模型是测算企业价值评估中折现率及资本化率较为常用的方法。

（1）累加法

累加法是采用无风险报酬率加风险报酬率的方式确定折现率或资本化率。如果风险报酬率是通过 β 系数法或资本资产定价模型估测出来的，此时累加法测算的折现率或资本化率适用于股权收益的折现或资本化。累加法测算折现率的数学表达式如下。

$$R = R_f + R_r \tag{9-7}$$

式中：R——企业价值评估中的折现率；

R_f——无风险报酬率；

R_r——风险报酬率。

(2) 资本资产定价模型

资本资产定价模型是用来测算权益资本折现率的一种工具。资本资产定价模型（Capital Asset Pricing Model，CAPM）使用方差来度量不可分散化的风险，并将风险与收益联系起来。考虑到任何资产不可分散化的风险都可用 β 值来描述，并相应地计算出预期收益率，其计算公式为

$$R = R_{f1} + (R_m - R_{f2}) \cdot \beta \cdot \alpha \tag{9-8}$$

式中：R——企业价值评估中的折现率；

R_{f1}——现行无风险报酬率；

R_m——市场期望报酬率历史平均值；

R_{f2}——历史平均无风险报酬率；

β——被评估企业所在行业权益系统风险系数；

α——企业特定风险调整系数。

(3) 加权平均资本成本模型

加权平均资本成本模型是以企业的所有者权益和企业负债所构成的全部资本，以及全部资本所需求的回报率，经加权平均计算来获得企业评估所需折现率的一种数学模型。资本资产加权平均成本的加权平均值，即为资本加权平均报酬率。当评估企业的整体价值或投资性资产的价值时，需使用资本加权平均报酬率进行折现，其与企业的息前税后净现金流相匹配。

$$R = E/(D+E) \cdot K_e + D/(D+E) \cdot (1-T) \cdot K_d \tag{9-9}$$

式中：$E/(D+E)$——权益资本占全部资本的权重；

$D/(D+E)$——债务资本占全部资本的权重；

K_e——权益资本要求的投资回报率（权益资本成本）；

K_d——债务资本要求的回报率（债务资本成本）；

T——被评估企业所适用的所得税税率。

加权平均资本成本模型作为一种工具，有时也可以利用其他参数测算评估人员需要求取的资本成本或投资回报率。例如，企业的权益资本与长期负债所构成的投资成本，以及投资资本组成要素各自要求的回报率和它们各自的权重，经加权平均获得企业投资资本价值评估所需要的折现率。计算公式为

企业投资资本要求的折现率 = 长期负债占投资资本的比重 × 长期负债成本 +

权益资本占投资资本的比重 × 权益资本成本 (9-10)

权益资本要求的回报率 = 无风险报酬率 + 风险报酬率 (9-11)

其中：负债成本是指扣除了所得税后的长期负债成本。

确定各种资本权数的方法一般有 3 种：以企业资产负债表中（账面价值）各种资本的比重为权数；以占企业外发证券市场价值（市场价值）的现有比重为权数；以在企业的目标资本构成中应该保持的比重为权数。

9.4 企业价值评估的市场法

企业价值评估中的市场法是通过在市场上找出若干个与被评估企业相同或者相似的企业，利用参照企业的市场交易价格及其财务数据为基础测算出来的价值比率，通过分析、比较、修正被评估企业的相关财务数据，在此基础上确定被评估企业的价值比率，并通过这些价值比率得到被评估企业的初步价值，最后运用适当的评估方法确定被评估企业的价值。

随着我国产权制度改革的不断深入，产权市场、证券市场迅猛发展，企业并购行为日益增多，产权交易行为活跃，市场上已经积累了大量案例，为市场法在企业价值评估中的应用创造了良好的条件。市场法是基于类似资产应该具有类似交易价格的理论推断，体现了评估中的替代原则。市场法需要有公开活跃的市场作为基础，在公开市场上可以收集到参照物及有关指标、技术参数等资料。

市场法中常用的两种方法是参照企业比较法和并购案例比较法。

参照企业比较法是指通过对资本市场上与被评估企业处于同一或类似行业的上市公司的经营和财务数据进行分析，计算恰当的价值比率或经济指标，在与被评估企业比较分析的基础上，得出评估对象价值的方法。

并购案例比较法是指通过分析与被评估企业处于同一或类似行业的公司的买卖、收购及其合并案例，获取并分析这些交易案例的数据资料，计算恰当的价值比率，在与被评估企业比较分析的基础上，得出评估对象价值的方法。

9.4.1 运用市场法评估企业价值的基本步骤

① 明确被评估企业的基本情况，包括评估对象的范围及其相关情况。

② 恰当选择与被评估对象进行比较的参照企业。参照企业应当与被评估对象在同一行业或受同一经济因素影响，它们已经交易或具有交易价格。参照企业应与被评估企业具有可比性。

③ 将参照企业与被评估企业的财务数据和经济指标进行必要的分析、对比和调整，保证它们之间在财务报告的编制基础、评估对象范围、重要数据的计算、反映方式等具有可比性。

④ 选择并计算恰当的价值比率。价值比率或经济指标通常又称为可比价值倍数，是企业价值指标与相关指标的比值，在选择并计算价值比率的过程中，应注意以下事项：选择的价值比率应当有利于评估对象价值的判断、用于价值比率计算的参照企业的相关数据应当恰当可靠、用于价值比率计算的相关数据的计算方法应当一致、被评估企业与参照企业相关数据的计算方式应当一致。

⑤ 将价值比率应用于被评估企业所对应的财务数据，并考虑适当的调整得出初步评估结论。

⑥ 根据被评估企业的特点，在考虑了对于缺乏控制权、流动性，以及拥有控制权和流动性等因素可能对评估对象的评估价值产生影响的基础上，评估人员在进行必要分析的基础上，以恰当的方式进行调整，以形成最终评估结论并在评估报告中明确披露。

9.4.2 市场法的具体运用

运用市场法的核心是确定恰当的价值比率，价值比率的测算方法用下列公式表示。

$$\frac{V_1}{X_1} = \frac{V_2}{X_2} \tag{9-12}$$

即

$$V_1 = X_1 \cdot \frac{V_2}{X_2} \tag{9-13}$$

式中：V_1——被评估企业价值；
V_2——参照可比企业价值；
X_1——被评估企业与企业价值相关的可比指标；
X_2——参照可比企业与企业价值相关的可比指标。

$\frac{V}{X}$ 通常称为可比价值倍数。式中 X 参数通常选用以下财务变量：利息、折旧和税收前利润，即 EBIDT；无负债净现金流量，即企业自由现金流量；净现金流量，即股权自由现金流量；净利润；销售收入；净资产；账面价值等。

确定价值比率的关键在于以下两点。

(1) 对可比企业的选择

判断企业的可比性存在两个标准，首先是行业标准，处于同一行业的企业存在着某种可比性。但在同一行业内选择可比性企业时应注意，目前的行业分类过于宽泛，处于同一行业的企业可能生产和所面临的市场完全不同，在选择时应加以注意。即使处于同一市场，生产同一产品的企业，由于其在行业中的竞争地位不同，规模不同，相互之间的可比性也不同。因此，在选择时应尽量选择与被评估企业的地位相类似的企业。其次是财务标准，既然企业都可以视为是在生产同一种产品——现金流，那么存在相同盈利能力的企业通常具有相类似的财务结构。因此，可以从财务指标和财务结构的分析对企业的可比性进行判断。

(2) 对可比指标的选择

对可比指标进行选择时要注意：可比指标应与企业的价值直接相关。由于企业的现金流量和利润直接反映了企业的盈利能力，这两个指标与企业的价值直接相关，因此在企业价值的评估中，现金流量和利润是最主要的候选指标。

目前运用市场法对企业价值进行评估通常是在证券市场上找到与被评估企业可比的上市公司进行评估，此方法适用于上市公司及一部分非上市公司。市盈率等于上市公司每股股票价格与其盈利的比率，它通常被用来衡量一个企业的盈利能力，以及反映投资者对风险的估计，它是市场对公司的共同期待的指标。市盈率越高，表明公司对未来越是看好；反之则说明公司未来前景暗淡。市盈率乘数法是利用市盈率作为基本参考依据，经对上市公司与被评估企业的相关因素进行对比分析后得出被评估企业价值的方法。应用市盈率乘数法的基本程序如下。

① 收集与被评估企业处于同一类或者类似行业的上市公司，各方面的条件（如行业、生产产品、经营规模等）大体接近。把上市公司的股票价格按照不同口径的收益额计算出

不同口径的市盈率,作为被评估企业价值的乘数。可供选择的计算依据主要有:净利润、无负债现金流量、税前无负债净现金流量等。

② 分别按各口径计算被评估企业的各种收益额。

③ 按相同口径用市盈率乘以被评估企业的收益额得到一组被评估企业的整体价格。

④ 对于一组企业整体价格分别给予权重,权重的大小取决于该口径计算的企业收益额及市盈率与企业实际情况的相关程度,然后通过加权计算出企业价值的评估值。

在运用市场途径评估企业价值时,应当注意:一是企业间的个体差异。除了企业规模和所处行业等可辨认的因素外,还有许多无形因素影响企业价值。在寻找参照企业时,应尽可能地保证它们与被评估企业在所处的行业及企业规模方面的可比性,同时考虑它们在竞争地位等方面的可比性。二是企业交易条件方面的差异。不同的企业,其市场条件一般是不一样的。这就需要评估人员在充分调查和分析参照企业交易背景的基础上,注意可比指标的选择。在可比指标的选择上应注意一个原则,即可比指标应与企业价值具有直接相关性。

基于成本和便利的原则,目前运用市场法对企业价值进行评估主要是在证券市场上寻找与被评估企业可比的上市公司作为参照企业,即采用参考企业比较法。在运用参考企业比较法时,通常使用市盈率(P/E)乘数法对企业价值进行评估。市盈率乘数法的思路是将上市公司的股票年收益和被评估企业的利润作为可比指标,首先从证券市场上收集与被评估企业相似的可比企业,按企业的不同收益口径,如利息、折旧、税前收益、息前净现金流量、净利润等,在此基础上计算与之对应的市盈率;然后确定被评估企业不同口径的收益额,以可比企业相应口径的市盈率乘以被评估企业相应口径的收益额,初步确定被评估企业的价值;最后按照不同样本计算的企业价值分别给出权重,加权平均计算出企业价值。

由于企业个体差异的存在,把某一个相似企业的某个关键参数作为比较的唯一标准,往往会产生一定的误差。为了降低这种误差,目前通用的是采用多样本、多参数的综合方法。

【例9-4】 为了评估H企业的价值,从市场上找到3个相似的公司A、B、C,然后分别计算各自的市场价值与销售额的比率、与账面价值的比率及与净现金流量的比率,这里的比率即为可比价值倍数(V/X),得到的结果如表9-4所示。

表9-4 参照公司价值比例汇总表

	A公司	B公司	C公司	平均
市价/销售额	1.3	0.9	1.1	1.1
市价/账面价值	1.7	1.3	1.5	1.5
市价/净现金流量	20	15	25	20

把3个样本公司的各项可比价值倍数分别进行平均,就得到了应用于H企业评估的3个倍数。这里要强调的是,计算出来的各个公司的比率或倍数在数值上相对接近是非常重要的。如果它们差别很大,就意味着平均数附近的离差是相对较大的,所选样本公司与目标公司在某项特征上就存在着较大的差异性,此时的可比性就会受到影响,需要重新筛选样本公司。

如表9-4所示,得出的数据结果具有较强的可比性。此时假设H企业的年销售额为1亿元,账面价值为6 000万元,净现金流量为500万元,然后用表9-4得到的3个倍数计算H企业的指标价值,再将3个指标进行算术平均,如表9-5所示。

表9-5　H企业的评估价值

单位：万元

项　目	H企业实际数据	可比公司平均比率	H企业指示价值
销售额	10 000	1.1	11 000
账面价值	6 000	1.5	9 000
净现金流量	500	20	10 000
H企业平均价值			10 000

表9-4中得到的3个可比价值倍数分别是1.1、1.5、20，然后H企业的3个指标10 000万元、6 000万元、500万元分别乘以3个可比价值倍数，得到H企业的3个指标价值11 000万元、9 000万元、10 000万元，将3个指标进行平均得到H企业的评估价值，为10 000万元。

9.5　企业价值评估结论的相互检验

在对企业进行价值评估时，评估人员应该对形成的各种初步评估结果、结论进行分析，在综合考虑各种不同的评估方法和初步结论的合理性及所使用数据质量和数量的基础上，形成相对合理的评估结论。

在企业价值评估的实际运作中，对最终评估结果的确定是十分谨慎的。一般来说，企业价值评估所使用的方法是收益法，但采用收益法求得的评估结果是否准确、可靠则取决于对资产未来收益预测、使用资本化率的确定和剩余经济寿命的选取。这3个参数的确定都有一定的主观性，因而使用收益法评估出的企业价值带有估算性，与实际情况往往存在一定误差，这也是收益法受到一些质疑的重要原因。

为了保证企业价值评估值的科学合理、客观公正，应当采取措施，提高评估质量。可能的措施之一就是利用其他评估方法对企业价值从不同角度加以评估，并对这种评估结果进行对比分析。通常的思路是：在持续经营假设前提下，以收益法为基本评估方法，在此基础上再运用市场法或成本法对企业价值进行评估。对不同方法得出的不同结论，评估人员可以采用以下方式来确定企业价值的最终评估值。

① 当收益法的参数和要素的选用明显比另外两种方法有把握时，直接将收益法作为最终评估结果。

② 当收益法的参数和要素的选用比其他方法略有把握时，分别给予收益法和其他方法适当的权重，将各种方法得出的结果进行加权平均，从而得出最终评估结果。

9.6　企业价值评估的案例分析——收益法

某企业A聘请评估机构对该企业进行整体资产评估，评估基准日定于2011年1月1日。该企业属于同行业中的中型骨干型企业，经营状况良好，评估人员根据该公司所处的具体环境和经济情况，结合特定的评估目的和评估方法，选择收益法进行评估。

1. 调查研究历史和分析现状

在评估前期,通过企业人员介绍、现场调查、企业提供的前三年至今的财务统计资料等,评估人员熟悉了企业发展情况和目前经营情况,进行了企业经营、财务和获利能力分析,结果如下。

① 该企业成长较快。根据企业提供的财务报表,企业前几年的营业收入、净利润等均为正值,平稳增长且波动范围不大,表明企业的经营活动稳定,企业的资产整体获利能力从前三年的情况看是可以合理预期的。

② 企业盈利除了适当用于提薪、奖励外,主要用于产品开发和技术更新,并开始注意职工培训。

③ 企业已由生产导向转向了主动式营销导向,已建立初步的信息管理系统、市场营销系统、技术情报系统。

整体结论:该企业具备较好的获利能力,具有较好的发展前景。

2. 收益预测分析

① 企业连续数年的技术更新改造使企业技术基础已基本达到中等先进水平,处于同行业中上等装备状态。若能筹措到足够资金,可用两年努力使企业技术追上中等发达国家同行业企业技术水平。

② 内部资金结构比较合理,资信等级高,筹资渠道通畅。

③ 产品改型已赢得市场,代理商和直销商的努力已开始产生品牌效应。随着技术组织措施到位和产销规模扩大,可望在半年之内降价、增利。

④ 在今后一段时间里,国家主要经济政策不会有太大的变化,经济继续保持平稳增长。经过多方案预测和综合论证,企业未来发展前景乐观。未来五年的收益预测数据如表 9-6 所示。

表 9-6 某企业未来收益预测

单位:万元

年份 项目	2011	2012	2013	2014	2015
销售收入	6 587	7 098	8 255	10 040	11 480
销售税金	988	1 060	1 240	1 510	1 720
销售成本	3 620	3 900	4 540	5 520	6 310
销售及其他费用	296.4	319.4	346.7	401.6	436.3
产品销售利润	1 682.6	1 818.6	2 128.3	2 608.4	3 013.7
其他销售利润					
营业外收入(+)	100	105	130	170	220
营业外支出(-)	80	82	95	120	155
利润总额	1 702.6	1 841.6	2 163.3	2 658.4	3 078.7
所得税支出 (税率25%)	425.7	460.4	540.8	664.6	769.7
净利润	1 276.9	1 381.2	1 622.5	1 993.8	2 309.0
折旧(+)	568	612	660	878	965
追加投资(-)	350	350	150	100	100
净现金流量	1 494.9	1 643.2	2 132.5	2 771.8	3 174.0
折现系数(11%)	0.900 9	0.811 6	0.731 2	0.658 7	0.593 5
净现值	1 346.8	1 333.6	1 559.3	1 825.8	1 883.8

3. 选择模型及参数确定

该企业为了增强发展后劲，在未来头两年进一步加大技术改造投入，到未来第三年基本扫尾，然后追加发展投入。从未来发展趋势看，永续期还将保持3%左右的收益增长速度，评估时可选择收益法的分段式收益增长模型。

与外方合资应按国际通行会计信息标准，因此收益值选用净现金流量，所得税税率为25%。

收益折现采用行业平均收益率水平，即以该行业11%的收益率水平确定折现率，它包括以银行利率为参照的安全利率和行业平均风险报酬率。

由于永续期有3%的收益增长，依据收益增长模型，其资本化率按折现率调减3%，即以 11% − 3% = 8% 为资本化率。本次评估在预测未来5年收益额的基础上，假定从第6年开始，收益额将以第5年的水平3%的增长率保持增长。

4. 具体测算及评估结果

按照收益法中的分段法评估思路估算，根据公式

$$P = \sum_{t=1}^{n}\left[R_t(1+r)^{-t}\right] + \frac{R_n(1+g)}{(r-g)} \times (1+r)^{-n}$$

企业价值评估的具体步骤如下。

（1）计算未来5年（2011—2015年）企业净现金流量的折现值之和

$$1\,346.8 + 1\,333.6 + 1\,559.3 + 1\,825.8 + 1\,883.8 = 7\,949.3(万元)$$

（2）从未来第6年（2015年）开始，计算永久性现金流量现值

① 将未来永久性收益折成未来第5年（2015年）的价值。

$$3\,174.0 \times (1+3\%) / (11\% - 3\%) = 40\,865.3(万元)$$

② 按第5年的折现系数，将企业预期第二段收益折成现值。

$$40\,865.3 \times 0.593\,5 = 24\,253.6(万元)$$

③ 企业的评估价值。

$$7\,949.3 + 24\,253.6 = 32\,202.9(万元)$$

练习题

一、单项选择题

1. 从量的角度讲，企业价值评估与构成企业的单项资产评估加和之间的差异主要表现在（　　）。
   A. 管理人员才干　　　　　　　　B. 商誉
   C. 企业获利能力　　　　　　　　D. 无形资产

2. 运用收益法进行企业价值评估，其前提条件是（　　）。
   A. 企业具有生产能力　　　　　　B. 企业各项资产完好

C. 企业能够持续经营 D. 企业具有商誉

3. 决定企业价值高低的因素是企业的（　　）。
   A. 生产能力 B. 生产成本
   C. 整体获利能力 D. 整体资产

4. 根据投资回报的要求，用于企业价值评估的折现率中的无风险报酬率应以（　　）为宜。
   A. 行业销售利润率 B. 行业平均成本利润率
   C. 行业债券利率 D. 国库券利率

5. 运用市场法评估企业价值应遵循（　　）。
   A. 替代原则 B. 贡献原则
   C. 企业价值最大化原则 D. 配比原则

6. 加权平均资金成本模型是以（　　）所构成的投资成本。
   A. 所有者权益和全部负债 B. 所有者权益和长期负债
   C. 所有者权益和流动负债 D. 长期负债和流动负债

7. 判断企业价值评估预期收益的基础应该是（　　）。
   A. 企业正常收益 B. 企业历史收益
   C. 企业现实收益 D. 企业未来收益

二、多项选择题

1. 整体评估和单项资产评估值简单加和的区别主要是（　　）。
   A. 评估对象的区别 B. 影响因素的差异
   C. 评估结果的差异 D. 评估目的差异

2. 企业的特点是（　　）。
   A. 盈利性 B. 持续经营性
   C. 固定性 D. 整体性

3. 企业价值评估的一般范围应包括（　　）。
   A. 产权主体自身占用资产 B. 全资子公司资产
   C. 控股子公司资产 D. 债务人的资产

4. 以下关于企业价值评估现金流量折现法的表述中，错误的有（　　）。
   A. 预测基数应为上一年的实际数据，不能对其进行调整
   B. 预测期是指企业增长的不稳定时期，通常在5至7年之间
   C. 实体现金流量应该等于融资现金流量
   D. 后续期的现金流量增长率越高，企业价值越大

三、评估题

1. 某企业预计未来三年的预期收益分别为100万元、120万元和140万元，假定资本化率为10%，利用年金法计算年金并求企业评估值。

2. 对某企业进行企业价值评估，预测其未来5年内的收益额分别为12万元、15万元、13万元、11万元和14万元。假定从第6年开始，以后各年收益均为14万元，确定的折现率和本金化率为10%。试计算该企业在永续经营条件下的评估值。

第10章

资产评估报告

> **学习目标**
> - 了解资产评估报告的基本概念及我国的资产评估报告基本制度；
> - 掌握资产评估报告的基本要素和内容；
> - 掌握资产评估报告编制的基本方法。
>
> **内容提要**
> 　　本章主要说明了资产评估报告的基本构成要素、资产评估报告的编制要求，并结合实例重点介绍了评估报告编制的基本程序和方法。
>
> **本章关键词**
> 　　资产评估报告、评估报告的内容、评估报告的编制、评估报告的作用、评估报告的应用

10.1 资产评估报告概述

1. 资产评估报告的概念及特点

资产评估报告是指评估机构按照评估工作制度的有关规定，在完成评估工作后向委托方提交的说明评估过程及结果的书面报告。它是按照一定格式和内容来反映评估目的、假设、程序、标准、依据、方法、结果及适用条件等基本情况的报告。狭义的资产评估报告即资产评估结果报告，既是资产评估机构与注册资产评估师完成对资产作价，就被评估资产在特定条件下的价值所发表的专家意见，也是评估机构履行评估合同情况的总结，还是评估机构与注册资产评估师为资产评估项目承担相应法律责任的证明文件。广义的资产评估报告还是一种工作制度。它规定评估机构在完成评估工作之后必须按照一定程序的要求，用书面形式向委托方及相关主管部门报告评估过程和结果。

资产评估报告具有以下特点。

① 资产评估报告是专业人士依据国家法律法规提出的专家意见，并且这种专家意见是建立在客观、独立、公正基础之上的。专业评估人员都具有专门的学识和技能，并应具有相关资格，由其依法出具的资产评估报告应该是可以信赖的专家意见。客观、独立、公正就是要求资产评估报告能客观、真实地反映评估对象的实际情况，评估人员能够独立执业，并保证自己的主观公正。

② 资产评估报告的制作过程及其本身都必须严格遵守相关法律法规的规定。资产评估

报告的编制过程应在不违背相关法律法规的基础上进行，并且其内容也应遵循相关规定。这些法律法规及相关规定主要有：《国有资产评估管理办法》、《国有资产评估管理办法实施细则》、《资产评估执业人员自律守则》、《资产评估操作规范（试行）》等。

③ 资产评估报告往往能引起重大法律后果，其影响范围和程度相对较高。资产评估报告作为被评估资产的作价依据是提供给委托方用于某种决策的，一旦委托方因此产生纠纷，就将引起重大法律后果。

2. 资产评估报告的种类

资产评估报告根据委托方委托的评估事项不同，可以分为以下不同类型的评估报告。

① 按资产评估的范围划分，资产评估报告可分为整体资产评估报告和单项资产评估报告。

整体资产评估报告是指对整体资产进行评估所出具的报告；单项资产评估报告是仅对某一部分、某一项资产进行评估所出具的报告。尽管资产评估报告的基本格式是一样的，但因整体资产评估与单项资产评估在具体业务上存在一些差别，因此两者在报告的内容上也必然会有所差异。一般情况下，整体资产评估报告的报告内容不仅包括资产，也包括负债和所有者权益；而单项资产评估报告除在建工程外，一般不考虑负债和以整体资产为依托的无形资产等。

② 按评估对象的不同划分，资产评估报告可划分为资产评估报告、房地产估价报告、土地估价报告等。

资产评估报告是以资产为评估对象的，这里的资产可能包括负债和所有者权益，也可能包括房屋建筑物和土地；房地产估价报告则只是以房地产为评估对象；土地估价报告仅是以土地为评估对象。鉴于以上评估标的物之间存在差别，再加上资产评估、房地产估价和土地估价的管理尚未统一，因此这三种报告不仅具体格式不同，而且在内容上也存在较大差别。

③ 按符合资产评估准则要求的程度划分，资产评估报告可分为正常型评估报告和限制型评估报告。

正常型评估报告是指资产评估机构出具的评估报告完全符合资产评估准则的要求，对评估报告使用者并无格外的特别限制性使用要求，如完整型评估报告和简明型评估报告。限制型评估报告是指评估机构对限定评估报告使用者出具的，评估过程中有低于或不同于评估准则要求行为的评估报告。限制型评估报告仅限于特定的评估客户使用，其他任何使用限制型评估报告的人都被视为非期望使用者。

3. 我国资产评估报告制度的发展过程

资产评估报告基本制度是规定资产评估机构完成国有资产评估工作后由相关国有资产管理部门或代表单位对评估报告进行核准、备案的制度。

1991 年，国务院以 91 号令颁布的《国有资产评估管理办法》规定，资产评估机构对委托单位（国有资产占有单位）被评估资产的价值进行评定和估算，要向委托单位提出资产评估结果报告，委托单位收到资产评估机构的资产评估报告后，应当报其主管部门审查，主管部门同意后，报同级国有资产管理行政主管部门确认资产评估结果。经国有资产管理行政管理部门授权或委托，国有资产占有单位的主管部门也可以确认资产评估结果。该文件还规定，国有资产管理行政主管部门应当自收到占有单位报送的资产评估结果报告之日起 45 日内组织审核、验证协商、确认资产评估结果，并下达确认通知书。这就是我国最早的资产评估报告制度。1993年，原国家国有资产管理局制定和发布的国资办发［1993］55号文件，提出了《关于资产评估报告书的规范意见》；1995年，原国家国有资产管理局又制定和颁布了《关于资产评估立项、确认工作的若干规范意见》；1996年5月7日，国资办发［1996］23号文件转发了中国资产评估协会制定的《资产评估操作规范意见（试行）》，规定了资产评估报告及送审专用材料的具体要求，以及资产评估工作底稿的项目档案管理，进一步完善了资产评估报告制度；1999年财政部财评字［1999］91号文件颁布的关于印发《资产评估报告基本内容与格式的暂行规定》，对原有资产评估报告的有关制度作了进一步修改完善，使资产评估报告制度不仅适应国有资产评估，也同样适用于非国有资产的评估；2000年财政部财企［2000］256号文件提出了《关于调整涉及股份有限公司资产评估项目管理权的通知》，其中对涉及股份有限公司资产评估项目的受理审核权在财政部和省级财政部门之间进行分工；2001年12月31日国务院办公厅以国办发［2001］102号《国务院办公厅转发财政部关于改革国有资产评估行政管理方式加强资产评估监督管理工作意见的通知》，对资产评估项目管理方式进行重大改革，取消了对国有资产评估项目的立项确认审批制度，实行核准制和备案制，加强了对资产评估活动的监管。

2007年11月8日，中国资产评估协会颁布《资产评估准则——评估报告》，新的评估报告准则中规定的评估报告要素与国际惯例较为接近，对撰写资产评估报告进行了详尽的规范。

10.2 资产评估报告的基本内容和编制

1. 资产评估报告的基本内容

根据《资产评估准则——评估报告》（2007）的规定，资产评估报告由标题及文号、声明、摘要、正文和附件组成。

1）标题及文号

标题应含有×××项目资产评估报告的字样，报告文号应符合公文的要求。

2）声明

评估报告的声明应当包括以下内容：注册资产评估师恪守独立、客观和公正的原则，遵循有关法律、法规和资产评估准则的规定，并承担相应的责任；提醒评估报告使用者关注评估报告特别事项说明和使用限制；其他需要声明的内容。

3）摘要

评估报告摘要应当提供评估业务的主要信息及评估结论。每份资产评估报告的正文之前应有表达该报告关键内容的摘要，用来让各方面了解该评估报告的主要信息。摘要与资产评估报告正文一样具有同等法律效力，由注册资产评估师、评估机构法定代表人及评估机构等签字盖章和注明提交日期。摘要还必须与评估报告揭示的结果一致，不得有误导性内容，并应当采用提醒文字提醒使用者阅读全文。

4）正文

根据《资产评估准则——评估报告》（2007）的规定，资产评估报告正文包括以下14项内容。

(1) 委托方、产权持有者和委托方以外的其他评估报告使用者

评估报告应分别介绍委托方、产权持有者的情况，要写明委托方和产权持有者之间的隶属关系或经济关系。无隶属关系或经济关系的，应写明发生评估的原因，当产权持有者为多家企业时，还须逐一介绍。同时还要注明其他评估报告的使用者，以及由国家法律、法规规定的评估报告使用者。

(2) 评估目的

评估目的应写明本次资产评估是为了满足委托方的何种需要，以及其所对应的经济行为类型，并简要地准确地说明该经济行为是否经过批准。若已获批准，应将批准文件的名称、批准单位、批准日期及文号写出。评估报告载明的评估目的应当唯一，表述应当明确、清晰。

(3) 评估范围和对象

评估报告中应当载明评估对象和评估范围，并具体描述评估对象的基本情况，通常包括法律权属状况、经济状况和物理状况；应写明纳入评估范围的资产及其类型，并列出评估前的账面金额。评估资产为多家占有的，应说明各自的份额及对应的资产类型。

(4) 价值类型及其定义

评估报告应当明确价值类型及其定义，并说明选择价值类型的理由。如果评估结果的价值类型是市场价值，可以直接对其进行定义；如果评估结果的价值类型是市场价值以外的价值，评估人员则需要明确本次评估结果的具体价值类型及其定义。

(5) 评估基准日

评估报告应当载明评估基准日，并与业务约定书约定的评估基准日保持一致。评估报告应当说明选取评估基准日时重点考虑的因素。评估基准日可以是现在时点，也可以是过去或者将来的时点。

(6) 评估依据

评估报告应当说明评估遵循的法律依据、准则依据、权属依据及取价依据等。对评估中采用的特殊依据应作相应的披露。

(7) 评估方法

评估报告应当说明评估过程所选择、使用的评估方法和选择评估方法的依据或原因。对某项资产评估采用一种以上评估方法的，还应说明原因并说明该资产价值的确定方法。对选择特殊评估方法的，也应介绍其原理及适用范围。

(8) 评估程序实施过程和情况

评估报告应当反映评估机构自接受评估项目委托起至提交评估报告的全过程。包括接受委托过程中确定评估目的、对象及范围，基准日和拟定评估方案的过程；资产清查中指导资产占有方清查、搜集准备资料，检查与验证过程；评估估算中现场检测与鉴定、评估方法选择、市场调查与分析过程；评估汇总中的结果汇总、评估结论分析、撰写报告与说明、内部复核过程，以及提交评估报告等过程。

(9) 评估假设

评估报告应当披露评估假设及其对评估结论的影响。

(10) 评估结论

注册资产评估师应当在评估报告中以文字和数字形式清晰地说明评估结论。通常评估结

论应当是确定的数值。经与委托方沟通，评估结论可以使用区间值表达。这部分是报告正文的重要部分，应使用表述性文字完整地叙述评估机构对评估结果发表的结论，对资产、负债、净资产的账面价值、调整后账面价值、评估价值及其增减幅度进行表述，还应单独列示不纳入评估汇总表的评估结果。

（11）特别事项说明

注册资产评估师应当说明特别事项可能对评估结论产生的影响，并重点提示评估报告使用者予以关注。在这部分中应说明在评估过程中已发现可能影响评估结论，但非评估人员执业水平和能力所能评定估算的有关事项，也应提示评估报告使用者注意特别事项对评估结论的影响，还应揭示评估人员认为需要说明的其他事项。特别事项说明通常包括以下主要内容：产权瑕疵；未决事项、法律纠纷等不确定因素；重大期后事项；在不违背资产评估准则基本要求的情况下，采用的不同于资产评估准则规定的程序和方法。

（12）评估报告使用限制说明

评估报告的使用限制说明通常包括下列内容：评估报告只能用于评估报告载明的评估目的和用途；评估报告只能由评估报告载明的评估报告使用者使用；未征得出具评估报告的评估机构同意，评估报告的内容不得被摘抄、引用或披露于公开媒体，法律、法规规定及相关当事方另有约定的除外；评估报告的使用有效期；因评估程序受限造成的评估报告的使用限制。

（13）评估报告日

评估报告载明的评估报告日通常为注册资产评估师形成最终专业意见的日期。

（14）签字盖章

评估报告要由注册资产评估师签字盖章、评估机构盖章和法定代表人或者合伙人签字。

5）附件

根据《资产评估准则——评估报告》（2007）的规定，资产评估报告附件通常包括：

① 评估对象所涉及的主要权属证明资料；

② 委托方和相关当事方的承诺函；

③ 评估机构及签字注册资产评估师资质、资格证明文件；

④ 评估对象涉及的资产清单或资产汇总表。

评估对象涉及的资产清单或资产汇总表又称资产评估明细表。资产评估明细表是反映被评估资产评估前后的资产负债明细情况的表格。它是资产评估报告的组成部分，具体应包括以下内容：资产及其负债的名称、发生日期、账面价值、评估价值等；反映资产及其负债特征的项目；反映评估增减值情况的栏目和备注栏目；反映被评估资产会计科目名称、资产占有单位、评估基准日、表号、金额单位、页码内容的资产评估明细表表头；写明清查人员、评估人员的表尾。评估明细表设立逐级汇总，包括以下几个层次：资产评估结果汇总表、资产评估结果分类汇总表、各项资产清查评估汇总表及各项资产清查评估明细表。

2. 资产评估报告的编制

1）资产评估报告的编制要求

编制资产评估报告时，需清楚地表达评估结果，并对评估依据进行充分说明，其主要目的是明确资产评估机构的义务与责任，有效地规避评估风险。因此，编制资产评估报告时应遵循以下要求：

(1) 客观、公正

报告必须建立在真实、客观的基础上，不能脱离实际情况，更不能无中生有。这就要求评估人员在编写资产评估报告时，要实事求是，真实地反映评估工作情况，同时要求报告的所有附件，如取证的材料、有关市场价格的信息资料、财务资料等，是真实地、公正地反映被评估资产情况，绝不允许评估机构和评估人员运用虚假资料，有意偏向资产业务的某一方，对被评估资产作出不公正的判断。另外，报告拟定人应是参与该项目并较全面了解该项目情况的主要评估人员。

(2) 系统、综合

系统、综合是指对数据资料的鉴定和取舍。在评估过程中，评估人员会接触到大量的数据资料，这些数据资料大多处于杂乱无章的初始状态，其中不乏虚假和无价值的资料。为了保证资产评估报告的编写质量，评估人员应对与资产评估业务有关的资料进行深入地细致鉴别、分类和分析，进行筛选取舍，以供编写资料使用。在取舍资料时，应根据资产评估的目的和任务，经过分析比较，选取最有代表性的资料说明情况和提出建议。

(3) 内容全面、完整

内容全面、完整是指资产评估报告的内容要完整，报告书要具有完整的结构，要把与资产评估工作有关的重要内容都纳入编写工作应考虑的范围内。在报告书中，正文内容与附件资料要相互配套，共同说明或支持资产评估的结论。只有正文而没有附件的资产评估报告书会缺乏说服力，降低评估报告书的利用价值，因此正文和附件都是构成完整的资产评估报告书所不可缺少的部分。报告文字、内容前后要一致，摘要、正文、评估说明、评估明细表内容与数据要一致。

(4) 语言准确、简练

资产评估报告应全面、准确、简练地叙述评估的依据、过程和结果，措辞要严谨，不能含糊不清、模棱两可。同时，要求文字表达的含义要准确肯定，以免引起异议或误解；坚持一致性做法，切忌出现表里不一。

(5) 提交报告要及时、齐全和保密

在正式完成资产评估工作后，应按业务约定书的约定时间及时将报告送交委托方。送交报告时，报告及有关文件要送交齐全。涉及外商投资项目的对中方资产评估的评估报告，必须严格按照有关规定办理。此外，要做好客户保密工作，尤其是对评估涉及的商业秘密和技术秘密，更要加强保密工作。

2) 资产评估报告的编制步骤

(1) 评估资料的分类整理

在资产评估业务中，要求评估人员对评估对象进行详细周密的调查。在调查过程中，会形成大量反映资产情况的评估工作记录，其中包括被评估资产的背景资料、专业性的技术材料及其他一些可供编写评估报告参考的数据资料等。这些资料都是编写评估报告的可靠依据。因此，为了准确描述整个评估工作过程，首先，应要求资产评估小组按具体从事评估工作的分工情况，把所有评估数据资料进行清理，尽量使之系统化、条理化，分门别类地加以整理；其次，评估人员应核实评估作业分析表的内容，简要介绍评估工作的依据，认真编制资料分类明细表；最后，评估人员按工作要求写出分类评估的文字材料，供撰写评估报告书使用。

(2) 评估资料的分析和讨论

在分类整理评估资料后，评估机构应召集参与整个评估业务的有关人员，对评估工作的总体情况和初步结论进行分析讨论，判断初步结论的合理性，分析得出初步结论及其所依据的数据资料的内在逻辑关系。当以一种以上的方法评估出来的结果有较大差异时，就要根据评估对象的性质及评估目的，对不同的结果进行调整，以保证最终得出一个公正的结论。

(3) 编写资产评估报告

在分析讨论后，项目评估小组应指定某个人专门负责资产评估报告的编写工作。从事编写工作的人员应根据整理出来的分类评估资料及在讨论过程中得出的修正意见，把与项目有关的资料进行汇总，并按照一定的顺序编制，以便在编写报告书时作为参考，同时也便于评估资料存档和查询利用。资料汇总以后，编写人员应根据讨论的意见，确定编写报告的中心内容，并根据这个中心内容安排报告书的内部结构，组织写作资料，按规定的内容和格式写出报告书。报告写出后应进行审查、复核、定稿等程序，然后出具正式报告。报告的正文附上必要的附件，就构成了完整的资产评估报告。如果委托方另有特殊要求，有关评估人员还要就某些内容进行详细说明，以便减少委托方理解评估报告内容的难度。

(4) 评估报告的签发与提交

评估报告首先由组织该项资产评估的项目经理（或项目负责人）审核。如果评估报告的内容正确无误，项目负责人就应代表该项资产评估项目小组，将评估报告交给评估机构的稽核人员，由评估机构专人稽核后，再由评估机构法定代表人审核、签字、盖章，以此表明评估机构对评估报告的内容及结论承担法律责任。经过评估师签字、盖章和评估机构盖章的评估报告，可以作为反映评估结果的正式法律文件，向委托方提交。如果所评估的资产项目属于国有资产，被评估单位还应将评估报告提交所属国有资产管理部门进行备案或审查核准。

提交评估报告后，如果委托方没有表示异议，就表明整个评估工作已经结束，评估机构可根据事先签订的委托合同或业务约定书，向委托方收取约定的资产评估费用。

10.3 资产评估报告的作用及应用

1. 资产评估报告的作用

资产评估报告有以下几方面的作用。

(1) 它为被委托评估的资产提供作价意见

资产评估报告是经具有资产评估资格的机构根据委托评估资产的特点和要求，组织评估师及相应的专业人员组成的评估队伍，遵循评估原则和标准，按照法定的程序，运用科学的方法对被评估资产价值进行评定和估算后，通过报告的形式提出作价的意见。该作价意见不代表任何当事人一方的利益，是一种独立专家估价的意见，具有较强的公正性与客观性，因而成为被委托评估资产作价的重要参考依据。

(2) 它是反映和体现资产评估工作情况，明确委托方、受托方及有关方面责任的依据

资产评估报告用文字的形式，对受托资产评估业务的目的、背景、范围、依据、程序、方法等过程和评定的结果进行说明和总结，体现了评估机构的工作成果。同时，资产评估报告也反映和体现了受托的资产评估机构与执业人员的权利与义务，并以此来明确委托方、受

托方等有关方面的法律责任。在资产评估现场工作完成后，评估机构和评估人员就要根据现场工作取得的有关资料和估算数据，撰写评估结果报告，向委托方报告。负责评估项目的评估师也同时在报告上行使签字的权利，并提出报告使用的范围和评估结果实现的前提等具体条款。当然，资评估报告也是评估机构履行评估协议和向委托方或有关方面收取评估费用的依据。

（3）对资产评估报告进行审核是管理部门监督评估业务开展情况、完善资产评估管理的重要手段

资产评估报告是反映评估机构和评估人员职业道德、执业能力水平及评估质量高低和机构内部管理机制完善程度的重要依据。有关管理部门通过审核资产评估报告，可以有效地对评估机构的业务开展情况进行监督和管理，并对评估工作中出现的问题给予指导，使评估工作得以不断完善。

（4）资产评估报告是建立评估档案的重要来源

评估机构和评估人员在完成资产评估任务之后，都必须按照档案管理的有关规定，将评估过程搜集的资料、工作记录及资产评估过程的有关工作底稿进行归档，以便进行评估档案的管理和使用。资产评估报告是对整个评估过程的工作总结，其内容包括了评估过程的各个具体环节和各有关资料的搜集和记录。因此，不仅评估报告的底稿是评估档案归集的主要内容，而且还包括撰写资产评估报告过程采用到的各种数据、各种依据、工作底稿和资产评估报告制度中形成的有关文字记录（如主管部门审核同意意见和报告确认书）等都是资产评估档案的重要信息来源。

2. 资产评估报告的应用

资产评估报告由评估机构出具后，资产评估委托方、资产评估管理方和有关部门对资产评估报告及有关资料要根据需要进行应用。

1）委托方对资产评估报告的使用

委托方在收到受托评估机构送交的正式评估报告及有关资料后，可以依据评估报告所标明的评估目的和得出的评估结论，合理使用资产评估结果。根据有关规定，委托方依据评估报告所揭示的评估目的及评估结论，可以作为以下几种具体的用途进行使用。

（1）根据评估目的，作为资产业务的作价基础。

包括：

① 整体或部分改建为有限责任公司或股份有限公司；
② 非货币资产对外投资；
③ 合并、分立、清算；
④ 除上市公司以外的原股东股权比例变动；
⑤ 除上市公司以外的整体或部分产权（股权）转让；
⑥ 资产转让、置换、拍卖；
⑦ 整体资产或者部分资产租赁给非国有单位；
⑧ 确定涉讼资产价值；
⑨ 国有资产占有单位收购非国有资产；
⑩ 国有资产占有单位与非国有资产单位置换资产；
⑪ 国有资产占有单位接受非国有资产单位以实物资产偿还债务；

⑫ 法律、行政法规规定的其他需要进行评估的事项。

（2）作为企业进行会计记录或调整账项的依据

委托方在根据评估报告所揭示的资产评估目的使用资产评估报告资料的同时，还可依照有关规定，根据资产评估报告中的资料进行会计记录或调整有关财务账项。

（3）作为履行委托协议和支付评估费用的主要依据

当委托方收到评估机构正式评估报告的有关资料后，在没有异议的情况下，应根据委托协议，将评估结果作为计算支付评估费用的主要依据，履行支付评估费用的承诺及其他有关承诺的协议。

此外，资产评估报告及有关资料也是有关当事人因资产评估纠纷向纠纷调处部门申请调处的申诉资料之一。

当然，委托方在使用资产评估报告及有关资料时也必须注意以下几方面的问题。

① 只能按报告所揭示的评估目的使用报告，一份评估报告只允许按一个用途使用。

② 评估报告只能由评估报告中限定的期望使用者使用，评估报告及其结论不适用其他人使用。

③ 只能在报告的有效期内使用报告，超过报告的有效期，原资产评估结果无效。

④ 在报告有效期内，资产评估数量发生较大变化时，应由原评估机构或者说资产占有单位按原评估方法作相应调整后才能使用。

⑤ 涉及国有资产产权变动的评估报告及有关资料必须经国有资产管理部门或授权部门核准或备案后方可使用。

⑥ 作为企业会计记录和调整企业账项使用的资产评估报告及有关资料，必须由有权机关批准或认可后方能生效。

2）资产评估管理机构对资产评估报告的使用

资产评估管理机构主要是指对资产评估进行行政管理的主管机关和对资产评估业自律管理的行业协会。对资产评估报告的运用是资产评估管理机构实现对评估机构的行政管理和行业自律管理的重要过程。资产评估管理机构通过对评估机构出具的资产评估报告有关资料的运用，能大体了解评估机构从事评估工作的业务能力和组织管理水平。由于资产评估报告是反映资产评估工作过程的工作报告，通过对资产评估报告资料的检查与分析，评估管理机构能大致判断该机构的业务能力和组织管理水平；另一方面，也是对资产评估质量进行评价的依据。资产评估管理机构通过对资产评估报告进行核准或备案，能够对评估机构的评估结果质量的好坏作出客观的评价，从而能够有效实现对评估机构和评估人员的管理。同时，它能为国有资产管理提供重要的数据资料。通过对资产评估报告的统计与分析，可以及时了解国有资产占有和使用状况及增减值变动情况，为进一步加强国有资产管理服务。

3）其他有关部门对资产评估报告的使用

除了资产评估管理机构可运用资产评估报告资料外，还有些政府管理部门也需要运用资产评估报告，如证券监督管理部门、保险监督管理部门、工商行政管理、税务、金融和法院等有关部门。

证券监督管理部门对资产评估报告的运用，主要表现在对申请上市的公司有关申报材料招股说明书的审核过程，以及对上市公司的股东配售发行股票时申报材料中配股说明书的审核过程。根据有关规定，公开发行股票公司信息披露至少要列示以下各项资产评估情况。

① 按资产负债表大类划分的公司各类资产评估前账面价值及固定资产净值。
② 公司各类资产评估净值。
③ 各类资产增减值幅度。
④ 各类资产增减值的主要原因。

此外，还应简单介绍资产评估时采用的主要评估方法。公开发行股票的公司采用非现金方式配股，其配股说明书的备查文件必须附上资产评估报告。当然，证券监督管理部门还可运用资产评估报告和有关资料加强对取得证券业务评估资格的评估机构及有关人员的业务管理。

保险监督管理部门、工商行政管理部门、税务、金融和法院等部门也都能通过对资产评估报告的运用来实现其管理职能。

下面以XYZ公司改制为股份有限公司的资产评估报告为例进行介绍。

XYZ公司改制为股份有限公司项目的资产评估报告书

ABC 整评报字（01）第×××号

评估报告声明

（一）本评估报告成立的前提条件是XYZ公司改制为股份有限公司的相关经济行为按规定程序获得有关方面的批准。

（二）资产评估师在执行本资产评估业务中，遵循了相关法律法规和资产评估准则，恪守了独立、客观和公正的原则，根据在执业过程中掌握的事实，出具评估报告，并按照相关法律规定承担相应的责任。

（三）资产评估师已根据评估准则的要求进行了现场勘察，对评估对象的法律权属状况给予了必要的关注，对评估对象法律权属资料进行了查验，但无法对评估对象的法律权属真实性做任何形式的保证。

（四）资产评估师出具的评估报告中的分析、判断和结论受评估报告中假设和限定条件的限制，评估报告使用者应当充分关注评估报告中载明的特别事项说明及其对评估结论的影响。

（五）资产评估师对评估对象的价值进行估算并发表的专业意见，是经济行为实现的参考依据。评估报告及其所披露的评估结论仅限于评估报告载明的评估目的，仅在评估结论使用有效期限内使用，因使用不当造成的后果与评估机构及签字注册资产评估师无关。

（六）评估师和评估机构的法律责任是对本报告所述评估目的下的资产价值量作出专业判断，并不涉及评估师和评估机构对该项评估目的所对应的经济行为作出任何判断。

ABC 资产评估有限公司

二零零九年十月十六日

XYZ 公司改制为股份有限公司项目的资产评估报告书
ABC 整评报字（01）第×××号

摘 要

以下内容摘自资产评估报告书，欲了解本评估项目的全面情况，应认真阅读资产评估报告书全文。

ABC 评估公司接受 XYZ 公司的委托，根据国家有关资产评估的规定，本着客观、独立、公正、科学的原则，按照公认的资产评估方法，对 XYZ 公司改制为股份有限公司所涉及的整体资产进行了评估。本公司评估人员按照必要的评估程序对委托评估企业的经营状况、财务状况、投资环境、整体资产的使用效果、获利能力和企业的发展进行了客观、全面、科学的预测、核算，对该整体资产截至 2009 年 8 月 31 日所表现的市场价值作出了公允反映。现将资产评估情况及评估结果报告如下。

本次资产评估范围是截至 2009 年 8 月 31 日 XYZ 公司所拥有的整体资产。

评估基准日：2009 年 8 月 31 日

评估目的：改制为股份有限公司

评估方法：收益现值法

评估结果：XYZ 公司账面资产总额为×××万元，账面负债总额为×××万元，账面净值×××万元，经评估 XYZ 公司整体资产价值为×××万元（大写：元整），增值×××万元，增值率为×××。

本报告提出日期为 2009 年 10 月 16 日，评估结果的有效使用日期至 2010 年 8 月 30 日止。

本报告仅供委托方为本报告所列明的评估目的服务和送交财产评估主管部门审查使用，本评估报告的使用权归委托方所有。除按规定报送有关政府管理部门或依据法律需公开的情形外，未经委托方许可，评估机构不得将报告的全部或部分内容发表于任何公开的媒体上。

ABC 资产评估有限公司

评估机构法定代表人：

中国注册资产评估师：

中国注册资产评估师：

XYZ 公司改制为股份有限公司项目的资产评估报告书
ABC 整评报字（01）第×××号

ABC 评估公司接受 XYZ 公司的委托，根据国家有关资产评估的规定，本着客观、独立、公正、科学的原则，按照公认的资产评估方法，对 XYZ 公司改制为股份有限公司所涉及的整体资产进行了评估。本公司评估人员按照必要的评估程序对委托评估企业的经营状况、财务状况、投资环境、整体资产的使用效果、获利能力和企业的发展进行了客观、全面、科学的预测、核算，对该整体资产截至 2009 年 8 月 31 日所表现的市场价值做出了公允反映。现将资产评估情况及评估结果报告如下。

(一) 委托方简介

委托方、产权持有者：XYZ 公司

注册地址：M 市经济开发区

法定代表人：×××

注册资本：×××元整

企业类型：外商独资经营

经营范围：开发、生产、销售电子等高科技产品；生产销售陶瓷制品、美术陶瓷、精密陶瓷。

XYZ 公司成立于 2002 年 10 月，投资总额×××美元，注册资本×××万美元，后增资至×××万美元。2006 年 5 月产品正式开始量产。公司经营范围为生产销售陶瓷制品、美术陶瓷、精密陶瓷。现行业务范围以生产及销售各种内外墙砖及通体砖为主，产品包括：外墙砖、通体外墙砖、地砖、壁砖、广场砖、渗花通体砖、多管布料通体砖等。公司先后通过 ISO-9001 和 ISO-14001 认证，并被有关评估公司评定为 AAA 级企业。

长期以来，XYZ 公司秉持公司一贯的经营方针及经营理念，积极深入和开发中国大陆市场。公司成立以来，公司经营规模、资产规模逐年增大，盈利总额也逐年增加，保持资产利润双增长的局面。2009 年公司被授予"2008 年度 M 市最佳外商投资企业"荣誉称号。

(二) 评估报告的使用者

评估报告使用者包括委托方、产权持有者及业务约定书中约定的其他评估报告使用者和国家法律、法规规定的评估报告使用者。

根据 XYZ 公司董事会决议，拟改制为股份有限公司。

本次评估目的即为 XYZ 公司改制为股份有限公司所涉及的整体资产提供价值参考依据，不用于企业调账等其他用途。

本次资产评估范围系截至 2009 年 8 月 31 日 XYZ 公司所拥有的该公司整体资产，其中包括流动资产×××万元、固定资产×××万元、无形资产×××万元、其他资产×××万元、总资产共计×××万元，流动负债×××万元、长期负债×××万元、负债总计×××万元，净资产×××万元。以上均为经营性资产，评估对象为企业的整体资产。

纳入评估范围的资产与委托评估时申报的资产范围一致。

依据本次评估目的，确定本次评估的价值类型为市场价值。

市场价值是指自愿买方和自愿卖方在各自理性行事且未受任何强迫压制的情况下，资产在基准日进行正常公平交易的价值估计数额。

评估基准日为 2009 年 8 月 31 日。

确定评估基准日的理由为：

1. 月末会计报表完整准确；
2. 尽可能接近评估目的的实现日期。

评估基准日的价格是本次评估中一切取价的唯一有效的价格标准。

(一) 经济行为依据

XYZ 公司 2009 年 8 月董事会决议。

(二) 法律法规依据

1. 《中华人民共和国公司法》（2005 年 10 月 27 日第十届全国人民代表大会常务委员会第十八次会议修订）。
2. 《企业国有资产监督管理暂行条例》（国务院第 378 号令，2003）。
3. 《企业国有产权转让管理暂行办法》（国资委、财政部第 3 号令，2003 年 12 月 31 日）。
4. 《国有资产评估管理办法》（国务院第 91 号令，1991 年）。
5. 《企业国有资产评估管理暂行办法》（国资委第 12 号令，2005 年 8 月 25 日）。
6. 《财政部关于改革国有资产评估行政管理方式、加强资产评估监督管理工作的意见》（国办发［2001］102 号，2001 年）。
7. 《关于加强企业国有资产评估管理工作有关问题的通知》（国资委产权［2006］274 号）。
8. 《资产评估操作规范意见（试行）》（中国资产评估协会 1996 年 5 月 7 日发布）。
9. 《注册资产评估师关注评估对象法律权属指导意见》（中国注册会计师协会 2003）。
10. 《企业价值评估指导意见（试行）》（中国资产评估协会，2004 年 12 月 30 日）。
11. 《企业会计准则》（2006）。
12. 有关其他法律、法规、通知文件等。

(三) 评估准则依据

1. 《资产评估准则——基本准则》（财企［2004］20 号）。
2. 《资产评估职业道德准则——基本准则》（财企［2004］20 号）。
3. 《资产评估准则——评估报告》（中评协［2007］189 号）。
4. 《资产评估准则——评估程序》（中评协［2007］189 号）。
5. 《资产评估价值类型指导意见》（中评协［2007］189 号）。
6. 《资产评估准则——机器设备》（中评协［2007］189 号）。
7. 《资产评估准则——不动产》（中评协［2007］189 号）。
8. 《企业国有资产评估报告指南》（中评协［2008］218 号）。

9. 《资产评估操作规范意见（试行）》（中国资产评估协会1996年5月7日发布）。

10. 《注册资产评估师关注评估对象法律权属指导意见》（中国注册会计师协会2003）。

11. 《企业会计准则——基本准则》（中华人民共和国财政部令第33号）。

12. 《企业会计准则——应用指南》（中华人民共和国财政部财会〔2006〕18号）。

（四）产权依据

1. 外观设计专利证书34件。

2. 外观设计专利申请受理通知书69件。

3. 商标注册证6件。

4. 注册商标许可使用合同6件。

5. 房权证5件。

6. 国有土地使用证1件。

（五）评估预测参数及选取依据

1. XYZ公司2006—2008年度财务报表。

2. XYZ公司评估基准日财务报表。

3. XYZ公司历史经营状况分析资料。

4. XYZ公司提供的营运计划书。

5. WWW.14148.COM中国陶瓷在线、WWW.TAOCI.COM陶瓷世界、WWW.TAOCIWORLD.COM全球陶瓷信息网、WWW.2CUC.COM中国建材网等网站所载相关资料。

6. XYZ公司提供的其他相关资料。

7. 评估人员收集的各类与评估相关的佐证资料。

本次评估采用收益现值法。

（一）评估技术思路和程序的理论基础

收益现值法是指通过估算被评估资产的未来预期收益并折算成现值，借以确定被评估资产价格的一种资产评估方法。所谓收益现值，是指企业在未来特定时期内的预期收益按适当的折现率折算成当前价值（简称折现）的总金额。

采用收益法评估出的价值是企业整体资产获利能力的量化和现值化，而企业存在的根本目的就是为了盈利，因此运用收益法评估能够真实地反映企业整体资产的价值，更能为市场所接受。收益法能弥补成本法仅从各单项资产价值加和的角度进行评估，未能充分考虑企业整体资产所产生的整体获利能力的缺陷，避免了成本法对效益好或有良好发展前景的企业价值低估、对效益差或企业发展前景较差的企业价值高估的不足。

$$P = \sum_{t=1}^{n} \frac{R_t}{(1+r)^t} + \frac{A}{r(1+r)^n}$$

其中：P——评估值（折现值）；

r——所选取的折现率；

n——收益年限（收益期）；

R_t——未来第 t 个收益期的预期收益额；

A——未来等额预期收益额；

本次评估使用该公式，是基于企业正常持续经营条件下，通过对企业未来收益的折现来确定评估值，其特点是资产经营期间每年的收益额不等且收益期较长，在对企业未来五年的产品销售收入、各类成本、费用等进行预测的基础上，自第六年起以后各年的收益额水平假定保持在第五年（即 2014 年）的水平上。

（二）适用性判断

1. 总体情况判断

XYZ 公司主要开发、生产、销售中高档建筑陶瓷制品。截至 2008 年度，公司在建筑陶瓷市场占有率位居前列，销售网络辐射江、浙、沪、东北、华北、华南、西南和中南等地区。

本次采用收益现值法的原因分析如下。

（1）本公司接受委托后对 XYZ 公司资产进行清查核实，至 2009 年 8 月 31 日公司拥有的各类资产基本为经营性资产，为持续经营提供了必备的条件。

（2）XYZ 公司进入中国大陆市场已近 7 年，积累了丰富的经营经验，建立起了可观的企业规模和市场网络，进入了高速发展的时期，未来收益可以量化预测，未来风险也可以加以衡量，基本具备了采用收益现值法评估的前提条件。

2. 评估目的判断

本次评估的目的是为 XYZ 公司改制为股份有限公司所涉及的整体资产提供价值依据，重置成本法仅能反映资产本身的重置价值，不能全面、科学地体现企业的市场价值。本次评估委托方要求我公司在评估时，对 XYZ 公司的市场公允价值予以客观、真实的反映，不仅仅是对各单项资产价值予以简单加总，而是要综合体现企业各单项资产的价值以及企业经营规模、行业地位、成熟的管理模式所蕴涵的整体价值，即把企业的各单项资产作为一个有机整体，以整体资产的获利能力来评估企业整体资产价值。

3. 企业会计报表判断

根据 XYZ 公司提供的会计报表，公司前几年的营业收入、净利润等均为正值，平稳增长且波动幅度不大，表明公司的经营活动比较稳定，企业整体资产的获利能力从前 3 年的实际运行来看是可以合理预期的。

我们根据资产评估的有关原则和规定，对评估范围内的资产进行了评估和权利鉴定，具体步骤如下。

（一）2009 年 9 月 2 日接受 XYZ 公司的委托对其整体资产进行评估，业务约定书编号为：×××××××。

（二）听取关联方及资产占有方有关人员对委托评估对象历史和现状的介绍；根据评估目的和评估对象及范围，选定评估基准日，拟定评估方案。

（三）评估人员在对企业填报的资产评估申报内容进行征询、鉴别，并与企业有关财务记录数据进行核对的基础上，对资产进行了清查核实，并收集了各类与未来年期收益预测相关的资料以及企业产权证明文件，确定企业收益有效年限；

（四）深入了解企业的生产、管理和经营情况，如：人力配备、物料资源供应情况、管理体制和管理方针、财务计划和经营计划等；

（五）对企业前几年的财务资料进行分析，并对经营状况及发展计划进行分析。

（六）对由该企业整体资产可带来的未来收益进行预测；

（七）对与该未来收益有关的各项成本费用进行预测；

（八）根据各类风险预测，选定合理的风险报酬率，进而确定折现率；

（九）对未来年期的收益按选定折现率进行折现，得出整体资产的现值。

（十）根据评估工作情况，得出初步结果，听取专家意见，确认无重评、漏评事项，分析意见，修改完善。

（十一）起草资产评估报告书，经本公司三级复核完成报告书，向委托方提交正式资产评估报告书。

（一）本报告所称"评估价值"，是指所评估的资产在现有用途不变并继续经营以及在评估基准日的外部经济环境前提下，根据公开市场原则确定的现行公允价，没有考虑将来可能承担的抵押担保事宜，以及特殊的交易方式可能追加付出的价格等对评估价值的影响；

（二）国家宏观经济、政治政策变化对企业预期情况的影响，除已经出台尚未实施政策外，假定其将不会对企业预期情况构成重大影响；

（三）不可抗拒的自然灾害或其他无法预测的突发事件，不作为预期企业未来情况的相关因素考虑；

（四）企业持续经营，仍按原先设计使用、保持原有要素资产、保持原有正常的经营方式；并假定企业在工商登记经营期期满后，仍继续经营无期限。

（五）企业经营管理者的某些个人的行为未在预测企业未来情况时考虑；

（六）预期收益的测算是以企业评估基准日的资产正常经营管理为前提，假定搬迁不会对企业的生产经营造成影响，并假定企业按照原定投资计划进行追加投资。

（七）收益的计算以会计年度为准，假定收支均发生在年末。

本评估结果仅在满足上述有关基本前提及假设条件的情况下成立。

XYZ公司账面资产总额为×××元，账面负债总额为×××元，账面净值×××元，经评估XYZ公司整体资产价值为×××元（大写：×××元整），增值×××元，增值率为×××。

评估结果汇总表

金额单位：万元

资产项目	账面值	调整后账面值	评估值	增值额	增减率%
流动资产					

续表

资产项目	账面值	调整后账面值	评估值	增值额	增减率%
固定资产					
无形资产					
其他资产					
总资产					
流动负债					
长期负债					
负债总计					
净资产					

（一）由于地方城市规划的需要，公司生产经营场所在未来1年内极大可能面临搬迁，这将对公司的生产经营活动产生一定的不利影响。本次评估中对此事项已进行了审慎的考虑，并假定公司搬迁产生的损失可由地方政府予以补贴。

（二）对企业存在的可能影响资产评估值的瑕疵事项，在企业委托时未作特殊说明而评估人员根据专业经验一般不能获悉的情况下，评估机构及评估人员不承担相关责任。

（三）本公司不对委托方提供的有关经济行为批文、营业执照、权证、会计凭证等证据资料的真实性负责。

（四）本公司声明现在及将来与贵公司委托评估的资产或其评估价值概无利益关系。

（五）本公司对所采用的信息资料来源的真实性，可靠性负责。

（一）本评估报告的作用依据法律法规的有关规定发生法律效力。

（二）根据国家的有关规定，评估结论的有效使用期为一年，从资产评估基准日2009年8月31日起计算，至2010年8月30日止。

（三）资产评估报告的使用范围：

本报告仅供委托方为本报告所列明的评估目的服务和送交财产评估主管部门审查使用，本评估报告的使用权归委托方所有。除按规定报送有关政府管理部门或依据法律需公开的情形外，未征得委托方的许可，本公司承诺不向他人提供或公开本报告的全部或部分内容。

本评估报告提交日期为2009年10月16日。

ABC资产评估有限公司

评估机构法定代表人：

中国注册资产评估师：

中国注册资产评估师：

练习题

一、单项选择题

1. 广义的资产评估报告是（　　）。
   A. 一种工作制度　　　　　B. 资产评估报告书
   C. 公正性报告　　　　　　D. 法律责任文书

2. 关于资产评估报告书摘要与资产评估报告正文两者的关系，表述正确的是（　　）。
   A. 资产评估报告书摘要的法律效力高于资产评估报告书正文
   B. 资产评估报告书摘要的法律效力低于资产评估报告书正文
   C. 两者具有同等效力
   D. 两者法律效力的高低由当事人协商确定

3. 资产评估报告书是建立评估档案、归集评估档案资料的（　　）。
   A. 重要信息来源　　　　　B. 主要内容
   C. 一个环节　　　　　　　D. 重要目的

4. 整体资产评估报告书的内容不仅要反映资产价值和负债状况，通常还需要反映以整体资产为依托的（　　）。
   A. 所有者权益　　　　　　B. 有形资产
   C. 单项资产　　　　　　　D. 递延资产

二、多项选择题

1. 按照资产评估的具体对象划分，资产评估报告书可分为（　　）。
   A. 整体资产评估报告书　　B. 房地产估价报告书
   C. 单项资产评估报告书　　D. 土地估价报告书

2. 资产评估报告书正文阐明的评估依据包括（　　）。
   A. 法律依据　　　　　　　B. 准则依据
   C. 权属依据　　　　　　　D. 取价依据

3. 资产评估明细表包括以下几个层次（　　）。
   A. 资产评估结果汇总表　　B. 资产评估结果分类汇总表
   C. 各项资产清查评估汇总表　D. 各项资产清查评估明细表

4. 资产评估报告书的作用有（　　）。
   A. 为被委托评估的资产提供作价意见
   B. 是反映和体现资产评估工作情况，明确委托方、受托方及有关方面责任的根据
   C. 是管理部门完善资产评估管理的重要手段
   D. 是出资的直接依据

5. 资产评估报告书的应用者一般包括（　　）。
   A. 资产评估委托方　　　　B. 资产评估管理机构
   C. 资产评估受托方　　　　D. 有关部门

三、简答题

1. 撰写资产评估报告书应注意哪些事项?
2. 简述资产评估报告书的制作步骤。
3. "特别事项说明"通常包括哪些内容?

参 考 文 献

参考书目
[1] 全国注册资产评估师考试用书编写组.资产评估.北京：经济科学出版社，2008.
[2] 朱萍.资产评估学教程.上海：上海财经大学出版社，2008.
[3] 姜楠.资产评估.大连：东北财经大学出版社，2008.
[4] 路君平.资产评估理论与案例分析.北京：经济科学出版社，2008.
[5] 苑泽明.无形资产评估.上海：复旦大学出版社，2005.

其他文件
[1]《森林资源资产评估技术规范（试行）》1996.
[2]《森林资源资产评估管理暂行规定》2006.
[3]《矿业权评估管理办法（试行）》2008.
[4]《矿业权评估师执业资格制度暂行规定》2000.
[5]《中国矿业权评估准则》2008.
[6]《国有资产评估管理办法》（国务院令第91号）.
[7]《中共中央、国务院关于加快林业发展的决定》（中发［2003］9号）.
[8]《国际评估准则》.
[9]《企业价值评估指导意见（试行）》（2004）.
[10]《资产评估准则——基本准则》（2004）、《资产评估准则——评估报告》、《资产评估准则——评估程序》、《资产评估准则——业务约定书》、《资产评估准则——工作底稿》、《资产评估准则——机器设备》、《资产评估准则——不动产》和《资产评估价值类型指导意见》.
[11]《企业会计准则第6号——无形资产》《企业会计准则——基本准则》.